韩喜平　主编

新时代中国共产党人精神谱系传承丛书

大庆精神

傅殿戈　著

东北大学出版社

图书在版编目（CIP）数据

大庆精神 / 傅殿戈著. — 沈阳：东北大学出版社，2024.5（2024.8 重印）
（新时代中国共产党人精神谱系传承丛书 / 韩喜平主编）
ISBN 978-7-5517-3536-0

Ⅰ. ①大… Ⅱ. ①傅… Ⅲ. ①思想政治教育—中国—学习参考资料 Ⅳ. ①D64

中国国家版本馆 CIP 数据核字（2024）第 110127 号

出 版 者：东北大学出版社
地址：沈阳市和平区文化路三号巷 11 号
邮编：110819
电话：024-83680267（社务室） 83687331（市场部）
传真：024-83680265（办公室） 83680178（出版部）
网址：http://press.neu.edu.cn
E-mail：neuph@neupress.com
印 刷 者：辽宁一诺广告印务有限公司
发 行 者：东北大学出版社
幅面尺寸：170 mm × 240 mm
印 张：16.5
字 数：274 千字
出版时间：2024 年 5 月第 1 版
印刷时间：2024 年 8 月第 2 次印刷
责任编辑：邱 静 郭爱民
责任校对：孙德海
封面设计：潘正一
责任出版：唐敏志

ISBN 978-7-5517-3536-0 定价：70.00 元

总序

INTRODUCTION

人无精神不立，国无精神不强。一个国家要有精神，它是国本；一个民族要有精神，它是脊梁。习近平总书记强调指出："精神是一个民族赖以长久生存的灵魂，唯有精神上达到一定的高度，这个民族才能在历史的洪流中屹立不倒、奋勇向前。"在几千年的历史流变中，中华民族生生不息、绵延发展，饱受挫折又不断浴火重生，其中很重要的一点就是我们的民族积淀了自身最深沉的价值追求和精神烙印。习近平总书记指出，"中华民族在几千年历史中创造和延续的中华优秀传统文化，是中华民族的根和魂"，"中华优秀传统文化是中华民族的精神命脉"。翻开中华民族精神图谱，无数耳熟能详的诗词诠释了中华民族精神脉络的核心内涵，例如："天行健，君子以自强不息"的奋斗精神，"天下兴亡，匹夫有责""先天下之忧而忧，后天下之乐而乐"的爱国情怀，"人生自古谁无死，留取丹心照汗青""为有牺牲多壮志，敢教日月换新天"的牺牲精神，"鞠躬尽瘁，死而后已"的奉献精神，"苔花如米小，也学牡丹开"的自强精神，"革故鼎新""徙木为信"的创新思想，"老吾老以及人之老，幼吾幼以及人之幼""扶危济困"的公德意识，等等。中华民族既坚守本根又不断与时俱进，始终保持着坚定的民族自信和强大的修复能力，培育了共同的情感和价值、共同的理想和精神。这些千百年传承下来的精神理念、精神文化，成为积淀中国精神的价值内核。

中国精神是中国共产党在领导中国革命、建设和改革开放及新时代的伟大历史进程中逐步积累和形成的思想结晶，是中国共产党人精神境界、精神风貌、精神力量的集中写照，是中国共产党百年历史经验的总结。把马克思主义基本原理同中国具体实际、同中华优秀传统文化相结合是必由之路，谱写了马克思主义中国化时代化的最新篇章。中国精神包含的独一无二的理念、智慧、气度和价值，增添了中国人民内心深处的自信和自豪。这种强大的精神支撑，成为中华民族战胜一切艰难困苦的有力武器和实现中华民族伟大复兴的动力之源。

伟大事业需要伟大精神。在我们全面建成小康社会，向着社会主义现代化强国奋进的新征程中，党的二十大报告要求我们弘扬伟大建党精神，自信自强、守正创新，踔厉奋发、勇毅前行。深入研究和广泛宣传中国精神，传承民族精神、弘扬时代正气、培育时代新人，要求理论工作者把中国精神阐释好。《新时代中国共产党人精神谱系传承丛书》（以下简称《丛书》）正是这样一套回应时代关切、弘扬中国精神的书籍。本丛书选取中国共产党带领广大人民进行革命、建设、改革开放及新时代的伟大奋斗历程中凝练形成的伟大建党精神、抗战精神、西柏坡精神、大别山精神、沂蒙精神、红岩精神、红旗渠精神、焦裕禄精神、西迁精神、大庆精神、北大荒精神、载人航天精神、胡杨精神、工匠精神、教育家精神等为源，由全国高校15位知名教授、专家集体撰著，以历史的视角，放置于实现中华民族伟大复兴中国梦的大背景下，阐释中国精神的具体样式，立足近代以来中华民族伟大复兴历程，特别是中国共产党带领中国人民从站起来、富起来到强起来的飞跃发展进程中，所展现出来的民族精神及新气象。《丛书》从党的领导特点和大党风范入手，追溯和解读中华民族悠久的历史传统和中华儿女可歌可泣的历史经历，研究中国精神形成的历史背景、形成过程，挖掘其科学内涵和新时代的重要价值，展现当代中华民族精神的历史穿透力和生命冲击力。《丛书》包括15分册，分别是：《建党精神》《抗战精神》《西柏坡精神》《大别山精神》《沂蒙精神》《红岩精神》《红旗渠精神》《焦裕禄精神》《西迁精神》《大庆精神》《北大荒精神》《载人航天精神》《胡杨精神》《工匠精神》《教育家精神》。这些共同构成了中国精神的重要内容，是社会主义核心价值观的精髓和具体体现，昭示着中国共产党人的初心和使命，镌刻着中华民族砥砺前行的优秀品格，是迄今为止学术界和出版界反映以爱国主义为核心的民族精神和以改革创新为核心的时代精神的大型学术普及类系列著作，是中国文化软实力的重要显示。

伟大精神铸就伟大梦想。今天，我们比历史上任何时期都更接近中华民族伟大复兴的目标，比历史上任何时期都更有信心有能力实现这个目标。实现中华民族伟大复兴不仅需要强大的物质力量，还需要强大的精神力量。要把这种精神力量汇聚成14亿多中华儿女强大的奋进合力，就不能把中国精神存放在“博物馆”内、停留在“象牙塔”中。推出《丛书》，可以推进中国精神时代化、大众化、专属化实践积累。站在新时代的历史基点上，立足精神对事件的辐射和普照，阐释一定历史时期的民族精神对重大社会事件、历史发展进程甚至个人事业与生活的重大影响；立足事件对精神的折射和反映，分析历史事件、个人事迹对民族精神的具体呈现，以期在精神与史实的双向关照中，使中国精神触动整个民族情结和个体心理情感，凝聚中华儿女奋斗的精神动力。从普适性来讲，中国精神不仅是中国共产党成就伟大事业的宝贵精神财富，也是全体中华儿女在实践中总结、凝练和形成的价值工具。《丛书》定位于普及性学术著作，力求以通俗易懂、生动鲜活地讲述故事的形式呈现，引领新时代精神风尚，激发中华儿女特别是青年一代干事创业的热情。从价值层面看，《丛书》重点挖掘在中国特色社会主义新时代的价值，这对于汇聚中国力量，践行社会主义核心价值观，推动“不忘初心、牢记使命”制度建构，弘扬中华优秀传统文化，提升中国文化软实力，培养担负民族复兴大任的时代新人具有重大意义。

“求木之长者，必固其根本；欲流之远者，必浚其泉源。”我们坚信，这部极具学术性、知识性、资料性和可读性的《新时代中国共产党人精神谱系传承丛书》，必将成为筑牢中华民族共同体团结奋斗的精神纽带，在以习近平同志为核心的党中央坚强领导下，必将凝聚起中华民族的磅礴力量，建设中华民族现代文明。

韩喜平

2023年8月

韩喜平，教育部“长江学者”特聘教授，国家“万人计划”哲学社会科学领军人才，中央马克思主义理论与建设工程首席专家。

前言

PREFACE

中国共产党在百余年奋斗历程中，培育形成了一系列彰显政党性质、反映民族精神、体现时代要求、凝聚各方力量的伟大精神。党领导人民进行革命、建设和改革开放的历史，就是一部培育形成党的伟大精神的历史。这些伟大精神，具有代表性的是井冈山精神、长征精神、延安精神、大庆精神、“两弹一星”精神、雷锋精神和改革开放精神。在庆祝建党90周年前夕，《人民日报》开辟“寻根——中国共产党的伟大精神”专栏，着重就上述七种精神进行了深入解读，并明确指出：形成于20世纪60年代大庆石油会战中的大庆精神，集中体现了新中国工人阶级的优良精神风貌，具有鲜明的时代特色，堪称民族之魂、国之瑰宝。

60多年来，以“爱国、创业、求实、奉献”为主要内涵的大庆精神，始终与祖国同步、与时代同行、与发展同向，始终激励着全国人民不畏艰难、勇往直前，积极投身于社会主义建设和改革开放的伟大实践，创造了举世瞩目的发展成就。在新的形势下，实现中华民族伟大复兴的中国梦，更加需要大力弘扬大庆精神，用大庆精神来鼓舞士气、凝聚人心、激发力量，奋力开创中国式现代化的新局面。

大庆精神，是余秋里、康世恩等老一辈石油领导人，团结和带领广大石油职工，在困难的时候、困难的地方、困难的条件下，学习运用马克思列宁主义、毛泽东思想，继承和发扬中国共产党、中国工人阶级和中国人民解放军的优良传统，在开发建设大庆油田的实践中逐步培育形成的。

当年会战时期，生产、生活等各方面条件极其匮乏和艰苦，但重重困难也激发了老一辈创业者的无穷斗志。参加会战的广大职工，为早日把中国“贫油”的帽子甩到太平洋里去，立下了铮铮誓言，发出了声声呐喊，“宁肯少活二十年，拼命也要拿下大油田”“有条件要上，没有条件创造条件也要上”“石油工人一声吼，地球也要抖三抖”“困难面前有我们，我们手下无困难”。没有机械设备，就人拉肩扛保钻井；没有住房，就人人动手建干打垒；没有吃穿，就自己开荒种地、建缝补厂。他们仅用3年时间就高速度、高水平地拿下了大油田，并在大会战中催生了人拉肩扛精神、干打垒精神、五把铁锹闹革命精神、缝补厂精神、回收队精神、修旧利废精神“六个传家宝”，最终孕育形成了大庆精神。

其后，油田开发的火热实践，为大庆精神的形成提供了丰富营养。大庆油田投入全面开发后，会战工委（大庆石油会战初期党的临时办事机构）在队伍中倡导树立“严、细、准、狠”的科学态度和思想作风，狠抓“一粗、二松、三不狠”“马虎、凑合、不在乎”的坏毛病，事事讲作风、时时讲作风、人人讲作风。基层单位“有第一就争，见红旗就扛”，广大职工自觉做到“项项工作高标准，人人出手过得硬”。这些优良作风的形成，源于平时工作中的反复提倡、长期坚持、精心培育，使大庆精神不断丰富发展。

大庆精神虽然是一种企业精神，但她与革命战争年代党的伟大精神一脉相承，与和平建设时期党的伟大精神本质相通，集中体现了我党在社会主义建设时期的基本理论、基本路线和基本精神。大庆精神体现了中华民族伟大的民族精神和与时俱进的时代精神。民族精神的核心是爱国主义，大庆油田从来都把国家、民族的利益放在第一位，从当年高速度、高水平拿下大油田，到保持年产原油5000万吨以上连续27年高产稳产，再到特高含水期努力实现年产原油4000万吨持续稳产，始终高唱《我为祖国献石油》的主旋律。时代精神的核心是改革创新，大庆油田就是在不断创新中走过来的。从陆相生油理论打破

"中国贫油论"的束缚，到二次采油、三次采油技术，始终走在国际同行业前列，采收率比国内外同类油田高出10~15个百分点，乃至荣获首届中国工业大奖，大庆油田一直在积极探索具有中国特色的国有企业自主创新之路。大庆精神体现了党的解放思想、实事求是的思想路线。纵观大庆油田在各个历史时期所取得的成就，无一不是解放思想、实事求是的结果。20世纪60年代初，国家正值三年困难时期，国外又对我国实施技术封锁。在这种情况下，大庆人正是依靠解放思想、实事求是，闯出了一条自主开发大油田的道路。其后的几十年里，也正是从构造找油、岩性找油到复杂断陷盆地找油的认识突破，才使得石油探明储量由20多亿吨增加到60多亿吨，为大庆油田持续高产稳产提供了科学的思想指南。大庆精神体现了马克思主义唯物辩证的思想方法和工作方法。石油资源深埋在地下，油田勘探开发过程就是一个不断探索未知领域的过程，这就需要运用辩证唯物主义的认识论、方法论来指导油田勘探开发实践。大庆油田的开发建设靠"两论"起家，又靠"两分法"前进，始终坚持实践第一，坚持抓主要矛盾，坚持具体问题具体分析，坚持把认识客观世界和改造主观世界统一起来，从而战胜了一个又一个困难，取得了一个又一个胜利。大庆精神体现了崇高革命精神同严格科学态度的高度统一。石油会战一开始，老一辈石油人就坚持把高度的革命精神与严格的科学态度相结合，坚持现场试验先行，狠抓"第一性"资料，在试验中总结经验、探索规律。无论是万点测K值、萨尔图流程、万里测温，还是早期注水、"六分四清"、稳油控水，都体现了科学求实的态度。大庆精神，不是单纯的苦干实干精神或革命加拼命精神，而是在苦干的同时更注重巧干，在革命加拼命的同时更注重理论指导加科学方法。大庆精神体现了全心全意依靠工人阶级的根本指导方针。自石油会战以来，大庆就坚持"领导来自基层，干部来自工人"，坚持"干部参加劳动、工人参加管理"，坚持职代会民主管理制度，坚持"一手抓生产，一手抓生活"，在企业中确立和发展了职工的主人翁地位。大庆在生产建设和各项工作中，一直把包括各级干部、工程技术人员、专业管理人员和广大职工群众作为企业的主体，各项工作都建立在广大职工高度思想觉悟和组织纪律性之上。这是大庆油田生产建设能够得到不断发展的力量源泉。

大庆精神是历史的，也是时代的；是经济的，也是政治的。自从大庆精神形成以来，始终在党的领导下不断发展完善，在社会主义建设的伟大实践中持续彰显作用，与伟大的建党精神一脉相承，成为新时代中国共产党人精神谱系的重要组成部分。大庆精神作为一种文化的力量是无穷的，可以使人创造超越生命的奇迹；是无畏的，可以使人激发藐视一切困难的勇气；是无我的，可以使人为了共同的价值追求而倾情奉献。随着时代的发展，大庆精神更加与时俱进、更加历久弥新、更加深入人心，始终是激励广大石油人踔厉奋发、锐意进取的不竭动力。

傅殿戈

2023年12月

目录

CONTENTS

第一章　大庆精神的形成要素

第八章　大庆精神传承和弘扬

第九章　大庆精神的突出成就

第一章 01

大庆精神的形成要素

1949年新中国成立后，我国石油工业迎来了前所未有的历史机遇和发展环境，但石油工业总体基础很薄弱。1949年，全国仅有3台钻机；从业职工仅有1.1万人，其中技术人员仅700人、管理人员600人；原油产量仅有12万吨（其中天然油6万多吨、人造油5万多吨），而世界原油产量在1950年时就达5.38亿吨，中国原油产量只占世界原油产量的0.0223%。

新中国成立初期，国民经济恢复和增长对石油供给提出了迫切要求。1950—1952年，三年的恢复工作使石油工业迈出了前进的步伐。至1952年底，全国原油产量已达到43.5万吨，是1949年原油产量的3.6倍。生产汽油、煤油、柴油、润滑油25.9万吨，比1949年增加了6倍多。但是在这一时期，石油工业在中国的工业领域中，仍是较为薄弱的一个环节。1952年，石油产品的产量大体上只能满足总需求的1/4，而且石油资源总体分布情况还不清楚。

为了长期、积极、努力发展石油工业，1955年7月，中共中央决定成立国家石油工业部，全面加强石油工业生产建设工作。1953—1959年，中国石油工业有了较大发展。这期间，共发现了包括克拉玛依油田在内的31个油田、12个气田，探明了更多的石油、天然气储量。这一时期，原油生产能力大幅度增长，到1959年全国原油产量已达到373.3万吨，生产汽油、煤油、柴油、润滑油234.9万吨。尽管如此，石油工业落后的状况仍未从根本上改变。据统计，1959年全国石油产品销售量为504.9万吨，其中国内自产的仅205万吨，自给率为40.6%。民用油中数量最大的煤油和柴油，商业部门1959年底的库存量比1958年分别下降了15%和24%，高级的航空燃料全部依赖进口。石油工业的主要矛盾，从整体上说是缺少足够的后备储量，使原油增长受到限制。要想走出困境，满足国家对石油的渴求，必须在勘探上取得更大的进展与突破，寻找和开发更大的油田。

1958年3月，石油工业部根据邓小平同志关于勘探部署战略东移的指示精神，组建了松辽石油勘探大队；5月，成立松辽石油勘探处；6月，又进一步扩大机构成立松辽石油勘探局。该局在地质部前期工作的基础上，于1958年先后开钻松基一井、松基二井和松基三井，其中松基一井、松基二井均未见到工业性油流。

1958年9月3日，石油工业部和地质部技术人员一起对松基三井井位进行了论证，经过有关资料对比分析，一致同意定在大同镇西北高台子电法隆起上。1959年4月11日，松基三井正式开钻，设计井深3200米。在钻井过程中，从井深1050米至1461.76米处进行钻井取芯，取出的油砂含油饱满，证实存在较好的油层。由于出现了不符合质量规定标准的井斜，影响了钻井进度，康世恩同志在听取各方面意见后，决定立即停钻投入试油。1959年7月20日，松基三井在井深1461.76米完钻、固井，8月29日完井试油，9月26日喷出了工业油流。经测试，日产原油13.02吨。

松基三井作为大庆油田的发现井，它的喷油宣告了一个新的特大型油田诞生。从松辽盆地开钻第一口基准井到发现油田，仅用了一年零四个月，成为中国油气勘探史上一个成功范例。

图1-1　1959年9月26日，松基三井试喷现场

松基三井喷油后，经过扩大勘探，到1960年1月末，松辽探区已控制含油面积200平方公里，一个大油田轮廓越来越清晰地呈现在世人面前。1960年2月1日，石油工业部党组召开扩大会议，决定采取集中优势兵力打歼灭仗的战略，组织松辽石油会战。2月13日，石油工业部党组拟定的《关于东北松辽地区石油勘探情况和今后工作部署问题的报告》上报党中央。2月20日，中共中央发出〔60〕129号文件，同意石油工业部党组的报告。2月21日，石油工业部党组在哈尔滨召开了大庆石油会战第一次筹备会议，并作出了《关于全国石油系统37个局、厂、院、校由主要领导带队，组织精兵强将，自带设备、工资参加大会战的决定》。2月22日，党中央作出决定，“从当年退伍兵中动员3万人交给石油工业部参加开发大庆地区新油田工作。”此后，中央军委又决定给大庆分配3000名军官。1960年4月，参加大庆石油会战的人员已达到4万多人。4月29日，会战领导小组在萨尔图召开万人誓师大会，彪炳史册的大庆石油会战由此展开。

大庆石油会战，仅用一年零三个月就探明22.6亿吨石油地质储量，用三年建成有600万吨/年原油生产能力和100万吨/年炼油加工能力、生产原油1166.2万吨、上交利润和折旧10.7亿元的大油田，实现了国内石油产品基本上自给，从而有力地支持了国民经济建设，顶住了敌对势力的压力，坚定了全国人民独立自主地建设社会主义的决心。大庆石油会战不仅为国家创造了巨大的物质财富，而且孕育并形成了享誉中外的大庆精神（铁人精神）以及“三老四严”（对待革命事业，要当老实人、说老实话、办老实事；对待革命工作，要有严格的要求、严密的组织、严肃的态度、严明的纪律）、“四个一样”（黑夜和白天一个样，坏天气和好天气一个样，领导不在场和领导在场一个样，没有人检查和有人检查一个样）等优良传统和作风，成为中华民族精神的重要组成部分。

一、党的路线方针贯彻执行是历史背景

大庆精神形成于20世纪60年代初期的大庆石油会战。大庆精神既根植于自身的现实土壤，又有着深厚的历史渊源。

（一）鼓足干劲，力争上游

大庆石油会战之所以能在三年中高效能、高水平地拿下大油田，并创造了大庆精神这个宝贵的精神财富，固然是广大会战职工自力更生、艰苦创业的结果，从一定意义上讲，也是贯彻执行党中央的路线、方针的结果。“鼓足干劲，力争上游，多快好省地建设社会主义”的总路线对于当年的大庆石油会战产生了重要而积极的影响。当时，党的八届二中全会通过的建设社会主义的总路线，集中反映了广大人民群众要求改变我国经济文化落后状况的普遍愿望和热切期盼，对于鼓舞全国人民奋发图强、建设家园，自力更生、艰苦奋斗，起到了一定的推动作用。正是因为有了这种鼓足干劲、力争上游的精神状态，有了这种爱国奉献、建设国家的坚韧意志，参加会战的广大青年科技人员发扬“敢想敢说敢干、严格严肃严密”的作风，喊出了“莫看毛头小伙子，敢笑天下第一流”的口号，勇于同世界先进技术较量，努力攀登油田科学技术高峰，创造出了一系列领先的油田开发技术。正是因为有了这种鼓足干劲、力争上游的精神状态，有了这种爱国奉献、建设国家的坚韧意志，1202钻井队的石油工人战酷暑、斗严寒，仅用9个月就完成钻井进尺31746米，打破了当时苏联功勋钻井队11个半月钻井进尺31300米的纪录，为中国人争了气。大庆石油会战职工提出的“三要”“十不”中的要甩掉“贫油”的帽子，要高速度、高水平地拿下大油田，要赶超世界先进水平、为国争光，以及人拉肩扛精神、回收队精神、缝补厂精神等，所有这些都突出地、图景式、聚焦化地体现了“鼓足干劲，力争上游，多快好省地建设社会主义”总路线。

图1-2 油画《大庆石油会战》

（二）“三敢三严”精神

1965年9月12日，会战工委作出《关于向采油工艺研究所学习的决定》（以下简称《决定》）。《决定》指出，采油工艺研究所发扬革命精神和科学态度，密切联系生产实际，大搞科学技术革命，在建所后短短三年时间里，独创出一整套以多级封隔器为核心的油田分层开发新技术，对于合理开发油田、提高油田采收率作出了巨大的贡献。这一新技术为油田实现早期注水、内部注水、分层注水开采作出了贡献，并且为实现“六分四清”（分层注水、分层采油、分层改造、分层测试、分层研究、分层管理，做到分层压力指标清、分层产量清、分层注水量清、分层出水情况清）开采提供了技术保证。学习活动围绕“三敢”（敢想、敢说、敢干的革命精神）与“三严”（严肃、严格、严密的科学精神）相结合的主题进行，分为三个方面：教育群众学科学、爱科学、用科学，尊重科技人员及其劳动，树立敢于攀登科技高峰的雄心壮志；组织群众，从生产实际中找出难题，开展技术革新和科学研究活动，重要项目做到领导、科技人员、工人相结合，调动多方面积极性；实行革新与科学研究工作“一条龙”，积极推广新技术、新经验、新成果，加快促进油田开发建设。《决定》还特别指出，采油工艺研究所是发扬敢想、敢说、敢干的革命精神和严肃、严格、严密的科学精神的研究所。从此，“三敢三严”精神作为宝贵的精神财富代代相传。新时代，采油工程研究院科研人员解放思想，开拓创新，挑

图1-3 “三敢三严”的采油工艺研究所

战极限，以实际行动为“三敢三严”精神赋予了新的内涵。敢想，就是解放思想，与时俱进，开拓创新，挑战极限，向国内外先进的采油工艺技术进军。敢说，就是在科学论证的基础上，以事实为根据，敢于发表自己的思想和观点，敢于向权威挑战，敢于在技术上较真，建立科学、民主、向上的学术氛围。敢干，就是敢于承担风险，敢于探索未知领域，敢于攻关油田难题，敢于进军国内外市场，敢于开创企业现代化经营的新路子。严肃，就是对各项工作认真负责，恪尽职守，严于律己，遵章守纪。严格，就是各项工作有高目标、高起点、高标准、高要求。严密，就是各项工作从大处着眼，从小处着手，科学规划，强化管理，规避风险，力求高效。多年来，研究所的科技人员依靠这种精神，攻克了一个又一个科技难关，取得了重大科技成果。在油田开发初期完成了分层注水工艺技术，实现了“六分四清”，获得国家发明奖和国家科技进步奖特等奖；在油田开发中含水期，为增加地质储量，开展了薄差层动用技术研究，限流法压裂完井改造技术获国家科技进步奖一等奖；油田开发进入高含水期后，以细分挖潜为主的三次采油技术取得了重要突破，桥式偏心分层开采配套工艺技术获国家技术发明奖二等奖，螺杆泵采油配套技术获国家科技进步奖二等奖。

（三）赶超先进，为国争光

在大庆石油会战初期，从事科学研究和工程技术人员的平均年龄仅有二十几岁，总地质师、钻井总工程师、采油总工程师也只有二十多岁，是一支十分年轻的队伍。大庆石油会战开始后，大庆油田就确立了对知识分子“充分信任，大胆使用，严格要求，热情关心”的指导原则。1962年7月10日，会战主要领导在技术干部会议上正式宣布：“只要积极参加大庆石油会战，所有受过批判戴上右倾、白旗帽子的一律取消。”并明确指出：“会战的技术干部，绝大多数是在社会主义制度下长大的，接受的是社会主义教育，为人民服务、为生产服务的教育……是拥护社会主义的，是劳动人民知识分子”；少数老一辈专家，他们的“阶级出身不是决定性的东西”，“工作上的意见，技术上的争论，与政治混淆起来是不对的”。“技术干部对国家的最好贡献，就是在技术工作上作出成绩。”同时，鼓励科技干部认真学习马列著作，努力改造自己的思想，并学会用辩证唯物主义观点观察、分析和处理问题；发扬独创精神，发扬“三敢三严”精神，勇于同世界先进技术较量，努力攀登油田科学技术高峰。会战工委的决定作出后，广大青年技术人员通过大学习、大讨论，搞科研、攻难关、作贡献的积极性进一步高涨，纷纷向上级组织表达自己的迫切愿望。在制订油田开发方案时，广大工程技术人员先后查阅研究了国外20多个大油田的开发资料、先进技术，把美国和苏联的几个开发水平较高的油田作为赶超目标，千方百计赶上它、超过它，实现社会主义新中国的“高水平、高速度”。由年纪最大且只有32岁的钟其权为队长组成的油层研究队，白天上井搜集资料，晚上在帐篷里点着油灯开展研究攻关。紧张的时候，一天要对比300多个油层，计算3万多次。经过艰苦努力，终于闯出了一条新路，形成了我国特有的油层对比方法，超出了世界同类水平，为科学认识大庆油田、开发大庆油田作出了特殊贡献。

二、艰苦环境的严峻考验是客观要求

20世纪60年代初期，正值我国处于严重困难时期。国际上，一些敌对势力对我国实行政治渗透、经济封锁和军事威胁；苏联撕毁合同、撤走专家，中断对我国的援助。全国的经济形势十分严峻。再加上大庆地处高寒地区，常年平均气温只有3.4 ℃，有5个月平均气温在零下4.9 ℃以下，有6个月冻土深度达两米多。特别是在油田开发初期，更是荒原覆盖，沼泽遍地，人烟稀少，自然条件恶劣。这种情况，一方面给开发建设大油田带来了难以想象的困难，另一方面迫切地要求石油会战职工早日拿下大油田，加快促进国民经济发展，以实际行动打破敌对势力对我国封锁和控制的图谋。在异常艰苦的会战条件下，要高速度、高水平拿下大油田，就要求广大职工以为国分忧的爱国之情、为民族争气的雄心壮志、实事求是的科学态度、顾全大局的奉献情怀去面对不利因素，克服困难、经受考验。这种艰苦条件和恶劣环境成为大庆精神形成的客观要求。

（一）困难的内外环境

一方面是国际环境。20世纪60年代初，大庆石油会战面临的国际环境十分严峻。首先，帝国主义国家千方百计企图颠覆年轻的社会主义新中国。当时，中国人民在中国共产党的坚强全面领导和社会主义优越制度下，经过整个50年代的艰苦努力，已经取得了社会主义建设的巨大成就，巩固了社会主义基础，壮大了社会主义阵营。但是，西方国家十分仇视社会主义新中国，时刻没有放松对我国进行政治、思想和文化渗透，对我国实行经济封锁和军事威胁，妄图颠覆社会主义新中国。其次，有的国家推行霸权主义，背信弃义地撕毁合同，撤走专家，使我国许多发展国民经济的建设项目被迫下马，国民经济建设遭受重大损失。我国在外援接近断绝的情况下，油品更加紧缺，许多公共

图1-4　20世纪50—60年代，北京街头“背”上气包的公共汽车

汽车背上了气包，连部队执勤、训练也因缺油受到影响。要想使我国自立于世界民族之林，就必须自力更生地发展壮大我国的石油工业。

另一方面是国内环境。1960年前夕，经过十年的艰苦奋斗，石油地质勘探打开了一个崭新的局面。但是，石油工业的落后面貌还未得到根本改变。首先，原油的产品产量远远不能满足需要。1959年，全国石油产品销售量为504.9万吨，其中自产的仅205万吨，自给率为40.6%。为解决国内需要，不得不耗用大量外汇进口原油和成品油。即便如此，油品供应情况仍然十分紧张。民用油中数量最大的煤油和柴油，从商业部门年底库存量来看，1959年比上年分别下降15%和24%，1960年比上年又下降了38%和23%。高级的航空燃料则全部依赖进口。其次，石油工业布局与国民经济需要不相适应。作为石油工业基础的原油资源，均在西北地区。1959年，98%的原油产量和61.7%的原油加工能力在陕、甘、青、新四省区，而90%以上的消费量在东部经济较发达地区，生产和消费的布局很不协调。加上当时正值三年困难时期，国家面临的形势十分严峻。1960年，国家给石油工业的投资只有10亿元，1961年又减少了52%。总之，当时石油工业的主要矛盾从整体上说是缺少足够的后备储量，原油生产的增长受到制约。要想摆脱被动局面，适应国家建设的需要，必须在勘探上取得重大突破，尽快寻找新的大油田。

（二）艰苦的会战条件

大庆油田地处黑龙江西部，处于松辽盆地中央坳陷区北部。这里草原覆盖，沼泽遍地，人烟稀少。松辽盆地在地质史上是一个大型内陆湖盆，中生代侏罗纪和白垩纪时期，沉积了丰富的生油物质，由于地壳的升降运动，逐渐形成了如今的平原地貌。大庆地区地貌类型属于松花江嫩江冲积一级阶地，地势由北向南渐低，无山岭，是由孤丘式高地、波状平原、湿洼沼泽地及泡泊组成的低平原。大庆的气候属大陆性季风气候：冬长（11—次年2月），寒冷干燥；夏短（6—8月），温热多雨；春（3—5月）、秋（9—10月），季风交替，气温变化急剧，多风沙。一年中平均气温在3.4 ℃，有5个月平均气温在零下4.9 ℃以下。最冷月份（1月）平均气温为零下19.5 ℃，最热月份（7月）平均气温22.9 ℃，绝对温差大。土壤冻结期长达230天，有180多天冻土深度达

图1-5 1960年奔赴施工现场的石油工人

200多厘米，最大冻土深度可达248厘米，平均无霜期140天，作物生长期平均151天，年日照率64.8%，年平均降水量442.4毫米，最大积雪深度22厘米。大庆的土壤主要类型是黑钙土，还发育了较大面积的盐碱化草甸土、沼泽土和风沙土。地面植被稀疏，呈干燥性草原和碱性草原景象。

大庆石油会战的核心地带——萨尔图，在蒙语和满语中分别是“多风之地”和“大酱缸”的意思。清代，这里曾是满族贵族世袭游牧的地方。春天的草原，依然覆盖着一米多深的冻土层。特别是1960年，大庆地区的雨季比往年来得早，而且雨量大、雨期长，给石油会战带来较大困难。石油会战开始后，几万人在短短三个月的时间里，一下子涌到这茫茫的大草原上，生产、生活极度困难。在生产上，器材不齐全，设备不配套。在生活上，无住房、无床铺，有的人不得不暂居牛棚马圈，有的人挤在自己挖的地窝子里。特别是当时正值国家遭受严重自然灾害，市场上副食品供应紧张，会战职工的粮食定量减少，体质下降。1961年1月初，仅患浮肿病的职工就有1300多人，到月底竟然增至6000多人。尤其在当时冬季零下几十摄氏度的环境下，能不能站住脚都是很大的问题。这种客观环境和严酷条件，表明大庆石油会战不同于一般意义上的会战。要打好这场会战，就必须建立起一支又红又专，不为名、不为利、不怕苦、不怕死，一心为石油、全力搞会战的职工队伍。

（三）强烈的爱国情怀

为国分忧、为民族争气是建立在高度的国家主人翁思想觉悟基础上，具有鲜明的民族自尊、自信、自强意识，是大庆石油人爱国主义精神的集中体现。石油会战初期，会战工委组织广大职工集中座谈分析国际国内形势、石油工业形势及大庆石油会战的大好形势、光辉远景和暂时困难，号召会战职工树立热爱党、热爱国家、热爱社会主义、热爱石油事业的思想。职工们认识到，我国石油资源少，产量太低，技术落后，不能满足国家的需要，这是当前压倒一切的困难，是所有矛盾中最突出的矛盾。如果石油工业上不去，就不能适应国民经济和国防建设的发展，国外敌对势力就会利用这一点卡我们的脖子。面对重重困难，会战职工的杰出代表“铁人”王进喜说：“这困难、那困难，国家缺油才是最大的困难。”他代表石油工人喊出了“石油工人一声吼，地球也要抖三抖”“有条件要上，没有条件创造条件也要上”的豪言壮语。一位采油工人说：“党是我的妈，油田是我家；我听妈的话，管好我的家。”为了早日拿下大油田，大庆会战职工把个人的生活目的和奋斗目标同国家和民族的利益紧密地联系在一起。面对严峻的国际环境和国内经济形势，正确处理了生与死、苦与乐、先与后，爱国与兴油、稳产与爱岗、奉献与索取的关系，在艰苦的创业年

图 1–6　1960 年“铁人”王进喜代表石油工人发出“有条件要上，没有条件创造条件也要上”的豪迈誓言

代，石油职工“不为名、不为利、不怕苦、不怕死，一心为会战、一心为革命”。有的人把生命献给了油田，一心为油，死而后已；有的人为了赢得会战的胜利，拼命大干，积劳成疾；有的人放弃了天伦之乐，远离妻儿老小，自觉坚持会战。在会战大军中，涌现出了一大批不怕困难、不怕牺牲、乐于奉献的先进典型和英模人物。“铁人”王进喜就是他们当中最为突出的代表。在二次创业历程中，大庆油田党委坚持紧紧围绕原油稳产这个中心，引导和激励广大职工克服困难、勇挑重担，继续为国家争作贡献、多作贡献。主要是，经常对职工进行油田稳产目标和形势任务教育，把油田上下广泛地动员和组织起来，齐心协力，共同为之奋斗；做好稳产过程中的宣传教育工作，每当油田有重大的工作部署、重点工程开工和大型施工会战，都召开干部会议和职工大会，讲意义、讲任务、讲要求，并利用广播、报纸、闭路电视进行广泛宣传动员；大力弘扬先进、选树典型，为那些在油田稳产中作出突出贡献的单位和个人披红戴花、宣传表彰；不断调动和激发广大干部群众为原油稳产争作贡献的积极性、主动性和创造性。

三、会战队伍的良好素质是基本前提

为适应会战形势的需要，国家一声号令，从祖国四面八方涌来了大批精兵强将。亲自指挥大会战的余秋里、康世恩等都是经过长期革命战争锤炼的老红军、老战士，当时参加石油会战的职工中绝大多数是复员转业军人，还有来自老油田的优秀工人、知识分子，也有从地方抽调的生产和技术骨干等。这支会战队伍汇集了来自多个地区、各条战线的精英，深深地蕴含着中华民族的优良传统，以及我党、我军、我国工人阶级的优秀品质、良好作风和地域文化，从而为大庆精神形成做好了充分的组织、素养和思想文化等方面的准备。

（一）复转军人

新中国石油工业队伍中一个主要组成部分，就是党中央从人民解放军抽调的大批干部，以及人民解放军成建制转入石油工业领域过程中所形成的特别能战斗的队伍。这支队伍和以后陆续复员转业到石油战线的解放军指战员，成为石油产业大军的一支生力军。

1960年1月，在大庆石油会战即将开始之际，党中央就决定把当年退伍的3万名解放军战士和3000名转业军官（分别来自沈阳军区、南京军区和济南军区）调到大庆，参加石油会战。这支队伍大都在较短的时间内掌握了技术业务知识和基本操作技能，成为石油战线各方面的骨干力量。更具有重要意义的是，他们把中国共产党和人民解放军的优良传统和革命精神带进了石油工业战线，带进了石油工人队伍，为建设一支具有严格组织纪律性、高度献身精神、致力于艰苦创业的石油产业大军打下了良好的基础。正是因为石油职工队伍中有一大批中坚骨干是复员转业军人，特别是会战的组织者、领导者和思想政治工作的骨干力量也绝大部分是从军队转业的军官，同解放军有着直接的“血缘”关系，他们将我军优良传统和作风带到石油职工队伍中来，为紧密结合石油工业的特点，全面学习解放军思想政治工作经验，打胜石油会战这场硬仗，提供了重要保证。石油企业基本上是个“没有厂房”的企业。石油队伍常年在野外奋战，四海为家，具有“野战”性质。因此，客观环境要求石油职工必须像解放军那样，具有严密的组织、严格的纪律，自觉从严、令行禁止的过硬作风和艰苦奋斗、不怕牺牲的精神。正因为如此，石油会战一开始，会战工委就要求各级党组织从实际出发，努力把石油大军建设成一支“不穿军装的解放军式”的队伍。石油会战初期，油田各级党组织也正是坚持从思想上建设职工队伍，用马克思列宁主义、毛泽东思想教育职工，树立全心全意为人民服务的思想，齐心协力搞好石油会战，在实践中逐步培养造就了一支以“铁人”王进喜为代表的具

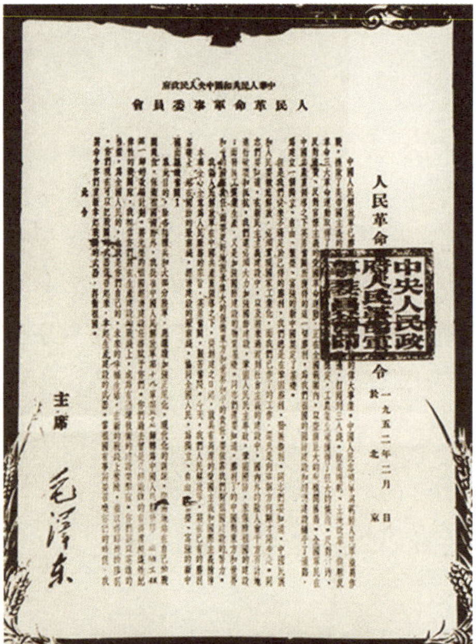
中华人民共和国中央人民政府
人民革命军事委员会

人民革命军事委员会命令

一九五二年二月 日 于北京

主席 毛泽东

图1-7　1952年毛泽东主席签署的组建石油师的命令

有高度觉悟、高度组织性、高度文化和技术素质的工人队伍和干部队伍。

（二）优秀工人

大庆油田勘探和开发作为国家的重点建设项目，一开始就得到了党中央及全国人民的大力支持。大庆石油会战初期，全国石油系统37个厂、矿、院、校抽调精兵强将参与其中。特别是从玉门油矿等老油田来参加会战的石油工人，成为大庆石油会战队伍的业务、技术骨干，形成了大庆石油产业大军的基础。这批来自老油田的产业工人，大部分是新中国成立前从事石油生产、技术工作或基础管理的石油工作者，他们在新中国成立前不仅受到外国资产阶级的肆意压榨和奴役，还要遭受官僚资本主义和封建势力的野蛮剥削和统治。他们和整个中国工人阶级一样，不仅痛恨外国侵略者，也痛恨中国封建地主和官僚买办资产阶级，为自身的生存和解放，向三大敌人展开了英勇顽强、不屈不挠的斗争。在玉门油矿解放前夕，油矿工人在中共地下党组织的领导下进行了坚决的护矿斗争，特别是积极踊跃配合和支持人民解放军，使得国民党破坏油矿的企图未能得逞。玉门油矿解放后，全体工人积极恢复和发展生产，为新中国的石油工业作出了贡献。老一代石油工人这种优秀品质和崇高精神，成为大庆精神的宝贵源泉和阶级基础。

图1-8　1949年9月25日玉门油矿解放，9月26日油矿职工举行盛大的庆祝活动

石油会战一开始，来自玉门、新疆、青海等各地油田以及兰州炼油厂、抚

顺炼油厂等全国石油行业的大批老工人，怀着为国家争气、为中华民族争气的伟大理想，自力更生、奋发图强，以不怕任何艰难困苦、拼命也要拿下大油田的革命干劲，吃大苦、耐大劳，在最困难的时期、最困难的条件下，起到了稳定队伍、坚持会战的重要作用。他们钢铁般的革命意志，不仅表现在能够顶得住任何艰难困苦，更可贵的是，他们能够长期埋头苦干，把对国家的赤胆忠心和冲天的革命干劲同科学态度结合起来，把坚韧不拔的革命毅力同尊重科学的求实精神结合起来，无论做什么事，出发点都是“我们要为油田负责一辈子”，事事严格要求自己，以自己的行动创造了大庆石油会战“三老四严”的光荣传统。正是因为有了这样一支过硬的石油工人队伍，才能够无所畏惧、艰苦创业，干前人未干过的事业，闯前人未走过的路子，保证石油会战各项任务胜利完成，改变了石油工业的落后面貌。也正是依靠融入老一代石油工人的崇高理想、革命志气、过硬作风、精湛技能、严格纪律的大庆精神，使几万职工、家属有了一个共同理想、统一意志，并为之奋斗，为之献身。

（三）知识分子

在20世纪60年代，像大庆石油会战这样大规模的油田勘探开发和生产建设，在中国石油工业历史上还是第一次。如何探索和掌握油田开发规律，开辟合理开发油田的途径，高速度、高水平地拿下大油田，首先是摆在广大知识分

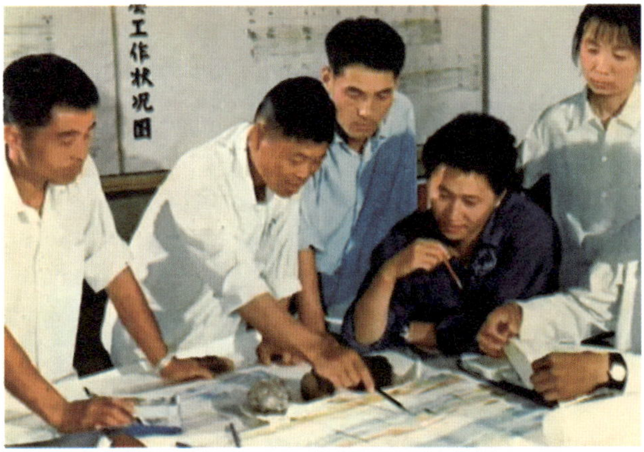

图1-9　20世纪60年代以王启民为代表的油田广大知识分子

子和科学研究、工程技术队伍面前的一个重要课题。

为了尽快探索油田勘探开发规律，充分发挥广大知识分子的作用，在石油会战初期，会战工委就提出对知识分子要充分信任、大胆使用、严格要求、热情关心的方针，在组织机构上设置了八大总工程师，实行技术责任制，让他们真正“有职有权”，明确规定各级负责的技术干部是同级的领导成员之一。每年都召开各种专业系统技术座谈会，各级管理人员与技术干部共同探讨油田勘探和开发的重大科研课题，具体制定技术工作方针和政策。同时，鼓励技术干部学习马列著作，学会用辩证唯物主义观点去观察问题、分析问题和解决问题。号召大家发扬独创精神，树立“三敢三严”精神的作风，不断对标对表，勇于同世界先进水平较量，努力攀登油田科学技术高峰。这一系列举措极大地调动和激发了广大知识分子的积极性、主动性和创造性。由大学教授、工程师和技术人员组成的油层研究队，白天上井收集资料，晚上在干打垒里分析数据、开展研究。在油田上下特别是广大知识分子的共同努力下，1962年完成的“萨尔图油田开发、设计方案的初步研究”，1963年完成的“碎屑沉积油藏注水开发油层研究”，以及后续相继完成的“利用平面物理模型研究油水运动规律”和“水层动态分析方法研究”等一系列研究成果，都达到了国际水平或国内同类研究的先进水平。同时，广大知识分子在勘探理论上打破了陆相地层找不到大油田的传统观念，为发展石油勘探理论作出了自己的贡献，促进了中国石油科学技术发展。

油田开发建设以来，大庆油田一直重视知识分子在油田建设中的作用，充分肯定知识分子在油田发展中的贡献，注意改善知识分子的物质待遇和生活条件，引导和鼓励他们在与工人群众的结合上施展才干，在与生产实践的结合上发挥专长，并注重听取他们的意见，尊重他们的劳动成果。大家能够心情舒畅地工作，较好地形成了人尽其才、人才辈出的生动局面。

四、强有力的思想政治工作是重要保证

一直以来，大庆油田始终把思想政治工作放在重要地位，做到了以下几

点：坚持四项基本原则，反对资产阶级自由化的政治立场不动摇；加强思想政治工作，建设好职工队伍不动摇；努力保持一支稳定精干的专业政工队伍不动摇。从而有效地保证了队伍稳定和生产建设的高质量、高水平发展。

大庆油田思想政治工作的着眼点，始终放在提高职工队伍素质上。在广大职工中，坚持广泛深入地进行马克思列宁主义、毛泽东思想的基本理论教育，进行热爱党、热爱祖国、热爱社会主义、热爱石油事业的“四热爱”教育，进行热爱油田、保持和发扬大庆光荣传统教育，大力表彰先进，努力转化后进。会战初期树立的王、马、段、薛、朱“五面红旗”，对于鼓舞职工队伍斗志发挥了巨大的作用。在这以后，全油田深入持久地进行“学雷锋、树新风，学铁人、立新功”教育，广泛开展年终总结评比活动，不断涌现出新的先进集体和英雄模范人物。同时注意做好后进职工转化工作，使许多同志变后进为先进，逐步成为生产业务骨干和基层领导骨干。

大庆油田思想政治工作的一个显著特点，就是坚持“抓生产从思想入手，抓思想从生产出发”（“两抓”），政工干部一般都懂得生产，生产技术干部一般都注意做思想政治工作，把思想政治工作与经济工作紧密结合起来，渗透到生产建设过程中，并注重抓好一人一事的思想教育。2000年以来，油田又把思想政治工作纳入创建“双文明”单位的活动中去，与生产、技术、经营工作“绑定”在一起、“链接”在一起，从上到下建立了“双文明”建设领导体系、目标体系和考核体系，努力做到“两个文明一起抓，两个任务一起下，两个成果一起要”，较好地避免了“一手软、一手硬”的问题。

为了使几万名会战职工有一个共同理想、统一意志，大庆石油会战自始至终注重加强思想政治工作。石油工业部机关党委坚持用马克思列宁主义、毛泽东思想武装队伍、凝聚力量，作出的第一个决定就是学习毛泽东同志的《矛盾论》《实践论》，用“两论”指导油田开发建设，从而保证了石油会战正确的发展方向。同时，大力倡导学习和推广解放军“支部建在连上”的经验，政治工作与军事工作相结合的经验，苦练过硬基本功的经验，加强队伍作风建设的经验等，在会战实践中摸索出了以“两抓”为代表的一整套开展并抓好思想政治工作的方式方法，为加强队伍作风建设、树立先进思想、培养过硬基本功，发挥了极为重要的作用。

（一）学习解放军的经验

结合石油会战实际，把解放军的政治工作经验运用到石油企业思想政治工作中去，并在实践中坚持发扬及不断完善。这是从当时实际出发作出的正确抉择。石油企业基本上是个没有“厂房”的企业，生产具有“野战”性质；会战职工大部分来自部队，同解放军有“血缘”关系；会战面临严峻形势，需要学习解放军政治工作经验，建设过硬的职工队伍。

学习解放军的经验，主要是：认真学习毛主席著作，用毛泽东思想武装职工头脑，指导油田开发建设；开展回忆对比、忆苦思甜活动，进行阶级教育和革命传统教育；坚持思想领先的原则，正确处理政治与业务、政治与技术的关系，把思想政治工作做到生产建设、科学试验、企业管理等实际工作中去，保证各项任务完成；坚持“支部建在连上”，抓基层、打基础，企业有政治部，基层配备政治指导员、教导员，加强党对企业的领导，发挥党支部战斗堡垒作用和党员先锋模范作用；把党的“三大作风”“三大纪律”“八项注意”同会战实际紧密结合，培养并形成了“三老四严”的优良作风；苦练基本功和过硬技能，要求干什么学什么、缺什么练什么，队长、班长要有一套指挥生产的真本领，职工要做到“几知”“几会”“几过硬”，人人都有一手硬功夫；开展比学赶帮劳动竞赛，坚持年年总结评功，表彰先进，大树标兵，激励斗志；充分发

图1–10　20世纪60年代石油工人走进部队向解放军学习

扬政治民主、生产技术民主和经济民主，尊重工人阶级的主人翁地位，调动职工当家作主的积极性，保证生产的集中统一指挥；把关心群众生活作为思想问题，同解决实际问题有机结合起来。石油会战中的思想政治工作植根于解放军的政治工作，并在实践中创造了一整套适合自己特点的有效做法。周恩来总理称赞大庆是学习解放军、具体运用解放军政治工作经验的典范。

据统计，在整个石油会战期间，驻地解放军累计派出官兵28700多人次，筑路363公里，挖油水管线沟778公里，修建油水池412个，焊接各种管线619公里，挖排水沟59公里，安装计量站、泵站46座，埋设电缆33公里，安装各种设备209台，脱土坯605万块，打水井21口，架设桥梁14座，建变电所4座，建筑房屋14万平方米，植树造林21万株，装卸各种物资2亿多吨。不仅为大庆油田开发建设作出了重要贡献，而且在广大石油会战职工中树立了典范，起到了重要的鼓舞和激励作用。

（二）开展比学赶帮劳动竞赛

比学赶帮劳动竞赛即比先进、学先进、赶先进、帮后进的劳动竞赛。这是在石油会战初期凝聚队伍、激发干劲，调动广大职工群众积极性和创造性，进行社会主义建设的群众性活动，也是对劳动者进行社会主义思想和共产主义理想教育的一种重要形式。大庆油田的劳动竞赛始于“学铁人，做铁人”活动，并以主题教育的形式一直坚持至今。其基本做法是：① 抓好典型，树立样板。② 典型树立后，领导及时推广他们的先进事迹和经验。③ 对照典型找差距，激发职工赶超先进。④ 组织先进帮助后进，发挥榜样示范引领作用，激发后进自觉努力。⑤ 抓好检查和评比，基层单位每天有讲评、有小结；企业半年初评，年终总评，对成绩显著者给予表彰和奖励。开展比学赶帮劳动竞赛，有利于及时发现和扶持先进，激励和鞭策后进赶上先进，促动带动中间，形成你追我赶、力争上游的局面，使职工队伍的思想、业务、作风建设得到全面加强。这其中，比较重要和有代表性的就是“五好”活动。

作为1961—1965年大庆油田比学赶帮劳动竞赛的一种基本形式，“五好”活动既是油田的一项基础工作，也是油田开展经常性思想政治工作的基本内容。在石油会战初期，石油工业部机关党委在组织学习“五面红旗”、开展百面红旗竞赛活动的基础上，于1961年2月作出了《关于开展五好支部活动的决定》。五好支部的条件是：完成生产任务好，学习毛主席著作好，职工生活安排好，执行政策好，以党支部为核心的集体领导好。1961年3月，石油工业部机关团委作出了《关于开展五好团员活动的决定》，五好团员的条件是：听党的话，学习毛主席著作，执行政策好；干劲高，完成任务又快又好；克服困难，团结友爱，模范带头作用好；尊师爱徒，学习技术好；爱护国家财产，维护集体利益好。1961年6月，石油工业部党组和会战领导小组作出了《关于在全战区开展五好红旗单位（生产队和车间）和五好红旗手运动的决定》。五好红旗单位的条件是：思想好，生产好，技术好，生活好，作风好。五好红旗手的条件是：思想好，生产好，学习好，纪律好，风格好。1962年，会战工委提出"加强基层工作，开展五好红旗队运动，大力改进作风，全面管好生产"的全年工作方针，不仅在职工队伍中开展了"五好"活动，而且在职工家属中也开展了"五好"活动。1962年3月，会战工委又作出了《关于五好单位（生产队和车间）和五好工人的标准的决定》，五好单位的标准是：政治思想好，生产完成好，集体作风好，技术训练好，生活管理好。五好工人的标准是：政治思想好，劳动生产好，作风好，技术学习好，团结互助好。以"五好"为目标、以先进为榜样的比学赶帮劳动竞赛，臻于完善。大庆油田的"五好"活动，以五好单位为中心，通过五好单位，落实到五好个人，落实到油井、设备、生产、工程和执行岗位责任制上。评比奖励的主要做法是：① 基层单位在每天班组讲评的基础上进行月评比，从检查岗位责任制开始，检查评比油井、设备、生产、工程情况，在此基础上评比五好个人。评五好个人，以对实现集体"五好"作出贡献为前提。这样，每个职工首先关心的是集体"五好"，在实现集体"五好"的过程中争当五好个人。② 全战区年终进行总结评功，对评选出的年度五好单位和五好个人正式命名，隆重授奖，大表扬、大庆功，以鼓舞士气、促进生产。大庆油田的"五好"活动，对于加强基层建设，发挥广大职工的积极性和创造性，培育大庆精神，夺取石油大会战的胜利，起到了重要作用。

（三）学习"铁人"，争做"铁人"

1960年4月9日，石油工业部部长余秋里在油田技术座谈会上首先提出向王“铁人”学习。同年4月29日，战区召开誓师大会，“铁人”王进喜作为战区第一个先进典型，骑着高头大马，被职工送进会场，拥上主席台。余秋里带头高呼“向铁人学习，人人争做铁人”的口号。从此，“学铁人，做铁人”活动在油田广泛开展起来。广大职工学习“铁人”立志改变祖国石油工业落后面貌的雄心壮志；学习他“宁肯少活二十年，拼命也要拿下大油田”的献身精神和“有条件要上，没有条件创造条件也要上”的创业精神。“学铁人，做铁人”活动极大地激发了广大石油人的工作热情，坚定了克服困难的信心，为高速度、高水平拿下大油田发挥了重要作用。

工人日报

GONGREN RIBAO

外交部就印政府利用“西藏问题”反华照会印使馆

强烈抗议印度政府严重干涉我内政

任何人也阻挡不了藏族人民沿着社会主义光明大道前进

学习王铁人的革命精神 做大庆式的工人

工人阶级的光辉形象——王铁人

天大困难都要上

为中国人民争气

社论

我們需要千千万万个铁人

图1-11　20世纪60年代“铁人”王进喜的事迹见报后，全国各地工矿企业掀起学习王“铁人”、“做铁人式工人”的热潮

1960年7月28日，石油工业部机关党委作出《关于开展学习“王、马、段、薛、朱”运动的决定》。这是“学铁人，做铁人”活动的深入和发展。这一活动主要采取三个步骤：① 运用多种形式宣传“五面红旗”，让英雄事迹家喻户晓、人人皆知。② 开展群众性分析活动，找出差距，明确方向。③ 对照先进模范，人人制订学习计划或措施，经常进行检查评比，相互督促，消除薄弱环节。经过一系列教育活动，职工队伍中学先进、赶先进、争当先进的气氛越来越浓厚，模范人物和先进集体不断涌现，扎扎实实、埋头苦干的作风在队伍中逐步形成。

学“铁人”、做“铁人”这个重要决策，在后来产生了深远的影响。我国著名科学家钱学森，在党和国家给予他巨大荣誉，他行将从科技界隐退之时，记者问他是否因此而激动，当年八十高龄的钱学森回答，他一生中真正的激动只有三次：第一次是青年时代在美国，他的论文发表并得到物理学界的承认，他感到自己的学识超过了老师。第二次是从国外远涉重洋、万里归来踏上祖国土地的那一刻。第三次是最近有人写文章说他是科技界的“铁人”。他说，我一生的愿望就是希望成为“铁人”那样的中国人。

（四）坚持“两抓”的功效

1961年1月，在战区党支部书记会议上，采油二矿二队党支部书记杨洪儒介绍经验时提出：“领导好生产必须从思想工作入手，思想工作必须从生产实际出发。”油建二大队二中队张国钧介绍经验时说：“我们运用抓生产从思想入手、抓思想从生产出发的方法，树立了以搞油为业、以油田为家的长期会战思想。”1964年，石油工业部政治部在《关于加强基层建设，健全经常性政治工作的12条基本经验》中，将来自基层实践的这一方法，概括为“抓

图1-12　1965年，“铁人”王进喜（右）在施工现场与工人交流

生产从思想入手，抓思想从生产出发”。

“抓生产从思想入手，抓思想从生产出发”，是大庆油田正确处理思想政治工作与经济工作关系的基本原则，也是大庆油田思想政治工作的一条基本经验。这条基本经验，很好地解决了思想政治工作同经济工作的关系，发挥了重要作用，保证了国家计划和各项任务的完成。

一是牢固树立“政治工作是企业一切工作的生命线”的观点。政治工作是经济工作和其他一切工作的生命线。有什么样的思想，就会有什么样的干劲，就会有什么样的工作成果。会战工委认为，企业的政治工作必须在强化人的革命化的基础上，从各个时期的工作实际出发，为保证完成国家生产任务服务。衡量政治工作的好坏，要以完成国家生产计划作为重要标志。大庆石油会战一开始，会战工委就提出了“高速度、高水平，迅速改变石油工业落后面貌，夺取油田勘探开发上的世界冠军”的口号和目标，明确要求“这次大会战首先是抓人（的工作），抓政治思想，充分发挥人的主观能动性”，并把政治工作同解决生产关键、经济工作、拿下大油田的任务紧密结合在一起。1963年2月拟就的《松辽石油会战政治工作汇报提纲》中的第一条，就明确阐述了“政治工作是经济工作的生命线，是做好一切工作的根本保证”这一观点。石油会战时期，思想政治工作“生命线”的作用主要表现在：保证企业的方向正确，路子走正；保证企业认真贯彻党的路线、方针、政策；保证企业既出产品，又出人才；保证完成国家下达的生产计划。

二是做好一人一事的思想政治工作。大庆油田始终坚持做深入细致的思想政治工作，形成了“四个为主”“三个观点”，以身作则、身教重于言教的原则，以及“一把钥匙开一把锁”“四勤四看”“三看一找”“三访四到”“抓思想苗头”等思想政治工作方法。正确运用这些原则和方法，把集中教育与个别教育结合起来，很多问题就会迎刃而解。

大庆石油人在思想政治工作方法具体运用过程中，始终注重把握两个环节。首先，注重把握最容易引起职工思想波动的时机。主要是：国内外形势发生重大变化时；党和国家颁布重要方针、政策时；生产任务重、劳动和生活条件差、工作遇到困难时；个人受到表扬、奖励或批评、处分，对工资、工种、奖金有意见，或工作变动时；个人生活或家庭出现问题时；内部团结、干群关系发生问题时；等等。其次，主要依靠党员骨干，通过班组座谈和个别谈心去解决。它的好处是：同班组里的人相互了解，最能对症下药；工作做得及时，可以在生产紧张的情况下，随时随地做工作；能把大道理同小道理相结合，把话说到职工群众的心坎上；能实事求是，副作用较少；发挥业务骨干的模范带头作用，产生良好的影响。在会战队伍中，干部与工人谈心、工人之间进行谈心，在当时是比较普遍的，也是比较有效的。正因为依靠群众随时随地做好思想政治工作，群众中大量的思想问题就不会成堆，就不会积重难返，往往能及时得到解决，使来自祖国四面八方不同油田、不同地域、不同行业的人们统一于石油会战的大目标之下，真正做到了“人心齐、泰山移”，在较短时间内打赢了石油会战。

三是把思想政治工作做到生产当中去。在生产准备阶段，搞好思想动员；在生产过程中，做好宣传鼓动工作；在生产任务完成后，用“两分法”进行总结评比。做好生产过程的思想政治工作，关键是政工干部要有全局观念，坚持以身作则；要支持生产行政和工程技术干部的领导、指挥；要发动大家一起来做思想政治工作，特别是让行政和技术干部也参与其中。充分发扬政治民主、生产技术民主和经济民主，尊重工人阶级的主人翁地位，调动职工当家作主的积极性，保证生产上的集中统一指挥。

从1984年开始，大庆油田普遍开展了创建“双文明”单位活动，从上到下建立了领导体系和评比办法，把思想政治工作和经济工作牢牢地“捆”在一起抓，两套指标一起下，两个成果一起要。随着形势的不断发展，“抓生产从思想入手，抓思想从生产出发”在新的历史时期仍然发挥着重要的、不可替代的作用。可以说，“两抓”作为一条红线贯穿了大庆油田思想政治工作的整个历程，取得了显著效果，既促进了生产经营管理，也使思想政治工作内容丰富充实，富有生命力。

（五）特殊的“政治部主任”

这是大庆石油会战时期对领导干部提出的一条基本要求。其实质是，领导首先是政治思想上的领导，领导干部人人要抓思想政治工作，当好政治思想战线上的指挥员和实践者。会战工委强调，不管是做党务工作的干部，做行政工作的干部，还是做技术工作和群众工作的干部，都要把政治工作当作自己的、经常的工作任务。在进行开创性的、没有经验可以借鉴的石油会战中，只有领导干部人人当“政治部主任”，政工干部人人当“生产办主任”，才能有共同的语言、共同的思想、共同的行动。为了发动和组织各级各类干部做思想政治工作，提升其政治素养，广泛吸收他们参加思想政治工作会议，大力表扬思想政治工作做得比较好的行政、技术干部，先后总结推广了采油三矿五队队长姬德先、钻井二大队工程师蒋希文等做思想政治工作的经验。实行厂长负责制，明确思想政治工作以专职政工干部为骨干以后，大庆各级企业党组织坚持加强对思想政治工作的领导，调动行政干部、技术干部和工、青、妇等群众组织的积极性，共同做好思想政治工作。围绕党的中心工作和企业生产、经营、管理实际，制定思想政治工作规划，建立“双文明”建设委员会，层层实行目标责任制，党政工团妇齐抓共管。基层队政工干部和生产管理干部分工不分家，坚持二十四小时值班，管生产、管思想，从而保证思想政治工作不断得到加强和改进。

图 1-13　20世纪60年代“铁人”王进喜教育引导工人干工作要高标准、高质量

领导干部人人都要抓思想政治工作，人人当“政治部主任”，在日常工作中主要有两个体现。首先，要做到思想政治工作经常化。把思想政治工作贯穿于企业各项活动全过程，渗透于企业工作的各个环节，任何时候、任何情况下都不放松，做到常抓不懈。主要强调四点：① 始终把思想政治工作放在重要位置。各级党组织把思想政治工作作为中心任务和首要职责，对思想政治工作的地位和作用始终不动摇。② 建立、完善思想政治工作制度。③ 建设一支坚强、精干、稳定的政工干部队伍。④ 发挥党团员、班组长、劳动模范的作用，人人、时时、处处做好思想政治工作。经常性的思想政治工作，使大庆油田职工队伍始终保持了旺盛的士气和昂扬的斗志。其次，要身教重于言教。要求群众做到的，领导要带头做到；要求群众不做

的，领导坚决不做，以表率作用影响和教育带动职工群众。突出强调三点：①带头学习马克思主义基本理论，模范执行党的路线、方针、政策。各级领导干部、政工干部坚持学习日制度，力求多学一些、学深一些，理论联系实际，取得领导工作主动权。②带头发扬艰苦奋斗的优良传统，密切联系群众。严格按照领导干部“约法三章”的要求，机关坚持“三个面向”“五到现场”，建立基层联系点；机关干部主动到基层与群众“三同”，进行调查研究，发扬艰苦奋斗的创业精神，保持艰苦朴素的生活作风，不搞特殊化。③在工作中吃苦在前、享受在后，发挥表率作用。平时严于律己、言行一致，给职工群众作出好榜样。在关键时刻和危险关头冲在前面、干在前面，带领职工群众去战胜艰难险阻，夺取胜利。大庆油田的政工干部之所以在群众中威信比较高，思想政治工作效果比较好，自我从严、率先垂范、以身作则、身教重于言教是一个重要原因。

五、职工群众的伟大实践是现实基础

石油行业是一个多学科、多专业、综合性很强的行业。其工作对象在千米以下，条件复杂，技术密集，探索性强，风险性大。会战职工所面对的是从未开发过的特大油田，没有现成经验可循。在这种情况下，要开发、建设好大庆油田，就需要广泛发动群众，大打人民战争，坚持大胆创新，勇于实践探索，把高度的革命精神与严谨的科学态度结合起来，逐步闯出一条符合大庆油田实际的高速度、高水平进行油田勘探、开发的发展道路。大庆精神是大庆石油会战这一伟大实践的结晶，是以“铁人”王进喜为代表的广大石油会战职工共同追求的价值目标和思想境界的集中体现。也正因为大庆精神来源于会战，植根于群众，形成于实践，熔铸于时代，所以才始终具有强大的生命力。

（一）“大打人民战争”

基层是实践的沃土，人民是发展的力量。大庆油田在开发建设的历史进程中，始终注重调动广大职工群众的积极性，大打人民战争，使各项工作常抓常新、充满活力。在管理创新上，积极探索完善以HSE为重点的体系管理、生产运行和现场标准化管理等各项管理工作。在质量管理上，探索了“样板起步，标准化施工”，施工前立标准、树样板的做法。在现场管理上，探索了“事前、事中、事后”和“交接班、日常操作、现场安全”等“三步十二受控”的做法。在技术创新上，以“五小”活动为载体，在全油田广泛开展创新实践，使广大岗位职工人人都有创新的责任，人人都激发创新的热情，人人都成为创新的主体，人人都积极主动地为技术创新作贡献。特别是在三元复合驱现场试验过程中，该项试验作为油田的一项着眼长远的储备技术，投入高、风险大，被赋予的期望值也很高。这就要求，每一个重大技术方案的出台必须确保现场试验效果，必须慎之又慎，不能有半点马虎。在现场试验过程中，这个试验区认准了一条，那就是“没有权威，只有正确”。在技术讨论会上，从厂领导、“三总师”（总工程师、总设计师、总地质师）到刚毕业的大学生、技术员，没有职务、资历、年龄的界限，人人都有发言权。他们有时为了一个技术问题争得面红耳赤，他们宁可脸上发烧，也要方案最优。仅利用数值模拟对试验效果进行预测这一技术评价方案，他们就共同讨论、编制了优化设计预案上百个，根据不同区块的地质特征和油水性质，从多角度、多层面、多环节进行可行性技术分析论证，最终选出最佳的注入程序和数值模拟程序。据不完全统计，几年来，这个试验区共召开技术讨论会200多个，解决技术问题46个[①]。进一步激发和调动了技术人员的积极性、主动性和创造性，更好地强化了现场指导，提高了技术方案制订的科学性和针

图1-14　20世纪60年代紧张工作中的技术人员

① 李士奎、朱焱、赵永胜、兰玉波：《大庆油田三元复合驱现场试验效果评价研究》，《石油学报》2005年第3期。

对性，执行的准确性和效果的可靠性。同时，这种以会代训的形式，也促使一大批年轻技术干部快速成长进步，已先后有21名年轻干部走上了技术骨干和领导岗位。

（二）激发群众首创

大庆油田始终把教育引导职工群众充分发挥首创精神作为思想政治工作的重要内容，并一以贯之地坚持。石油会战初期，会战工委广泛发动群众开展大检查、大竞赛、大评比、大总结、大搞技术革命、大学毛主席著作的“六大”运动，组织千人检查团，发动群众普遍检查会战的准备工作情况。随后又开展了“学铁人，做铁人”，全党全民办地质等活动。在油田地质工作中，开展了群众性的取芯运动、捞砂样运动、大游地宫、油井分析运动。从而形成了人人关心地质、人人动手录取资料的局面，解决了油田地质工作中许多长期得不到解决的问题。“早期内部注水，保持压力采油”“萨尔图流程”“十大试验区”“六分四清”、钻机整体搬家等，都是发挥职工群众首创精神结出的硕果。2000年以来，油田先后在勘探开发系统树立了“传承大庆传统的采油43队”“新区创业明星敖古拉采油队”等基层建设十大标杆单位；在工程技术服务系统树立了“钢铁1205钻井队”“自觉从严、好字当头的油建十一中队”等基层建设“十面红旗”，并在基层班组建设上命名表彰了“永铸岗位责任心的注水站”“‘四个一样’井组”等六大标杆班组，以及刘云娟服务品牌车组、冯东波攻坚班、孔德生工艺班、雪梅一班、霍庆海维修班、江宁班组等。同时，鼓励广大职工群众积极投身到企业发展实践中来，对在技术革新、发明创造方面有突出贡献的人员，以他们个人的名字予以冠名。比如，把第二采油厂王春荣摸索出的热洗法命名为“王春荣热洗操作法”，将第九采油厂敖古拉作业区采油班长商士国创新的翻斗计量办法冠名为“商士国三定法”。此外还有安胜利“3345”工作法、高革超“四三三”班组管理法、韩淑芝经营风险控制法、明军维修法、石立明标准测试法、“少春扳手”、“小平摇把”、“叶氏组合工具”等。通过对先进集体、优秀职工冠名激励，在全油田范围内形成了人人奋发进取、勇创一流的生动局面，形成了一大批创新创效成果，有力地推动了油田创新发展、高质量发展。几年来，油田共评选出小发明、小革新、小改造、小建议、小设计等“五小”成果16773项，累计创经济效益3亿多元。

（三）不断探索规律

石油会战初期，会战工委就明确提出：“光有干劲，不做扎实的工作，那就是一股子虚劲……就会产生严重后果。”“搞好一个现代化企业，不知要做多少艰苦、细致、扎实的工作；如果违反客观规律，蛮干乱干，搞坏一个企业，那就很容易。”这是在总结20世纪50年代石油工业建设正反两个方面经验教训基础上得出的结论，也成为组织石油会战的基本指导思想。

在形势任务面前，大庆石油人顶住压力，战胜封锁，大打探索规律攻坚战，创造性地应用陆相生油理论及勘探技术，高速度、高水平地开发了大庆油田。随后，由于向斜区岩性油藏勘探理论和技术的应用，陆续探明各级储量达20亿吨以上。20世纪60年代，刚开发不久的大庆油田，半数以上油井油层被水淹，采收率不到10%。面对这些困难，大庆油田提出“非均质”开发理论和“高效注水开采”方法，并创造了“六分四清”综合调整技术，较好地解决了单层突进和含水上升速度快的问题，日产百吨以上的高产井成批出现。70年代，面对开发储层多、非均质性突出的问题，大庆油田又创造了“分层调整开采”技术和“层系细分开发调整”技术，增加储量近10亿吨，油田快速上产，1976年原油产量突破5000万吨。80年代，油田进入高含水期。为克服困难，大庆油田摸索出一整套开发表外储层的技术，突破了低贫油层开采禁区，实现了第一个年产原油5000万吨稳产十年目标。90年代，为了响应党中央关

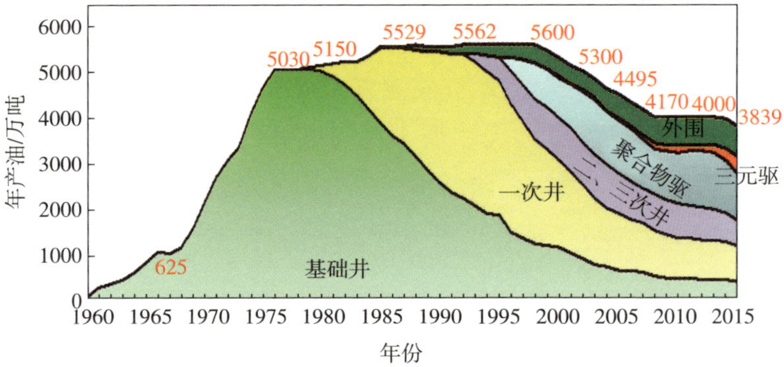

图1-15　1960—2015年大庆油田产量构成图

于石油工业战略西移的重大决策，大庆油田实施“稳油控水”系统工程。为完成这项工程，广大科技人员攻克精细地质描述和可采储量预测等九大配套技术，完成上百个攻关项目，连续3年使含水上升率不超过1%，5年累计多产油610多万吨，累计增效150多亿元，从而实现了第二个年产原油5000万吨稳产十年目标。经过不断探索与试验，1996年聚合物驱油（以下简称“聚驱”）技术开始推广应用，在水驱采油基础上提高采收率10个百分点，应用聚驱技术年产油量已突破1000万吨，约占油田总产量的1/4。由此，大庆油田成为世界上最大的三次采油基地，连续27年年产原油5000万吨以上，创造了世界油田开发史上的奇迹。60多年来，大庆油田形成了一整套陆相生油理论和非均质大型砂岩油田地质开发理论及工程技术系列，掌握了具有自主知识产权的核心技术，累计取得科技成果9400多项，其中92项获国家科技进步奖、503项获省部级科技成果奖。

六、模范人物的示范带动是催化因素

大庆石油会战本身就是一场声势浩大、影响深远的群众性运动。在当时情况下，很需要一批模范人物来带动、示范、引导人们坚定信心，立足岗位，战胜困难，夺取胜利。从会战初期开展的学习王“铁人”运动，评红旗手、红旗单位运动，“五好”活动，以及后来的“二十一名标兵”（20世纪70年代）、“十大典型”（80年代）、“二次创业六大标兵”（90年代）、“五面红旗”和“五大标兵”（新时代）等，会战工委及油田党委在油田发展的各个重要节点，不失时机地推出一批批重大典型和模范人物。久而久之，这些典型和模范人物就成为一种催人奋进、凝聚力量的人格化载体。广大职工群众从油田树立的一批又一批先进人物、先进集体的感人事迹、模范言行中，对标学习榜样，明确奋进目标，争创出色的业绩。在英雄模范人物的影响和带动下，一个“铁人”百炼成钢，千万个“铁人”茁壮成长。广大职工群众自觉学习典型和模范人物身上所具有的坚定执着的信念、顽强拼搏的作风，进而将其升华为个体的价值观和行为准则，最终把油田党组织和英雄模范人物所倡导的理想信念和价值观升华为工作标准和自身品质并不断传承发展，为形成大庆精神发挥了催化剂作用。

（一）树立先进榜样

多年来，大庆油田始终把坚持突破一点、带动一般、总结经验、指导全面的工作方法运用于思想政治工作实践中，并使之具体化、可行化、实效化。各级党政组织注重典型引路，注重榜样示范，注重学习跟进，持续抓典型、树样板，立标杆、明方向，以点带面、以优促干，不断推动工作上水平、见效果。

一是认真选好典型，把握标准，集中培养。从石油会战时期开始，大庆油田就注重学习解放军“立功创模”运动的经验，坚持开展“总结评功”“评比选树”“学雷锋、树新风，学铁人、立新功”等活动，从中发现、培养和选树典型。在典型选树上坚持典型的先进性、代表性、引领性、时代性、群众性和真实性标准。要求典型必须来自职工群众、扎根职工群众，为职工群众所信服、所推崇。典型的事迹要实实在在，不人为地拔高，不搞形式主义，既反对先进人物终身制，又注重其稳定性。石油会战初期，石油工业部机关党委及时发现并树立了“铁人”王进喜和王、马、段、薛、朱“五面红旗”，以及钢铁1205钻井队、1202钻井队，严细成风的三矿四队，自觉从严、“好”字当头的油建十一中队，硬骨头十三车队等先进典型和标杆单位。随后，在各条战线上都树立了先进典型，使职工群众学有方向、做有标杆、赶有目标。

图 1-16　20 世纪 60 年代大庆油田的“五面红旗”（右起：王进喜、马德仁、段兴枝、薛国邦、朱洪昌）

二是做好典型宣传推广工作，做到家喻户晓、人人皆知。石油会战以来，大庆油田始终坚持通过宣传典型的先进思想和突出事迹，教育、影响和带动广大职工群众。充分利用召开命名表彰大会、先进事迹报告会等进行重点宣传；在报纸、刊物上开辟专栏、专版、专刊，采取集中宣传等形式，大张旗鼓地宣传典型的先进事迹和经验，让典型成为名副其实的“火车头”，始终领跑会战队伍。1974年，油田党委作出决定，授予周占鳌、屈清华等8名职工“模范标兵”光荣称号。表彰先进单位373个、先进班组1710个、模范人物15579名。召开十万人的职工群众大会，给他们披红戴花，命名授奖。在全油田掀起学先进、赶先进的热潮。

三是以典型为镜子，对照先进查找差距。把典型作为一面镜子、一把尺子，让广大职工群众对照典型找差距、对照先进查不足，激发干劲、迎头赶上，是大庆油田思想政治工作的有效做法。石油会战初期，油田各单位以先进典型为榜样，对照先进查找自身的不足，既找思想上的差距，也找作风上的不足。组织开展“一帮一”活动，展开单位与单位、个人与个人的互帮互学活动，把普通的水平变为先进的标准，把先进的标准变成标杆的示范。在抓典型的同时，认真做好后进转化工作。着眼于提高队伍的整体素质，保证各项生产建设任务顺利完成，做到既出产品，又出精神，还出人才。在学先进、找差距活动中，会战工委及时总结了采油三矿四队的干部工人对待工作人人严、事事严、严细成风的经验，作出向采油三矿四队学习的决定。随后，石油工业部又授予这个采油队“高度觉悟，严细成风”光荣称号。仅1个月时间，全油田就有4870多名干部聆听了三矿四队的经验介绍，有3170名干部和工人到这个采油队参观学习。在典型的示范带动下，全油田呈现出你追我赶、人人争先的良好氛围，各项工作都保持了很高的水平。

自从石油会战初期选树了“王、马、段、薛、朱”“五面红旗”之后，油田针对稳油上产实际，不断地推出和树立新的先进集体和英雄模范人物。

（二）万人誓师大会

大庆油田被发现后，从全国各地调来的队伍、设备很快到达大庆。会战领导小组考虑到石油会战的条件基本成熟，如何调动千军万马去夺取会战的胜

图1-17　1960年石油会战誓师大会现场

利，关键在于这支队伍能否经受住考验，有无战斗力，是否过得硬。为此，会战领导小组研究决定召开一个万人参加的石油会战誓师大会。这个大会，既是前一阶段勘探工作总结表彰大会，也是石油会战誓师大会。通过这个大会，使这支由来自四面八方的石油职工、部队官兵、地方人员组成的会战队伍进一步统一思想、统一步调、统一行动，扭成一股绳、劲往一处使，众志成城，形成合力，打好会战。

1960年4月29日，天气晴朗，风和日丽。各探区和会战总部的广大职工群众，早晨3点多钟便从驻地分乘火车、汽车奔向萨尔图会场。参加誓师大会的还有地质部地质调查大队代表，当地人民公社的农民、地方工业的工人、民兵，商业工作者，教师和学生，以及文艺工作者，共1万多人。石油工业部部长余秋里、副部长康世恩，黑龙江省委组织部副部长曲常川，会战指挥部领导小组成员唐克、吴星峰、张俊、阎子元、张仁、宗世鉴、张文彬、焦力人、李荆和、陈理中、李镇静等，以及先进井队代表王进喜等被选为主席团成员。被选为大会主席团成员的还有当地政府部门的领导、解放军代表、人民公社的负责人、农业劳动模范等。

大会主席台布置得庄严朴素，主席台上高悬的“石油大会战誓师大会”巨幅会标鲜红耀眼，主席台正中的毛泽东画像两旁簇拥着五星红旗，会场四周的彩旗迎风招展。会场内，捷报、彩画、标语牌、各种模型、图表熠熠生辉。除各单位的锣鼓队外，附近几十里内由老百姓组成的锣鼓唢呐队都被请来助兴，并借用了牧场十几匹高大肥壮的漂亮好马，让劳模、标兵绕场时乘骑。

上午10时，大会在撼天动地的礼炮声和雄壮的《社会主义好》军乐声中开始。大会由余秋里部长主持。中共黑龙江省委向大会发来贺电。余秋里作了开展石油大会战的动员报告。他在报告中简要地总结了前一阶段勘探工作的成绩，接着阐述了油田的大好形势以及石油会战的重要意义，提出了进行石油会战的目标任务和基本做法。

下午，大会继续举行。康世恩代表石油工业部党组宣布，石油会战第一次战役从5月1日正式开始，并下达了第一战役的作战任务："拿下大油田，探明几个构造是否含油，搞出一块油田开发的生产试验区。为完成这三大光荣任务，一切工作都要高速度、高水平。"接着，对各路参加会战的队伍分别下达了战斗令：钻井队伍要打头阵，猛攻猛打，钻得快、钻得多、质量好，拿出生龙活虎的劲头来；采油队伍，要爱护油田，做好试油、试采工作，做到"四全""四准"，使每口油井的产量正常，井井高产；基本建设队伍，必须在5月和6月敷设各种集输管道，解决供水问题，保证搞出一定容量的非金属油池，要把从探井喷出来的原油收集起来、运出去，并抓紧建设目前生产急需的一切工程。同时，对地质调查队伍、测井队伍、实验室、修路队伍、电讯[①]工程队伍、建筑队伍、运输队伍、后勤供应队伍及各指挥部的科室、相关机构也都具体地布置了工作任务。他的讲话不时引起全场热烈的掌声，人们为这激动人心的石油大会战和自己所肩负的光荣任务而感到鼓舞和骄傲。

康世恩的报告结束后，打擂比武正式开始。主席台前后排满了要求发言的工人、干部、技术人员，大家都争先恐后地向大会表决心、立誓言，要在这一雄伟、壮丽的事业中，贡献出自己的全部智慧与力量。就在打擂比武进入高潮的时候，会场西面突然锣鼓喧天、掌声雷动。军乐声中，以红旗和锣鼓队为先导，17个一级红旗单位、14个先进集体和223名红旗手的代表步入会场。"铁人"王进喜以及马德仁、段兴枝、薛国邦、朱洪昌"五大标兵"披双红、戴大花，各骑在一匹枣红色高头大马上，由探区领导牵马引镫，从松枝搭成的"英雄门"进入会场并绕场一周。当"铁人"王进喜走近主席台时，主持会议的余秋里面对麦克风带头高呼："向铁人学习，人人争做铁人！"顿时，会场沸腾起

① "电讯"为电信的旧称。

来。“人人学铁人”“人人做铁人”的口号声响彻会场，一场彪炳史册、书写传奇的石油会战由此正式展开。

（三）“传帮带”作用

这是对青年工人进行大庆石油会战传统教育的一种方法。老工人对新入厂的青年工人要传思想、帮后进、带作风。其主要做法是：通过采取老带新、师带徒、结对子、父教子、先进帮后进、订帮教合同等多种形式，对青年工人进行会战传统教育，使大庆精神及优良传统代代相传。这一方法，主要注重发挥老工人和先进人物的典型示范、言传身教作用，因而这种教育引导更直接、更具体、更有说服力和感染力。大庆油田开发建设以来，运用这一方法，使一批批来自城市、农村、学校的青年的思想发生了深刻变化，使他们逐步成长为劳模、工匠、技术骨干、领导干部，成长为合格的大庆人。

任何一个国家和民族都有自己的传统，而优良传统的继承和发扬总是依靠一定的环境与媒介，特别是要有良好的内部环境来烘托与推动。石油会战初期，为了尽快甩掉“贫油”的帽子，油田的领导者带头学习马克思列宁主义、毛泽东思想，放下架子到群众中去，同群众打成一片，成为群众的知心人、暖心人、贴心人。他们带头艰苦奋斗，工作上踏踏实实、勤奋努力，高标准、严要求；生活上克勤克俭，处处把群众利益放在第一位。由于领导者的身体力行、模范带动，使企业的价值取向在潜移默化中得到了高度认同。例如，研究院的领导干部在当时极度困难的条件下，不是等、靠、要，而是靠自己的双手积极创造条件，使科研、生产顺利进行。没有试验室，他们就同技术干部一起动手盖干打垒。搞分析化验没有自来水，他们就拿起小扁担和技术干部一起挑水；没有恒温

图 1-18　20 世纪 60 年代“铁人”王进喜为工人做示范

设备就和技术干部一起烧火墙，光着膀子，流着大汗，守着仪器坚持实验。干部的模范行动就是无声的命令，本身就有很强的说服力和号召力。实践证明，领导者的自我要求越严格，自我形象越朴实，其倡导的价值观念越容易被职工群众接受和认同，职工群众就是从领导者的言行举止中学习和领悟到大庆精神的真谛并在岗位实践中不断得以升华。当然，一种精神的继承和发扬不仅要有领导者的倡导，还应有一支骨干队伍去实践、去示范、去“打样”。石油会战中的老同志、老骨干、老技师等总是大干在前、吃苦在先，率先垂范、以身作则，为后人做榜样，让广大职工群众从他们身上看到高尚的思想和品格，使大庆精神不断得到继承和发扬，在全油田形成了一个人人心情舒畅、个个力争上游、处处团结奋进的生动局面。①

七、党和国家的高度关注是常青根脉

自石油会战以来，党和国家始终高度关注大会战的进展，除了听取工作汇报，了解相关情况，总是不失时机地作出决策部署，主要经历了四个阶段。

（一）中央文件在全国首次推出

1963年12月，石油工业部部长余秋里、副部长康世恩在人民大会堂向中央国家机关、北京市部分领导干部以及一些工矿公交企业职工作了《关于大庆石油会战情况的报告》（以下简称《报告》）。鉴于各方面的强烈反响，1964年2月5日，中共中央以中发［64］78号文件发出了《中央关于传达石油工业部关于大庆石油会战情况的报告的通知》（以下简称《通知》）。《通知》指出：“大庆油田的经验虽然有其特殊性，但是具有普遍意义”。《报告》中总结了大庆会战的9条基本经验，即社会主义的现代化企业必须革命化；高度的革命精神与严格的科学精神相结合；现代化企业要认真搞群众运动；认真做好基础工

① 大庆石油管理局党委宣传部：《大庆传统教育简明读本》，内部资料，2008，第46页。

图1-19　1963年12月，石油工业部部长余秋里在中央机关十七届干部大会上作《石油工业部关于大庆石油会战情况的报告》

作，狠抓基层建设；领导干部亲临前线，一切为了生产；积极培养和大胆提拔年轻干部；培养一个好作风；全面关心职工生活；认真地学习人民解放军的政治工作。

1964年4月20日，《人民日报》全文发表由新华社记者袁木、范荣康采写的第一篇公开向全国报道大庆石油会战情况的长篇通讯《大庆精神大庆人》，并配发“编后话”指出：大庆精神，就是无产阶级的革命精神。大庆人，是特种材料制成的人，就是用无产阶级革命精神武装起来的人。这种精神、这种人，正是我们学习的崇高榜样。

1964年12月，周恩来总理在第三届全国人民代表大会第一次会议上的《政府工作报告》中，概括大庆基本经验时指出：“这个油田的建设，是学习运用毛泽东思想的典范。用他们自己的话说，是‘两论’起家，就是通过大学《实践论》和《矛盾论》，用辩证唯物主义的观点，去分析、研究、解决建设工作中的一系列问题。这个油田的建设，也是大学解放军、具体运用解放军的政治工作经验的典范。这个油田的建设，自始至终地坚持了集中领导同群众运动相结合的原则，坚持了高度革命精神同严谨科学态度相结合的原则，坚持了技术革命和勤俭建国的原则，全面体现了社会主义建设总路线多快好省的要求。”[①]从此，大庆精神和大庆经验开始在全国叫响。

（二）工业学大庆会议再次召开

1977年4月20日，全国工业学大庆会议在大庆举行开幕式，来自全国各地的7000名代表参加会议，大会于5月13日在北京闭幕。在这次会议上，中央明确提出了6条大庆式企业标准。特别是，这次大会重新肯定了大庆的成绩

① 中共大庆市委党史研究室：《中国共产党大庆历史》，中共党史出版社，2008，第328-329页。

和经验，肯定了工业学大庆运动的作用和意义，再一次掀起了全国范围的工业学大庆热潮。

在这次会议上，中央明确提出的6条大庆式企业标准是：① 认真学习马克思列宁主义、毛泽东思想，坚持党的基本路线，坚持企业的社会主义方向；② 有一个坚决执行党的路线和政策，密切联系群众，团结战斗，老中青三结合的党的领导核心；③ 有一支能在三大革命运动中打硬仗，具有“三老四严”革命作风的职工队伍；④ 坚持“两参一改三结合”的原则，有一套依靠群众、符合生产发展要求的科学的管理制度；⑤ 在技术革新和技术革命方面不断有新的成果，全面完成国家计划，主要技术经济指标达到国内先进水平；⑥ 坚持五七道路，以工为主，兼搞别样，在有条件的地方，像大庆油田那样搞好农林牧副渔业生产，在搞好生产的同时安排好职工生活。特别是，这次大会重新肯定了大庆的成绩和经验，肯定了工业学大庆运动的作用和意义，并授予“全国大庆式企业”“全国先进企业”称号2126个，授予“全国先进生产

人民日报

毛主席语录

工业学大庆，农业学大寨，全国学人民解放军

工 业 学 大 庆

社论

图1-20　1971年6月20日《人民日报》头版刊登的《工业学大庆》社论

者”称号385人，再一次掀起了全国范围的工业学大庆运动。

（三）中央文件的再次充分肯定

1981年12月18日，中共中央以〔1981〕47号文件形式，转发国家经委党组《关于工业学大庆问题的报告》。该文件中指出，大庆油田在生产建设实践中创造了许多好的经验，其中最可贵的，是他们从油田的实际出发，认真学习和运用毛泽东思想，在实际斗争中培育出来的大庆精神。该文件不仅是对大庆精神、大庆经验的又一次总结，而且更主要的是明确了大庆精神、大庆经验在改革开放和社会主义现代化建设新时期的历史地位和现实意义。

大庆石油人面对某些国家霸权主义的封锁，自力更生、奋发图强、以实际行动为中国人民争气的爱国主义精神和民族自豪感；在严重困难面前，那种无所畏惧、勇挑重担、靠自己双手艰苦创业的革命精神；在生产建设中，一丝不苟、认真负责、讲究科学、“三老四严”、踏踏实实做好本职工作的求实精神；在处理国家和个人关系上，胸怀全局、忘我劳动、为国家分担困难、不计较个人得失的献身精神，都是中国工人阶级优秀品质的突出表现，是需要大力提倡和发扬的。过去，我们靠这种精神，甩掉了“贫油”的帽子；今后还要靠这种精神，推进社会主义现代化建设。

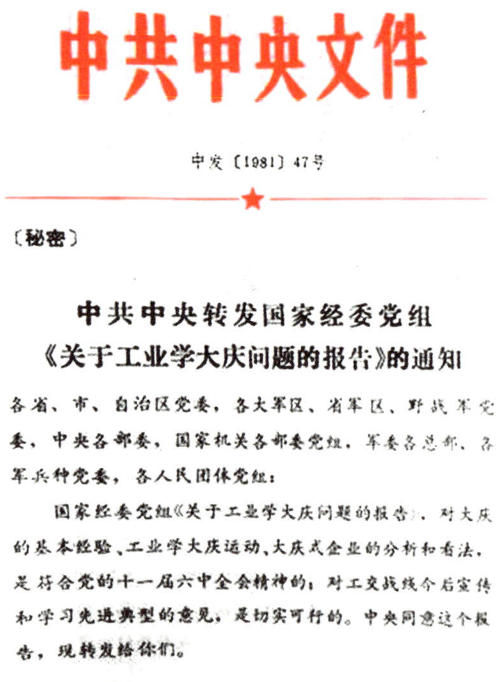

中共中央文件

中发〔1981〕47号

〔秘密〕

中共中央转发国家经委党组《关于工业学大庆问题的报告》的通知

各省、市、自治区党委，各大军区、省军区、野战军党委，中央各部委，国家机关各部委党组，军委各总部、各军兵种党委，各人民团体党组：

国家经委党组《关于工业学大庆问题的报告》，对大庆的基本经验、工业学大庆运动、大庆式企业的分析和看法，是符合党的十一届六中全会精神的；对工交战线今后宣传和学习先进典型的意见，是切实可行的。中央同意这个报告，现转发给你们。

图1-21　1981年12月18日，中共中央以〔1981〕47号文件形式转发国家经委党组《关于工业学大庆问题的报告》

同时，该文件中指出，大庆油田还在其他许多方面，为我国工业生产建设提供了丰富经验。他们坚持思想领先的原则，深入细致地做思想政治工作，不断加强领导班子和职工队伍建设的经验；他们坚持学习“铁人”王进喜，年年进行总结评比，选模范、树标兵，以一批先进个人和先进集体带动整个队伍革命化的经验；他们坚持科学态度，掌握第一性资料，加强基层建设、基础工作、基本功训练，建立以岗位责任制为中心的各项管理制度的经验；他们依靠职工管理企业，重视发挥工程技术人员的作用，发扬政治民主、技术民主、经济民主，坚持“两参一改三结合”的经验；他们提倡领导机关和后勤部门面向基层，为生产第一线服务的经验；他们在发展生产的基础上逐步改善职工生活，组织职工家属因地制宜地发展农副业生产和创办集体福利事业的经验，都是十分可贵的。这是大庆油田广大干部、工人和职工家属在毛泽东思想指引下艰苦奋斗、辛勤劳动的结晶，应该加以肯定。

1989年9月26日，中共中央顾问委员会常委康世恩在全国石油企事业单位领导干部会上的讲话中指出：“大庆经验最可贵之处在于：① 无论在任何情况下，都坚持党的领导，加强思想政治工作，把队伍建设放在第一位。② 无论在任何情况下，都坚持马克思主义的唯物论、辩证法，在改造客观世界的同时，也改造人们的主观世界。③ 无论在任何情况下，都全心全意依靠工人阶级，全面体现和保证工人当家作主的地位，充分发扬工人阶级的主人翁作用。④ 无论在任何情况下，都重视科学技术的发展，充分发挥知识分子的智慧和作用，在独立自主、自力更生的方针下，攀登科学技术高峰。⑤ 无论在任何情况下，都坚持艰苦创业、艰苦奋斗的革命精神，宁愿自己多吃点苦，也要为国家作出更多的贡献。”

（四）中央领导的集中高度概括

1990年2月25日至27日，刚刚就任中共中央总书记、中央军委主席不久的江泽民同志来到大庆油田视察。在两天多的时间里，大庆职工队伍良好的精神面貌，给他留下了深刻的印象。他兴奋地说，这里到处洋溢着体现中国工人阶级风貌的大庆精神，这就是为国争光、为民族争气的爱国主义精神，独立自主、自力更生的艰苦创业精神，讲求科学、“三老四严”的求实精神，胸怀全局、为国分忧的奉献精神。至此，大庆精神“爱国、创业、求实、奉献”的基本内涵被最终确定下来。

2000年8月24日，江泽民同志再次视察大庆油田，再次高度肯定了“爱国、创业、求实、奉献”的大庆精神。他说，经过几十年的实践，形成和发展了可贵的大庆精神。这种精神，现在愈来愈深入人心，不仅过去非常需要，在现在四化建设和改革开放中仍然非常需要。不仅工业部门，各行各业都要学习大庆精神，它确实很好地展示了中国工人阶级和中国人民的先进本色。

2006年，李长春同志在《国内动态清样》第287期作出批示：新的历史条件下，企业的思想政治工作怎么搞，如何和建设企业文化紧密结合起来，大庆油田又为我们创造了经验。他们继承和发扬大庆精神、铁人精神，并赋予新的时代内涵，成为创建百年油田的强大精神动力。请中宣部会同国资委组织力量总结宣传他们的经验，以激励国有和国有控股企业继续发挥企业思想政治工作这一优势，在国民经济中发挥骨干作用。

按照中央领导重要批示精神，中宣部、国资委组织中国思想政治工作研究会、人民日报等单位有关人员组成联合调研组，于2007年3月20—29日到大庆油田开展了集中调研，总结宣传大庆油田先进经验。在形成的《新世纪新阶段大庆油田思想政治工作调研报告》中，肯定了大庆油田加强改进思想政治工作的八个重要举措和十个基本方法。

大庆油田新时期思想政治工作八个重要举措包括：一是紧紧围绕履行政治责任、经济责任、社会责任，切实加强党的思想政治领导，确保大庆油田始终沿着党中央指引的正确方向健康发展；二是紧紧围绕资源型企业可持续发展，全面落实科学发展观，确立“创建百年油田、搞好二次创业”的宏伟目标和战略任务，振奋干部职工精神，激发干部职工干劲；三是紧紧围绕构建和谐企业，着力解决不同群体的利益关系问题，维护国家和油田改革发展稳定的大局，建立维护稳定工作机制；四是紧紧围绕培养和造就铁人式的职工队伍，大力弘扬大庆精神、铁人精神，使干部职工始终保持昂扬向上、奋发进取的创业激情，为油田发展提供不竭动力；五是紧紧围绕提升油田管理水平，注重加强企业文化建设，推动思想政治工作创新发展；六是紧紧围绕激发职工群众创造性、积极性，持续开展形式多样的评先创优活动，营造尊重劳动、尊重知识、尊重人才、尊重创造的浓厚氛围；七是紧紧围绕夯实企业发展根基，全面加强“三基”工作（以党支部建设为核心的基层建设，以岗位责任制为中心的基础工作，以岗位练兵为主要内容的基本功训练），促进油田改革发展稳定的各项工作任务落到实处；八是紧紧围绕长效机制建设，构建党政工团齐抓共管的“大政工”格局，实现思想政治工作经常化、科学化、制度化。通过这些有效措施，油田形成了党委统一领导，党政工团齐抓共管，职能部门分工协作，各级领导干部“一岗双责”，党团员、班组长和先进模范人物共同参与，面向生产经营全过程，覆盖企业全体职工，全方位、全天候的思想政治工作体系。

新时期思想政治工作十个基本方法主要有：灌输教育法，即“带着问题学，找到答案干”，用学以致用的观念检验理论学习效果；主题活动法，即“贯穿主线，频道不换”，用主题教育推动改革发展实践；理念引领法，即“智慧源于群众，创造来自基层”，用先进理念引领管理行为；领导示范法，即“说一千道一万，不如做给职工看”，用领导表率带动职工；典型引路法，即“评比选树立标杆，人人身边有样板”，用典型示范领跑队伍；自我教育法，即“身边人讲身边事，身边事感动身边人”，用自我教育激发职工内在动力；案例剖析法，即“把小事看大，把大事抓透”，用案例剖析解决思想问题；人文关怀法，即“企业以人为本，人以企业为家”，用人文关怀凝聚职工；载体推动法，即“聚是一团火，散是满天星”，用创建活动推进党支部建设；阵地渗透法，即“网络连一线，报纸送万家”，用现代传媒扩大延伸思想教育覆盖面。①

大庆精神、大庆经验得到党和国家领导人的充分肯定。大庆精神，是中国共产党执政后树立起来的国有企业的一面旗帜；大庆经验，是在党的领导下，在企业发展过程中，创造出来的宝贵经验。在不同历史时期，大庆油田得到了党中央的高度重视、亲切关怀和充分肯定。在大庆石油会战取得基本胜利后不久，毛泽东同志就提出了“工业学大庆”，周恩来同志亲自总结了大庆经验。在党的十一届三中全会以后，党中央专门下发了文件，要求全国继续开展学大庆的活动。60多年来，先后有党和国家领导人140多人次到大庆油田视察，这在其他企业是绝无仅有的。这种关怀和鼓励，对于培育形成并发扬光大的大庆精神、大庆经验起到了重要的指导和推动作用。

---

① 中宣部、国资委联合调研组：《新世纪新阶段大庆油田思想政治工作调研报告》，第11页。

大庆精神、大庆经验始终为国外政要、新闻媒体以及知名企业所高度重视。大庆油田从开发建设初期，就吸引了全国乃至世界的目光。大庆精神和大庆经验，一直饮誉海内外。先后有10多位外国元首、政府首脑以及众多知名人士前来参观访问。从1964年4月第一个采写《大庆精神大庆人》的新华社，到英国的《泰晤士报》、美国的《华尔街日报》、香港的《文汇报》等，大庆这个名字，大庆精神这个词组，以其独特的组合，独特的使命，独特的文化，独特的历程，独特的方式，被海内外知晓。近年来，斯伦贝谢、壳牌等一些国际知名石油公司，纷纷来到大庆油田，探访究竟是什么样的精神能源和经验法宝，使大庆油田长盛不衰，始终保持蓬勃发展的旺盛活力。这也从另一个侧面说明大庆精神不可替代的地位和独特的影响力。

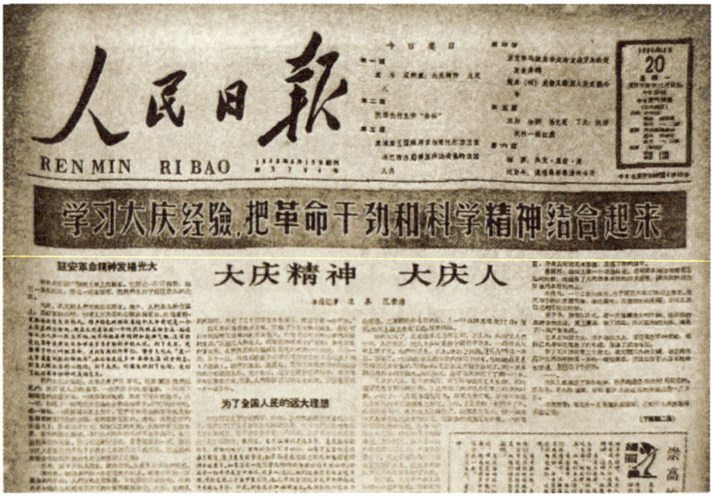
人民日報
REN MIN RI BAO
20
学习大庆经验，把革命干劲和科学精神结合起来
延安革命精神发扬光大
大庆精神 大庆人
为了全国人民的远大理想

图1-22 1964年4月20日《人民日报》记者采写的报道《大庆精神大庆人》

第二章 02

大庆精神的基本内涵

大庆精神的内涵十分丰富。“爱国、创业、求实、奉献”既是一个集中反映大庆精神风貌的有机整体，又体现了每个词语相应的思想、理论内涵：爱国是强大动力，创业是进取意识，求实是工作作风，奉献是根本宗旨。

一、爱国

为国争光、为民族争气的爱国主义精神，始终是大庆石油人开发建设油田的强大动力。面对石油会战初期十分恶劣的条件和重重困难，以“铁人”王进喜为代表的大庆石油人首先想到的是：这困难，那困难，国家缺油才是最大的困难。他们豪迈地以诗言志：“天当房屋地当床，棉衣当被草当墙。野菜包子黄瓜汤，一杯盐水分外香。五两三餐保会战，为革命吃苦心欢畅。”寥寥数语生动地展现了大庆石油人的革命乐观主义精神。在强烈的爱国主义精神鼓舞下，他们喊出了“有条件要上，没有条件创造条件也要上”“宁肯少活二十年，拼命也要拿下大油田”的豪言壮语；他们立志要甩掉我国“贫油”的帽子，要高速度、高水平地拿下大油田，要赶超世界先进水平，为国争光；他们不怕苦、不怕死，不为名、不为利，不谈工作条件好坏，不计工作时间长短，不计报酬多少，不论职务高低，不分分内分外、前线后方，一心一意为国家，顽强拼搏保会战，仅用三年就拿下了大油田，一举甩掉了中国“贫油”的帽子，大长了中国人民的志气。大庆石油人在会战时期所表现出的爱国主义精神，是中国工人阶级高度的政治觉悟和主人翁责任感的集中体现。

图2-1　20世纪60年代大庆石油人风餐露宿

大庆石油人继承和发扬了中华民族传统美德和我国工人阶级的优秀品质，以强烈的爱国主义精神和民族自豪感，以不怕困难、勇挑重担的革命英雄主义气概，为甩掉我国“贫油”的帽子，为建设繁荣富强的新中国，忘我工作、拼搏献身。广大会战职工把热爱毛主席、热爱党、热爱祖国、热爱社会主义、热爱石油事业的深厚感情倾注到干好本职工作中去，以实际行动为中国人民争气。他们干起工作来，不计报酬，不论时间，不分工种，不讲条件，党让干啥就干啥。他们当中，有许多人看了几十年的井，管了几十年的站，喂了几十年的猪，做了几十年的饭；但他们毫无怨言，继续埋头苦干，因为他们把自己的追求、自己的一生、自己的工作和党的要求、革命事业、高产稳产紧紧联系在一起，不管干什么，都是革命工作，都是为了搞好石油会战。

（一）人拉肩扛运钻机

1960年4月2日，听说钻机到了，王进喜不等天亮，就带领1205钻井队职工跑步15里来到车站。可一到车站，王进喜和工人们马上就遇到了难题：火车上是一车皮一车皮60多吨重的钢铁大件。没有吊车，没有拖拉机，车下只有三十几个职工，怎么卸车，怎么搬运，怎么安装呢？王进喜把全队集合起来，问曾经在朝鲜打仗的支部书记孙永臣，“我没有打过仗，你说，若是在战场上遇到这种情况怎么办？是上还是退？是打还是坐下来等？”孙永臣说：“只能进，不能退；只能上，不能等，就是豁出命来也要上！”王进喜接过话来说：“对！我们大会战也像打仗一样，只能上，不能退；我们不能再等了，新疆、四川的钻机不是也卸下火车了吗？没有吊车，我们37个人就是37部吊车。汽车不够，我们有手有脚有胛子（胛子指的是肩膀），就是蚂蚁搬山也要搬。我们就是要靠自己的力量卸车搬运安装，早开钻。大家看看行不行？”“行！”全队职工异口同声道。“好！有条件要上，没有条件创造条件也要上！”王进喜说完，一下子甩掉老羊皮袄，从地上抄起一根撬杠，大喊一声“跟我上！”就跳上了槽子车。大家也抄起家伙一拥而上。全队职工把钻机拆卸成几大件，用滚木加撬杠，推的推，拉的拉……棕绳把手勒出了血，肩膀被压得又肿又痛，可是谁都不在乎。许多人都脱掉了棉袄，只穿一件衬衣。大家脸上、身上全是汗水，热气腾腾。全队职工从2日早上7点一直干到3日凌晨，终于将60多吨重的井架全部运到萨55井井场。

图2-2 1960年"铁人"王进喜带领1205钻井队人拉肩扛运钻机

这时，钻机安装的难题又摆在了1205钻井队职工面前。队党支部当即召开会议，决定在没有吊车的情况下，靠人拉肩扛快速安装钻机。队长王进喜在全队动员会上代表党支部向大家高声说："现在摆在我们面前的任务，是怎样把钻机安装起来。我们国家现在有困难，我在北京参加群英会时，看到汽车背的是煤气包。国家没有油，外国卡我们的脖子，帝国主义封锁我们的国家。这困难，那困难，国家缺油才是最大的困难。我们石油工人是国家的主人，就得想办法把钻机安装起来。我们要干出样儿来给外国人看看！"王进喜的一席话说得大家精神振奋，摩拳擦掌。大家以撬杠、大绳、木头、钢管为工具，人拉肩扛苦战三昼夜，巍峨的钻塔终于屹立到萨55井的井位上。[①]

（二）全员端水保开钻

石油会战初期，1205钻井队到大庆所打的第一口井——萨55井——就要开钻了。可是，没有输水管线，开钻用水怎么解决？

① 大庆石油管理局党委宣传部：《大庆传统教育简明读本》，内部资料，2008，第83页。

图2-3 1960年“铁人”王进喜带领1205钻井队全员端水保开钻

王进喜立即召开全队动员大会，让大家想办法。会上，他先问许万明，“开钻没有水怎么办?”这个许万明，人称“小老虎”，聪明过人，脑子里全是点子。他想了想说：“用盆子端水打井!”他身边的姜如学听了一笑说：“你看见哪个国家用盆子端水打井？简直瞎胡闹。”王进喜接过话茬儿，斩钉截铁地说：“许万明的主意好！我们能人拉肩扛装钻机，就能用脸盆端水保开钻！明天我们就用盆子端水打井。”第二天，在队长王进喜的带领下，全队上下有的端着盆，有的拎着桶，有的手提茶壶，还有的拿着安全帽、灭火机外壳……大家自然而然地排成了一条长龙，从井里端水，再倒进泥浆池中。马家窑的老乡们听说后，也都肩扛扁担挑着水桶加入了运水行列。

自己挖的水井被端干了，老乡的水井也快被端干了。戴祝文急忙找到王进喜说：“王队长，端干了老乡的水井，人家吃啥，牲口喝啥?”王队长指着西边说：“那我们就到那边水泡子端去。”原来，就在距井场西面一里多远的地方有一个冻了厚厚一层冰的大水泡子。这是王进喜早就观察好并提前预料到了的。于是大家破冰取水，一盆盆、一桶桶……运水的人来来往往，川流不息。

一天过去了，还是远远不够钻井用水。王进喜想，这样端水效果不大，时间都浪费在路上了。他和大家一商量，决定从水泡子到泥浆池挖一条水沟，从水泡子里端出水来再倒进水沟，让水流到泥浆池。说干就干，大家很快就挖好了一条小水沟，果然端水的效率大大地提高了。只用了四五天，泥浆池就已经满了，总共约有40吨水，保证了钻井的需要。[①]

（三）人体搅拌重泥浆

万人誓师大会后，石油会战全面打响。各探区、各井队积极响应会战工委“集中全力，猛攻试验区”的号召，为高速度、高水平拿下大油田大显身手。1205钻井队按计划搬到了杨四屯，打开发试验区的第一口井——萨2589井。王进喜带着严重的腿伤，拄着拐杖在井上指挥打井。当萨2589井钻到700多米深时，突然发生了井喷。强劲的高压液柱一下子冲出井口，不一会儿就蹿到十几米、二十多米高。当时，井场上没有压井用的重晶石粉。王进喜急忙召集全队共同想办法。有人提议，用黄土和水泥压井。王进喜果断地采纳了这个建议，大喊一声：“往泥浆里加水泥和土，干！”大家一鼓作气，几吨水泥和土很快被加到泥浆里。可是，落入泥浆池的水泥和黄土很快都沉了底，水泥沉下去又把上水管头堵住了。没有搅拌机，泥浆溶合不好，井越喷越厉害。在此危急时刻，王进喜扔掉拐杖，大吼一声跳进泥浆池，用身体搅拌泥浆，并不时钻入水下去清理上水管线的莲蓬头。紧跟着，几名工人也纷纷跳入泥浆池。大家奋力划动搅拌，上水管线通畅了，泥浆密度升高了，用水泥、黄土配制的高密度泥浆经过两台高压泵的强力抽压，通过循环管线和钻杆强力注入地下，以巨大的压力往下压，把液柱一点点压了回去。经过3小时的紧张战斗，终于制服了井喷。这时王进喜已经精疲力尽，伤腿上的绷带、纱布早已不知去向，伤口被碱性很强的泥浆浸泡冲刷得血肉模糊。王

图2-4　1960年“铁人”王进喜带领1205钻井队用人体搅拌重泥浆

① 大庆石油管理局党委宣传部：《大庆传统教育简明读本》，内部资料，2008，第85页。

进喜刚被扶出泥浆池就昏倒在地上。大家张罗要送他去医院。他清醒后大声说："不要管我，看井压住没有？赶快大排量循环，防止水泥凝固。快点处理泥浆！"工人们给队长擦去满脸满身的泥浆，王进喜坐在那里，继续安排工人们处理事故后的各种问题。经过全队努力，井保住了，设备安全无事。井喷压住以后，井越打越顺，1205钻井队仅用4天就打完了第二口井，并创造了日进尺535米的当时战区纪录。[①]

（四）赶超苏联功勋队

1960年12月31日晚，秘书李晔夹着一卷红纸匆匆来到余秋里部长身旁。"部长，您出的对联写好了，咱们送去吧。"余部长兴奋地说："打开我看看。"余部长徐徐展开红彤彤的对联，一字一顿地念道："保质量重安全，永树全国标杆；创奇迹超功勋，争夺世界冠军。""怎么样？"余部长得意地问秘书李晔。李晔说："行，很带劲！""走，带着这'礼物'开会去！"余部长说完便抓起军大衣，健步走向辞旧迎新座谈会现场。此时，由几栋木板房拼成的会战工委会议室里，灯光明亮，喜气洋洋。参加会议的各单位代表，品尝着难得一见的水果糖，兴奋地谈论着这一年的成就和体会，不时发出愉快惬意的笑声。余部长望着钻井战线的代表们，亲切地说："新年到了，我没啥可送你们的，这副对联算我给你们队的一份礼物吧。"

"部长送对联，那是最好的礼物啊！"钻井战线的代表们激动地接过对联，会场响起了热烈的掌声。"同志们哪，最近我看到一个消息，说苏联有个格林尼亚钻井队，今年在依尔巴库油田，用11个半月时间钻井31300米，创造了苏联钻井纪录。了不起呀！苏共中央专门作出决定，授予这个钻井队'功勋钻井队'称号呢！"说到这儿，余部长顿了顿，用目光向四周扫了一眼，站起身，问身边的1202钻井队队长和指导员，"怎么样，你们有没有决心跟苏联的功勋钻井队比一比，争取超过他们，当一个表率，把世界冠军夺过来？""有！"两位军人出身的井队领导霍地站起来，向余部长行了一个军礼。余部长满意地笑了，"好！新的一年里，我们要继续开好'生产运动会'，要创造我们的钻井世

---

① 大庆石油管理局党委宣传部：《大庆传统教育简明读本》，内部资料，2008，第87页。

界冠军！同志们有没有这个决心？决心大不大啊？”“有！”“大！”现场的回音久久回荡……

1961年1月11日，《人民日报》登载了“苏联格林尼亚钻井队用11个半月时间完成钻井进尺31300米，被苏联部长会议正式命名为功勋钻井队”的报道。1202钻井队职工看到后，心情很不平静，联想到余部长的那副对联，大家再也等不下去了。他们主动向会战领导小组请战，决心赶超苏联功勋钻井队。1961年3月8日，1202钻井队“超功勋”的战斗正式拉开序幕。他们当月就新开钻3口井，完钻3口井，并在6月创出新开钻5口井、完钻6口井的全国纪录。到11月12日，他们已钻井3万米，交井27口，又创造了全国纪录。这时严冬来临，呵气成霜，滴水成冰。1202钻井队全体职工不怕严寒，提出“再打一口井，坚决超功勋为国争光荣”的口号。在凛冽的寒风中，供水管线已全部冻结，他们背冰化水，顽强拼搏十几天，终于在1961年11月29日22时，钻完了全年第28口井，只用9个月时间，完成钻井进尺31746米，提前两个半月时间，践行了赶超苏联功勋钻井队的誓言。

（五）首车原油外运忙

1960年5月，石油会战刚刚开始不久，为了使生产出的原油能够早日支援祖国建设，会战领导小组发出了要实现6月1日第一列原油列车外运的响亮号召。而将原油装上火车外运的任务，就落在了采油一大队队长薛国邦身上。时间紧、任务重、标准高，但硬汉薛国邦从来都是泰山压顶不弯腰，更何况是把大庆原油首次奉献给新中国呢！全队职工一听说要完成这样的光荣任务，个个热血沸腾，浑身充满力量。

在萨37井，薛国邦和其他干部职工经过几个昼夜苦战，敷设好了管线安装好锅炉。机泵飞快地转动着，滚滚原油打进了油库。大家都很激动，薛国邦却十分清楚，这仅仅是个开始，要保证安全输油，更艰难的任务还在后面呢。北国荒原的初春乍暖还寒，而大庆原油凝固点高，必须把油池里的原油加热融化才能装车。一天夜晚，气温骤然下降，油池里的原油变得越来越稠，机泵不时发出哼哼的叫声，压力逐渐上升。“不行了，打不上油来了！”司机焦急地喊着。大家站在油池边上都急得要命。这时，薛国邦沉思片刻对大家说：“今晚任务紧，天气冷，油池大，蒸汽压力小，融化的油满足不了泵的进口。要完成任务必须下油池！”说完，他便跃身而起跳进油池。“队长，你（的）腿有关节炎，快上来！”队友们一齐喊道。紧接着，十多个小伙子也跳进油池，大家用铁锹、脸盆把凝固的油往蒸汽近处送。在没腰的油池里，薛国邦成了“油人”，在黏稠的油池中步履艰难，但他毅然坚持着，坚持着……原油的温度终于升高了，水泥车的机泵又有节奏地响起来。

图 2-5　1960 年首车原油外运的场景

在四天四夜的奋战中，薛国邦忍着关节疼痛，无论大家怎样劝，他片刻也没有离开井场。最后实在没有办法，大队书记以总支委员的名义，要求他必须回队休息；可是书记前脚刚走，他后脚又回到了油池，直到5月31日16时，把21节油罐600多吨原油全部装满。次日，第一列原油列车外运剪彩典礼如期举行。在兴高采烈的人群中，却没有薛国邦的身影。这时，一个小伙子忽然想起队长曾经再三叮嘱：“剪彩时一定要叫我一声，我要为第一车原油运出大庆祝贺送行。”他迅速跑回宿舍，只见队长鼾声如雷。他连摇带喊“薛队长，剪彩了！剪彩了！”疲劳至极的薛国邦依然没醒过来。队长太累了，睡得太沉了。小伙子停止了叫喊，流下了泪水……

1960年6月1日，首列挂着21节油罐、载有600多吨原油的列车，从萨尔图车站开往辽宁锦西炼油五厂。石油工业部副部长、会战总指挥康世恩说：“大会战首车原油外运，这是党和毛主席英明领导的胜利，是党的社会主义建设总路线的胜利，是部党组和省、市委正确领导的结果，是全国和当地人民群众以及人民解放军大力支援的结果，是整个战区全体职工英勇奋战的光辉成绩。”8点45分，在《社会主义好》的乐声中，满载着原油的列车缓缓驶出东油库。为支援国家经济建设，从4月29日举行万人誓师大会，到6月1日，仅一个月时间，大庆油田就实现了首车原油外运。从这一天起，大庆油田开始源源不断地为祖国输送“工业血液”，开创了中国石油工业的新纪元。

二、创业

独立自主、自力更生的艰苦创业精神，始终是大庆石油人开发建设油田的进取意识体现。大庆石油会战是一场恶战。行路难，运输难，过日子更难。这“三难”成为当时各种困难的集中体现。会战地区沼泽遍布，行路非常艰难。由于缺少吊车、汽车等设备，生产用具不得不靠人拉肩扛运到生产现场。会战地区缺少房屋，在1960年的雨季，参加会战的4万多名职工80%睡在地窝子里，职工们的被褥总是湿漉漉的。工人刚脱下的一件棉衣，用秤一称，整整18斤！亲临前线指挥会战的石油工业部部长余秋里也住在牛棚里，常遭漏雨之苦。当时，粮食不足，职工们只好吃野菜充饥，用五两粮食保三餐；几乎每个职工都有买酱油冲开水饱肚子的“诀窍”。由于营养不良和劳动强度大，

图2-6　20世纪60年代会战工人住在自己挖的地窝子里

1961年1月初，仅患浮肿病的职工就有1300多人，到月底就增至6000多人；一名老工人在野外连续工作了20来个小时，回来吃完饭就去世了。解剖后，医生看到了一个被玉米糊糊撑破了的胃……就是在这样的条件下，大庆石油人响应党的自力更生、奋发图强的号召，不畏重重困难，制定了“先生产，后生活”的会战基本原则，凝练了人拉肩扛精神、干打垒精神、五把铁锹闹革命精神、缝补厂精神、回收队精神、修旧利废精神等艰苦创业精神，用自己的汗水、鲜血乃至生命谱写了一曲独立自主、自力更生、艰苦创业开发建设大油田的胜利凯歌。大庆石油会战时期广大职工所表现出来的艰苦创业精神，体现了中国工人阶级敢于吃苦、英勇善战的优秀品质和革命的坚定性、无畏性、彻底性。他们靠这种艰苦创业精神，不仅夺取了石油会战的胜利，而且使油田持续高产稳产，不断创造新的纪录和辉煌。

（一）艰苦就是光荣

大庆石油会战是在当时国民经济严重困难的情况下展开的。会战一开始，会战工委就注重教育引导广大职工群众，我们国家大、底子薄，要富强起来，需要有一个艰苦奋斗的过程。在思想上要树立艰苦奋斗、勤俭节约的思想，开展忆苦思甜教育；在生产建设上，要全面贯彻执行党的自力更生、奋发图强、艰苦奋斗、勤俭建国的方针；在日常工作和生活中要形成艰苦朴素的风气。

石油会战初期，生产生活条件十分艰苦，大多数职工都吃野菜，喝糊糊，勒紧裤带干。面对这种情况，王进喜等人一方面抓好生活，开荒种地，不断补助特困职工，帮助解决实际问题；另一方面，注重做好大量耐心细致的思想工作，教育职工群众顾大局、看长远，认清开发大油田的重大意义，努力克服困难，坚持大会战，打赢大会

图2-7　20世纪60年代石油工人用铝盔当饭盒

战。出身贫寒的王进喜，到各队以亲身经历进行忆苦思甜，进行新旧社会对比，受到了大家的欢迎。有关单位只要请，他就是再忙，也总是认真进行准备。一次，钻井一大队团总支请他给几百名青年讲历史。在现场，蚊子、蠓虫成团地飞到灯下，糊得他满头满脸都是。为了不影响宣讲效果，他全神贯注、不打不动，使青年们十分敬佩。他对大家说："要说大会战苦不苦，我说苦。吃不饱肚子还要干大活、重活，怎么不苦？不过，目前的苦，是暂时的。国家有困难，我们是为国家和民族渡过难关来吃苦的，与旧社会劳动人民受的苦截然不同。这种苦，是我们工人阶级自觉为国家承担压力自愿付出的苦，而旧社会是在地主、资本家皮鞭下受压迫的苦……"最后，他提高嗓音说："同志们，告诉每个职工、每个家属，我们现在吃些苦，是为了全国人民早一天渡过困难时期，早一天结束贫穷落后的时代，是大有奔头的。这样的艰苦就是光荣，再苦再累也感到是一种幸福！"在王进喜的带动和影响下，"艰苦就是光荣"成为那个时期全体会战职工共同的意志、共同的心声、共同的自豪。[①]

（二）下刀子也不怕

1960年4月26日，第一场春雨浇透了草原。在随后的一段时间里，大雨三天两头地下，有时一下十几天。由于雨靴雨衣不足，大多数职工只能赤脚蹚水去上岗。雨水把身上的衣服淋湿了，身体又把衣服焐干了，但干又干不透，一天到晚粘在身上。回到住处没有热水洗脚，只能在积水的洼地擦擦脸，涮涮脚。职工住的牛棚、马厩、活动板房、窝棚、地窖，更是四处漏雨。一天到晚，屋外下大雨，屋里下小雨；屋外不下雨，屋里还滴答。帐篷里也常常积满了水，有时候甚至脸盆都漂起来，青蛙还在里面蹦蹦跳跳。就连康世恩的"卧室"里也多处漏雨，有一天夜里他连挪七次床铺避雨。

恶劣的自然环境加剧了生产的困难。萨尔图一带地势低洼，是松花江、嫩江的自然泄洪区。在油田建设的一些工地和井场上，遍地积水，到处泥泞。原来仅有的几条土路，经过人踩车辗，已经完全无法辨认。那些载着沉重的钢

---

① 大庆石油管理局党委宣传部：《大庆传统教育简明读本》，内部资料，2008，第101页。

图2-8　20世纪60年代雨季的井场，道路泥泞不堪

管、井架、机器部件、钢板、水泥和粮食的卡车，尽管加大油门发出轰鸣，排气管喷出股股浓烟，车轮飞速地转动，但也只是空转，偶尔才能艰难地向前挪一步。经常有成百辆汽车陷在泥塘中，前进不得，后退不能。以至于汽车出去，要拖拉机保驾。但拖拉机有时也陷进泥潭里，难以自拔。当时天气还很冷，水冰凉。汗水和雨水粘在身上，冻得人浑身直打颤。炊事班不得不准备姜汤、辣子汤救急。井场、工地很分散，以三五人为单元的小分队遍布百里荒原。生活用品上不去，器材设备上不去，支援队伍上不去，有时连音信都断绝了。有一个油建小分队，在荒原深处施工，被暴风雨隔绝，失去联系，困在荒原。小分队有5个人，没有饭吃，没有水喝。他们的班长是党员，带头把吃的留给职工，自己吃野菜，坚持施工，毫不动摇，度过了艰难困苦的七昼夜。就这样，面对困难，会战队伍没有退缩，而是全力向大自然宣战。大家提出了“抢晴天，战阴天，无雨特干，小雨大干，大雨猛干”的口号，想方设法克服雷雨风暴带来的困难。在那些天里，康世恩和会战指挥部的领导，冒雨、涉水赶到现场。他们披件雨衣，挽着裤腿，边观察边与司机们商量，提出建议，就地试验。经过几天调查研究，康世恩召开生产调度会，向全战区宣布了战胜雨季的命令：第一，不管雨下多大、多久，哪怕天上下刀子会战也不能撤，只准前进，不许后退，千方百计战胜雨季困难。这里夏秋雨季很短，是施工的黄金季节。第二，全战区不分干部工人，不分前方后方，不分你的我的，要一切为了第一线，哪怕人拉肩扛也必须确保会战顺利进行，还要保证职工吃饱、吃热、穿干、住暖。第三，把所有车辆组织起来，由领导干部带队，派出勘察道路的侦察人员，选择最好的路线，并同时预备第二、第三条行车路线，保证最好的车况和出车率，以及适当的载重量。第四，不管哪个地段出现了陷车，驻在附近的队伍，都要有求必应，主动支援，作为自己的责任。第五，各级政治部派出人员，到附近的国营农场和生产队去商量，请求他们把所有的拖拉机动员出来，摆在陷车最多的地段，把汽车拖出来。把马车、牛车、人拉的架子车也动员出来，以便为汽车不能到达的分散单位运送粮食和材料。在全体会战职工的共同努力下，最后战胜了雨季给施工生产带来的困难。

（三）汽车穿“铁鞋”

石油会战一打响，就面临着重重困难。天公偏偏又不作美，刚进入6月就阴雨连绵。一连十几天大雨不断，草原上到处是积水，条条土路都泥泞不堪。汽车一上路，轮胎在泥水里打滑，尽管车轮飞转，可就是不往前走。大量的物资、器材、生活用品运不上去，前方急得团团转。为了攻克这个难关，三探区运输处发动全体职工献计献策，开展技术革新。全处两天就设计出40多个方案，画出59张图纸。一中队二分队司机郑学书，敢与天公比高低，开动脑筋想办法，千方百计找窍门，终于设计出了“汽车轮胎防滑铁鞋”（简称“铁鞋”）。在队领导的支持下，他连夜画出图纸，又经过钳工、电工连夜苦战，制成了第一套“铁鞋”，经过试用效果比较好。运输处又召开会议，进行研究、改进，使之更加实用。这种“铁鞋”用钢板制成，用螺丝固定。雨天“穿”上，晴天可以卸下，不磨损轮胎和钢圈，制造简单，扒力大，防滑效果很好。有了它，汽车可以畅通无阻地行驶在翻浆和泥泞的道路上。很快，这一“铁鞋”在整个战区得以推广，会战工委及时进行了总动员，日夜出车，人不下班，车不熄火，只用7天时间，就把40口井的32255吨物资抢运到分布在荒原各处的井场，保证了生产急需。大家都高兴地说：

图2-9　当年汽车“穿”的“铁鞋”

“不怕天公降大雨，英雄妙法胜天公。”①

（四）井喷取“气样”

1960年5月，油田二探区的一口井发生井喷事故。井口喷出的油气水柱高达10多米，咆哮着冲天而射……没多久，井场便油气弥漫，让人感到透不过气来。高大的井架陷入地下，井场周围已被泥浆、油水浸没。为了搞清出气的层位，快速制服井喷，必须首先取得气样进行化验分析。可是井口咆哮而出的油气水柱时刻威胁着人的生命安全，派谁上呢？这时，一个书生模样的小伙子勇敢地站了出来，他主动要求完成这一艰巨而危险的任务。这个小伙子叫田光道。田光道是1955年从北京地质学校毕业的年轻技术人员，就在发生井喷前不久，他抱着为油而战的雄心壮志，从川中赶赴大庆参加石油会战。到了战区放下行李，连手续都没有办，就跑到井上投入了夜以继日的紧张战斗。这次发生井喷时他正好在井场，便要求迎难而上取气样。只见他卷起裤腿，蹚过泥水，一步一步地靠近井口。此时的井口吼声如雷，油水似雨。田光道接连取了两瓶气样后，已经感到头晕耳鸣，身子一晃险些摔倒。外面的同志看到后，忙催他回来。可他朝大家摆摆手，坚持着，奋不顾身地取了第三瓶气样，这才摇摇晃晃地离开井口，胜利地完成了任务。

三、求实

讲究科学、“三老四严”的求实精神，始终是大庆石油人开发建设油田的工作作风。石油、天然气都深埋在地下，看不见、摸不着，要找到它并开采出来是一件非常不容易的事。当时对于广大石油人来说，开发建设这样大的油田还缺乏认识和经验。油田的油水井和中转站、联合站遍布在上千平方公里的荒原上，点多、面广、战线长。搞石油勘探开发，研究地层多，井下操作多，隐

---

① 大庆石油管理局党委宣传部：《大庆传统教育简明读本》，内部资料，2008，第94页。

蔽工程多，行业复杂工种多，既有大规模的协作配合，也有班组独立作业或个人单独顶岗。因此，石油会战一开始，会战工委就提出要以对革命事业极端负责的精神，培养过硬的作风，强调严格要求应先从领导做起，并身体力行抓了一些低标准、老毛病、坏作风的典型。经过悉心培养和艰苦磨炼，在职工队伍中形成了“对待革命事业，要当老实人、说老实话、办老实事；对待革命工作，要有严格的要求、严密的组织、严肃的态度、严明的纪律”的优良作风。广大职工树立了为油田负责一辈子、干工作经得起子孙万代检查的高度责任感和求实精神。在油田开发上，坚持实践第一的观点，尊重科学，尊重规律；在钻探井录取资料时，强调必须取全取准20项资料和72个数据；在岗位检查中，强调每一个巡检点都必须人到、眼到、手到、耳到；在日常管理中，建立健全岗位责任制，坚决反对马虎、凑合、不在乎，克服“一粗二松三不狠”。通过不懈的养成教育和实践锻炼，广大职工自觉从难从严，踏踏实实做好每一项工作，人人出手过得硬，事事做到规范化，使“三老四严”超出了管理范畴而成为广大职工自律自强的行为规范，为油田的长足发展奠定了良好的思想和管理基础。“三老四严”，不仅体现了中国工人阶级的组织性、纪律性，更体现了他们坚持严谨求实的优良传统和可贵品质。

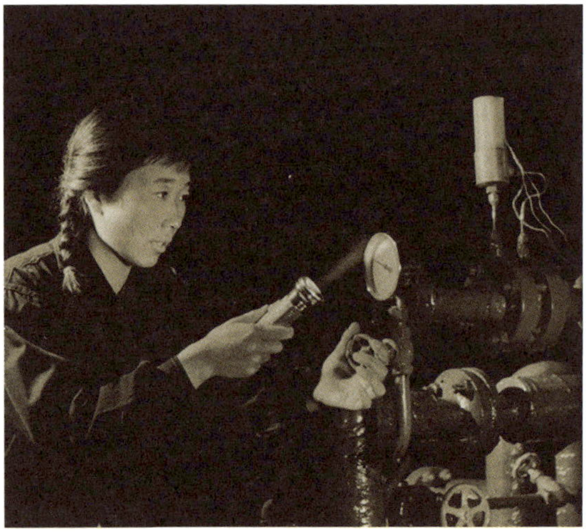

图2-10　20世纪60年代员工严细认真进行岗位检查

（一）砖刻数据

盛夏的一天，采油工艺研究所的几名科技人员到井场进行水层注水的加大注水量试验。正在大家聚精会神地工作的时候，突然天降瓢泼大雨。雨下得非常大、非常急。在露天场地里搞试验，没有伞，也没有雨衣，资料可怎么记？一时间大家都很着急，而负责记录的钟明友更急。他想，要同油层做斗争，就要依靠掌握齐全准确的第一手资料，如果今天资料记不全，就会给下一步研究工作带来困难，甚至造成损失。正在大家急得抓耳挠腮时，钟明友一抬头看见井场边上有几块红砖，他心头一亮：红砖可以刻画刻字，当然也可以刻数字，何不把数据记到红砖上。他跑过去把那几块砖搬来，用一根铁钉把试验数据一个一个刻在红砖上。他一时为自己的“新发现”而高兴，既快速又认真地刻着，字迹既清晰又工整。雨还在哗哗地下着，试验一点儿也没受影响，一直顺利地进行到结束。钟明友整整刻了4块红砖。收工时，他把红砖用一块塑料布包好，小心地装在工具袋里，背回试验室。晚上，钟明友把红砖上的数据一个一个依次工整地抄在记录纸上。他的“妙招”与执着，受到了大家的称赞。[①]

（二）万里测温

石油会战初期，大庆油田生产的原油靠铁路用罐车（也叫油槽车）往外运送。由于大庆地处高寒地区，大庆原油凝固点高，要把原油运出去就得在油库给原油加温。如果加热温度不达标，原油在中途就会凝固，冻结在罐里；如果加温太高，又会造成很大的浪费。为了弄清大庆原油在长途运输中油温和沿途风速、气温的变化，给原油加温提供更科学的设计数据，大庆油田设计院助理技术员蔡升和实习员张孔法两人每天带着风速仪、十几个温度计和少量干粮，爬上简陋的罐车，随运油列车掌握第一性资料。在严寒风雪中连续奔波了3个多月，往返大庆与大连之间5次，行程1万多公里。

图2-11　20世纪60年代大庆石油人进行万里测温

在3个多月里，他们曾摸黑步行两个多小时测到了第一个最冷的深夜装油数据；他们住在没有座位、没有暖气的列车上，饿了啃口玉米饼子，渴了

① 大庆石油管理局党委宣传部：《大庆传统教育简明读本》，内部资料，2008，第95页。

喝几口凉水，有条不紊地坚持工作；他们改装简陋的测温设备，革新出许多新设备，实现了多组数据同时测量；他们每隔一小时，一手握住车厢把手，一手紧握风速仪或温度计，探身于风驰电掣的车厢外，在狂风暴雪里，在天寒地冻中，从死神的手里抢到了2800多个有关油温、风速等的科学数据，终于掌握了运输过程中油温的变化规律，获得了进行设计的科学依据，为国家节约了大量的资金和钢材。[①]

（三）推倒重来

油建四大队一中队三班班长郑发荣，坚持高标准、严要求，严把质量关。1962年4月初，他在施工中两次发现不合格，两次推倒重来，既保证了工程质量，又教育了全班的同志。

4月1日，三班在一口井上砌保温房。徒工小曹忙中出错，顺手拿了一根已经不好用的水平尺。待砌到9层砖时，班长郑发荣过来检查质量，发现墙已歪斜，便严肃地说："工程质量，一点也不能含糊，推倒重来吧！"小曹换了一根好用的水平尺，把已砌的墙推倒重新再砌，完工后经检查，质量达到优良。4月2日，徒工小王没记清班长技术交底的要领，砌窗户时把窗孔上的平旋做高了10厘米。班长郑发荣发现后让小王立即推倒重来。小王虚心接受批评，做出了合乎质量标准的窗户和平旋。接连两天出现的返工现象，使郑发荣很受触动。4月2日晚，三班专门开会讨论质量问题。郑发荣说："这两次返工我都有责任，感到很痛心。我们要尽力避免返工，因为那样会给油田造成浪费。但发现不合格不立即纠正，那会给油田造成更大的损失。所以遇到不合格，就坚决推倒重来，这一点决不能含糊。"讨论中大家都表了决心，还根据两次返工的教训和以往的经验制定了确保工程质量的一整套有效措施。[②]

---

① 大庆石油管理局党委宣传部：《大庆传统教育简明读本》，内部资料，2008，第105页。

② 同上书，第107页。

（四）难忘“四一九”

会战初期，由于受“大跃进”的影响，职工中一度有人出现工作重速度、轻质量的倾向。虽经会战指挥部领导多次批评和提醒，但施工中不注意质量的问题还是时有发生。据统计，1961年1月至3月，共钻井23口，其中，有4口误射孔，5口固井质量不合格，4口井底冲洗不干净，5口油层浸泡时间过长。当时，王进喜领导的1205钻井队，也打了一口斜度超过3.5°的井。作为会战指挥部总指挥的康世恩横下一条心，非把这种“马虎凑合不在乎”的坏作风整顿过来不可。

4月19日，会战指挥部根据钻井前线普遍出现的质量问题，在群英村油建礼堂召开了上千人参加的反事故大会。会上，康世恩对当时的钻井质量问题提出了严肃批评，并点着出现质量问题的那些单位领导的名字，说他们是“抬着棺材进坟墓”。同时指出：“……地面工程的绝大多数是隐藏在地下，使用的年限要达二三十年甚至更久，还要经受高压、高温和酸碱腐蚀的考验。因此，全体干部职工一定要牢固树立严字当头、好字第一，为油田负责一辈子的思想。要有一股干一件事就要干好，干不好就要推倒重来的作风。这一点，就从今天做起，首先决定将这一口井斜超过3.5°的油井报废，重新在旁边打一口高质量的新井。”接着，康世恩一连向钻井指挥部领导鞠了三个躬，希望他们把队伍带到以质量为中心的管理轨道上来。这三个躬，让钻井指挥部领导满头冒汗，恨不得找个地缝儿钻进去。这时，已担任了大队长的王进喜从工地赶到会场。刚走到礼堂门口，有个工人就对他说：“赶快趴下！”“趴下干什么？”王进喜不解地问。“领导正批评我们呢。”那个工人说。王进喜一听，心里十分难过，他说：“披红戴花的时候，你们推着我上台，这回挨批评了，就叫我悄悄趴下当狗熊！”说完，就径直走上主席台，坐在钻井指挥部领导身边陪着挨批。在北京的余秋里部长获悉此事后，严肃地指出：“这口井斜度超过3.5°，如果在1958年，还可以算是好井。可现在不行，井斜超过设计标准，原油采收率和油井寿命都可能受到影响。克拉玛依和玉门就是吃了这个亏。填！这口井一定要填起来！”

填井，这对于全国石油战线红旗单位的1205钻井队来说，简直就是巨大

图 2-12　1960 年 4 月 19 日，会战指挥部组织召开反事故大会，“铁人”王进喜不听队友劝阻，毅然走上前台接受批评

的耻辱。为了使全队牢记这一惨痛的教训，王进喜回到井队，亲自带领全队把这口不合格的井填起来。有的工人说：“填了这口井，就给标杆队的队史写下了耻辱的一页。”王进喜用严峻的目光扫视大家，沉重地说：“没有这一页，队史就是假的。这一页不但要记录在队史上，还要刻在每个人的心里，让后人都知道，我们填掉的不单是一口废井，而是填掉了低水平、老毛病和坏作风。”“同志们，填井！”全队职工个个噙着泪水，跟着老队长背着水泥，一袋一袋地往井里填，直到把井填满。从此，不仅钻井指挥部，全油田上下所有工种都树立了“好字当头，质量第一”的思想，为革命干保险活，为各项工作质量负责一辈子的事迹不断涌现、层出不穷。

（五）5毫米看作风

1964 年 2 月 28 日，油建指挥部的领导，各大队、中队的干部，机关干部，工程技术人员和工人代表，共 604 人在总机厂的建筑工地上召开了一次现场会。会场中央摆放着 10 根 10 米长的钢筋混凝土大梁。这些大梁表面平整光滑，根根粗细一样，即使最挑剔的人也难以找出什么毛病来。然而，油建指挥部指挥却代表领导首先在会上作检讨，说由于他们脑子里缺乏高标准，工作不深入，检验不严格，质量这根弦绷得不紧，导致这些大梁的少数地方比规定的质量标准宽了5毫米。党委书记说，好作风必须从小处培养起来。只有抓住“微不足道”的小问题，才能防微杜渐，避免发生大问题。领导带头检查，大家都坐不住了。负责施工的二大队六中队的职工接着检查了自己的作风不严不细，没有做到人人出手过得硬、道道工序质量全优。工程技术人员检查了他们没有严肃认真地执行验收标准，质量关把得不严。检查之后，指挥部领导抄起榔头、扁铲等工具，顶着寒风，光着手，硬是把大梁上宽出的5毫米铲掉、磨光。大家都说：“这铲掉的哪里是5毫米混凝土，铲除的是马马虎虎的低标准思想和凑凑合合的坏作风。”①

（六）叶得泉寻“虫”

会战初期，负责介形虫研究的叶得泉，在一次鉴定化石时，不慎将一粒比芝麻还小的化石掉在地上。当时实验室条件很差，满地是泥土，要找到这粒化石真像大海捞针一样难。但他知道，少一粒化石就少一份判断地层的依据。为了对油田负责，叶得泉拿起放大镜，在十几平方米的泥地上一寸一寸地寻找。眼睛累疼了，他揉一揉；腿蹲麻了，他活动一下。他硬是找了两个多小时，终于把这粒小“虫”捉到了。古生物对地质环境反应灵敏，有些化石是某种特定环境的产物，素有“指向化石”之称。叶得泉把自己的全部心血都花在油田古生物研究上，带领一名青年不分白天黑夜地干。他们每打一口取芯井，都要取样鉴定；每采一个样，都要仔细寻找介形虫化石。石油会战第一年，就分析了3000多块样品，超过一般工作量的一倍多。由于严细认真、高度负责，他们很快掌握了介形虫化石在盆地内的分布层位及规律，为大庆长垣地层分层提供了重要的依据。②

（七）打捞方补芯

1961年夏天，1218钻井队在西区打开发生产试验井。一天，钻机正在正

① 大庆石油管理局党委宣传部：《大庆传统教育简明读本》，内部资料，2008，第118页。
② 同上书，第90页。

常钻进时，井口突然发生塌陷，钻台上的方补芯（一种在钻井过程中与转盘方瓦配合，驱动方钻杆转动的专用工具）掉进陷坑里。这个陷坑虽然不大，却有3米多深，里面灌满了泥浆水。

怎么办？如不及时把方补芯捞上来，钻机就无法继续钻进，轻则影响生产进度，重则会造成这口井报废。一贯默默埋头工作的共青团员、钻工成宗金心想："开发生产试验区的每口井，都意义重大，说什么也不能让这口井报废。"又想："困难当前，共青团员应该勇往直前！"他想到这里，身子一跃就跳进了井口的陷坑，还没等别人弄清怎么回事，他一下子就沉到泥浆水里。但由于泥浆密度大，浮力大，他只沉了一半就浮了上来。他用一只手扶着方钻杆，另一只手抹掉头上、脸上的泥浆，深深地透了几口气，又沉了下去。当他的脚踩到方补芯时，内心感到一阵高兴；但也就在这时，憋的一口气已经支持不住，无力弯身去拉方补芯，只好又浮了上来。井场上的人们都为小成捏把汗，担心他出事儿，齐声喊他，要他当心。大家的关心，给了成宗金极大的鼓舞。他又憋足气，第三次沉到了泥浆水里。这一次他有了经验，沉下后迅速地抓住方补芯，把它提出水面。由于紧张，当大伙把方补芯从泥浆陷坑里拉上来时，他已晕了过去。过了好一阵子，他才醒过来。当他看到捞上来的方补芯时，欣慰地笑了。[①]

（八）萨尔图流程

萨尔图流程是大庆油田开发初期设计成功的一种油气集输流程，是针对大庆原油含蜡量高、凝固点高、黏度高的"三高"特点而设计的。科研人员经过对232口油井测试，取得了8万多个数据，并汲取了采油工人创造的"长烟道热风吹"等7种炉型的优点，成功地设计出操作简便、安全防火的水套式加热炉，攻克了油井保温问题；测得大量管线中原油摩阻数据，确定了合理的输油管线口径。工程师谭学陵等5人用10个月时间，爬冰卧雪，从1600个观测点上取得5万多个数据，经反复测算分析，确定了大庆地区准确的土壤传热系数，弄清了原油在输送时的温度变化。通过持续的科研攻关，创制出适合高寒

---

① 大庆石油管理局党委宣传部：《大庆传统教育简明读本》，内部资料，2008，第102页。

地区独特的原油集输工艺流程，命名为“萨尔图油气集输流程”（简称“萨尔图流程”）。其特点是管线按井排串联，合理利用井口剩余压力，单管密闭，油气混输，单井就地计量，利用本井伴生天然气作燃料，对井口和管线加热保温，圆满解决了大庆开发初期“三高”原油地面集输问题。同过去玉门和克拉玛依油田采用的巴洛宁流程相比，节约钢材33%，节约投资13.5%。萨尔图流程在萨尔图和杏树岗2个油田110个井排2339口油井上推广使用。1976年后，随着含水率增高，油井产液量增加，管线回压加大，对萨尔图流程采用截短管线、缩小输油半径的办法进行了改造。这一成果于1965年获国家发明证书，1985年获国家科委一等发明奖。

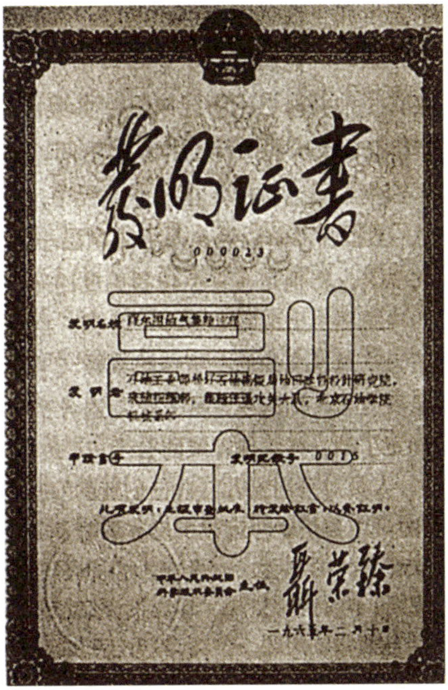

图2-13 1965年国家颁发的萨尔图油气集输流程发明证书

（九）让钻机“行走”

“整拖搬家”是石油会战初期钻井工人利用油田地势平坦、井位成排成行和地面空中均无障碍物的有利条件，不放倒井架的井位搬迁方法。采用这种方法搬迁时，要用多台拖拉机牵引，并在前后左右各方向用拖拉机拉紧绷绳，使井架在前进中保持直立平衡；其他主要设备和部件（如钻台、柴油机或电机、泥浆泵等）一起整体拖迁到新井位，使钻前工程大大加快速度。会战职工采用这种方法，曾创造出21分钟整拖安装1部钻机，一个搬家队1天整拖10部钻机的纪录。现在的钻机整体搬家可以在1小时内实现井架到、水线通，电机转、钻具全，一上钻台就能开钻，加快了钻机运行速度。

这项工作的发明带头人是1247钻井队队长段兴枝。他凭着对钻井事业的挚爱，凭着长期积累的经验，提出并苦心钻研这项发明。然而，要让一个高四五十米、重60多吨的庞然大物整体行走谈何容易。段兴枝把他的想法和指导

图2-14　20世纪60年代油田“整拖搬家”新工艺试验成功

员商量后，他们组织起由技术干部、工人、领导参加的三结合攻关小组，开动脑筋，人人献计献策。经过反复讨论，提出了利用绷绳开动柴油机来牵引钻机前进的方案。方案确定后，段兴枝带着大家投入了紧张的试验。但是，第一次试验失败了。面对失败，他们没有气馁，而是认真分析失败的原因。经过紧锣密鼓的周密准备，第二次试验工作很快就绪，段兴枝和指导员亲自组织指挥，和大家一起干。试验开始后，段兴枝手拿小旗、嘴衔哨子，用哨声和手势指挥。渐渐地，奇迹出现了，钻机在一片荒地上缓缓地移动了。顿时，井场上沸腾了。兴奋之余，段兴枝又想，钻机移动了只是一个好的开端，怎样才能让钻机走得更快呢？围绕这个想法，他又组织召开“诸葛亮”会，展开讨论。大家认为钻机起步时，指重表针才指到23格，这说明钻机负荷还不大，如果再适当增加钻机负荷，外加一个大滑轮，就可以减少绷绳返回的距离，移动的速度随之也就加快了。当用新办法移动钻机时，从老井位到新井位相距2公里，只用了三天时间。这使得他们成为油田第一个实现钻机整体快速搬迁的井队。这种搬迁方式与以前的搬迁方式相比，不仅节约了大量的人力、物力，减轻了劳动强度，而且为会战赢得了宝贵的时间。

（十）最讲认真的人

早在玉门油矿工作时，周占鳌就曾被誉为“天不亮的星星”，大家称赞他是为发展石油工业起早贪黑干活的主人翁精神的代表。1959年，周占鳌从玉门油矿来到大庆参加石油会战。到了大庆，为甩掉中国“贫油”的帽子，这颗“天不亮的星星”以高度的主人翁责任感和使命感，全身心地投入开发大庆油田的火热实践中。为提高施工水平和工程质量，他响亮地提出了“严在针尖上，细在发丝上”“宁要一个过得硬，不要九十九个过得去”的口号，在全战区引起了很大反响。

一次，南区某油井投产后，周占鳌去检查、回访。当他查到一口井的清蜡装置时，发现在清蜡保温套上有几滴油迹，其中一滴还在焊口上。他在脑海里打了个问号，“是放喷时溅上的原油，还是其他原因滴的油?”他对这滴油怎么也放心不下。过了两天，他又专门来到这口井，只见焊口上还有油迹。他用手抹去油点。夜里，他翻来覆去睡不着，那滴油的影子在他脑海里转来转去。一种对油田高度认真负责的责任感，驱使他第三次来到井上。这次，当他看见焊口上仍然存在油迹时，断定是焊口出现了砂眼。他立即找来工程车，把砂眼补上。采油队的领导和工人们感动地说：“过去只是听说周占鳌活细、认真，这回可见识到了。”

干任何一项工作都要有个标准。周占鳌也同样有自己的工作标准，那就是：检验工程质量不只是满足一张验收单、合格证，而是对工作完全、彻底地负责。在南区某排七井施工完后，这口井照例又被评为质量全优井，拿到了甲方单位的验收单。当油漆工给管线补刷油漆时，发现有颗松动的螺丝钉。收工后，他把情况告诉

图2-15　20世纪60年代“最讲认真的人”周占鳌（右）在查看管线

了周占鳌。当晚，他步行5公里赶到那口井，重新把螺丝钉拧牢。周占鳌常说："工程质量是油田的命根子，我们是油田的主人，就要为油田负责一辈子。"正是基于这种认识、觉悟和操守，周占鳌把"干保险活，做放心人"当作自己的座右铭，事事、时时、处处自觉从严。1974年，大庆油田党委授予他"最讲认真的人"光荣称号。

四、奉献

胸怀全局、为国分忧的奉献精神，始终是大庆石油人开发建设油田的根本宗旨。报效祖国、奉献社会、造福人民，是大庆精神的本质特征，也是大庆石油人的不懈追求。老一辈石油工人始终把为国家多生产原油、为国家多作贡献当作自己毕生的奋斗目标，总是自觉地把国家利益放在首位，宁肯自己千难万难，也不让国家一时为难。大庆油田的原油产量一直高居全国各油田之首，但他们还是不断自我加压，不断确立新的规划目标，年年都有新突破，年年都完成或超额完成原油、天然气生产任务。从1960年投入开发到1995年底，累计生产原油13.49亿吨，相当于贡献给全国人民每人一吨多原油；财政上缴人民币1439亿元，出口创汇400多亿美元，占据了全国500家大企业之首的地位，而广大职工居住条件和生活文化设施直到20世纪80年代才逐步有所改善。改革开放后，由于价格体系没有理顺，造成原油价格过低、赋税过高，油田出现了税后政策性亏损，企业和职工的利益受到较大影响。在这种情况下，大庆石油人始终坚持正确处理国家、企业和个人三者利益关系，为了国家的利益，胸怀全局、迎难而上，保持了长期的高产稳产。经过60多年开发建设的大庆油田，要继续保持高产稳产面临重重困难。但是，大庆人清楚地意识到，不继续保持高产稳产，国家的困难更大。为了确保国家石油战略安全，他们打响了新时代的高科技新会战，踏上了当好标杆旗帜、建设百年油田的新征程。

（一）舍身救火

1960年10月25日，某油库在输油时由于发生意外引着了罐口冒出的油气，燃起了一股大火。这股火如不及时扑灭，后果将不堪设想。

在附近维修管线的工人们看见火光，立即赶来救火。维修队长奚华亭三步并做两步冲上罐顶，冒着烈火烧身和油罐爆炸的危险，操起蒸汽管对准火口猛刺，但由于蒸汽压力太小，压不住一人多高的火舌。奚华亭毫不迟疑，扔掉蒸汽管，立即用两腿堵住火口，减少空气流通，接着又脱掉棉衣迅速塞住烟火弥漫的罐口。烈火浓烟包围着他，灼烤着他，但他不为所动，死死地压住罐口，防止火势蔓延。这时，工友们也都冲上来，把冻土块和一盆盆凉水泼向罐口。下面有烈火烧烤，上面有凉水浇头，还有坚硬的土块打在身上，可奚华亭仍纹丝不动，紧紧压住罐口。他知道，只要自己稍一挪动，烈火就会窜出来，火势一大，油罐就会爆炸。那样，国家财产和职工群众的生命安全就将受到威胁。高度的主人翁责任感使奚华亭下定决心，宁可牺牲自己也要保住油库的安全。他忍着剧痛，以顽强的毅力，用自己的血肉之躯防止了一场恶性事故发生。油罐保住了，可奚华亭却受了重伤。事后，现场的干部职工都发自内心地敬佩，称他是“黄继光式的英雄”。

（二）生死决心书

在大庆油田历史陈列馆的展柜里，静静地“躺”着一张用红纸书写的决心书。它虽然已经有些褪色，但那上面的一句句誓言和30个人的名字，却仿佛在向人们讲述着多年前那场惊心动魄的战斗。

那是在2004年，升深2气井由于多年在高温高压条件下生产，套管已经严重腐蚀，周围开始出现漏气现象，就像一颗重磅炸弹，一旦爆炸，后果不堪设想。由于这口井已不具备修复的条件，为了彻底消除安全隐患，经过缜密研究论证，油田决定对其进行水泥封堵，但因施工难度大、危险性高，联系了国内几家施工单位，他们都不敢尝试。在这种情况下，井下作业分公司修井107队临危受命。队长赵传利向大家传达完上级的命令后说：“弟兄们，咱们大仗小

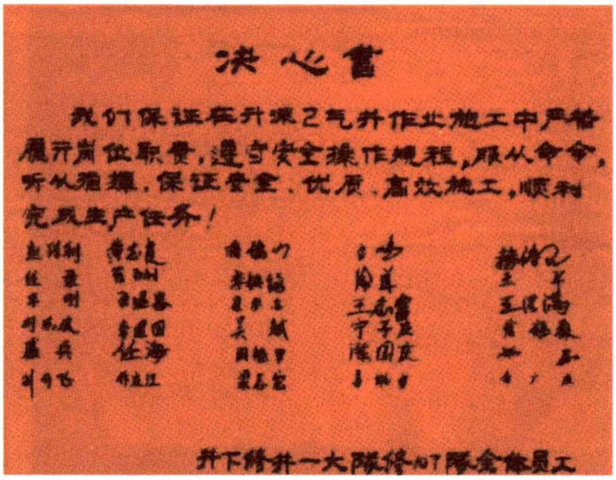

图2-16　2004年，107队全队签署的生死决心书

仗打了不少，从来没熊过，这次是真正考验我们的时候，咱107队绝不能当孬种！大家有没有信心啊?”“有!”大家发出了同一个声音。在庄严的气氛中，队里的5名党员和干部率先在决心书上签署了自己的姓名，全队没有一人退却。30个名字，同一个决心，“一定要拿下升深2!”为确保科学施工、安全施工，他们制订了详细的施工方案及应急预案。他们把一口报废井作为模拟现场，全力以赴进行了为期两个月的演练。7月21日，专家对封堵升深2气井的模拟演练进行最后一次验收，施工、疏散、抢险、救援等工作全部达标。7月28日，放喷点火降压开始了，当放喷闸门开启点火的一刹那，巨大的气压顶得闸门发出“嘶嘶”的尖叫声，四五十米高的火柱冲天而起，百米内热浪袭人。190多个小时后，井内压力逐渐降了下来，而大家的心却绷得更紧了，更艰巨的考验和更大的危险还在等着他们。

8月6日8点40分，施工车组的轰鸣声让本来在紧张气氛笼罩下的升平镇拥护村更加透不过气来，压井开始了……接着是卸井口、装井控。这道工序相当于拆除炸弹的引信，一旦失控，井场周围方圆几里将遭到毁灭性破坏。消防车、救护车已经严阵以待，现场所有人的心都提到了嗓子眼儿。随着现场总指挥一声令下，由队长赵传利、党支部书记黄志虎，以及副队长、两个班长组成的党员突击队，冲上井口实施封堵。5名勇士沉着冷静，默契得就像一个人，仅用40分钟就完成了全部操作。封堵成功！大家欢呼拥抱，喜极而泣。

（三）二十勇士

1962年9月，一条4.8公里的大型输水管线——萨龙管线——已经预制完成。管工等着对管，焊工等着焊接，绝缘工等着防腐绝缘，工期越来越紧；但还有一道工序没完成，那就是清管。清管这道工序很重要，如果在焊接之前没有将管内杂物、垃圾清理干净，那将留下无穷的后患。萨龙管线是大型输水管线，使用的管线是直径比人粗不了多少的螺纹管，每根44米长。以往的清管器无法使用，必须另想办法。接到任务后，工程指挥部二大队五中队管工小队的同志们为了圆满完成任务，千方百计、群策群力想办法。他们研制了一个大号清管器，一试用，不好用，放进去没拉几米就被螺纹内壁的毛刺卡住了。随后，他们又制作了一个大拖把，但管子里面的杂物还是清理不出来。几种办法都不成功，大家急得团团转。9月4日上午，大家又来到工地想办法。突然，小组长杨永胜想起管工张和平曾经钻进一根大口径管线里去捉兔子，干脆钻进去清扫吧。他一提出，大家都说这个办法行。说干就干，组长杨永胜第一个站出来。他手拿一个半圆形铁推板，就往管子里钻。但他的身体太粗壮了，上半身刚进去就卡住了，进不去也出不来，被在场的同志硬拉了出来。这时，站在一旁、身材瘦小的许协光立即说："我个头小，让我来钻！"

当时正值中午，初秋的太阳把管子晒得发烫。许协光钻进去感到又闷又热。44米长的一根管子，连那头的光线都看不到。许协光手拿清扫推板，伸直胳膊往前推。推一点，往前蠕动一点，灰尘、铁锈直呛得他喘不过气来。这种大口径管线对于人来说还是太细、太窄，许协光必须伸直四肢，保持着一种姿式往前蠕动。面前的垃圾越堆越高，每前进一步都很难；但他坚持着，奋斗着，终于看到了前面的亮光。清完一根管，整整用了20分钟。当同志们把他拉出来时，许协光满脸灰尘和铁锈，身上沾满了泥污，肩头、肘部、臀部、膝盖全被毛刺刮破了，渗出了点点血渍，但他根本没把这些放在眼里。杨永胜小组钻管线清扫成功了！消息在工地传开，其他小组立即纷纷效仿。从9月4日至9日，6天时间共有20名工人钻进管子里去清扫。他们共钻了4.18公里长的管道，彻底清除了杂物、积水、垃圾，人们称赞他们是"二十勇士"。[①]

（四）"最香的人"

在1963年召开的工程指挥部庆功大会上，五好标兵、"最香的人"李兴绰和他的爱人、模范家属梁玉珍双双登台发言。李兴绰1959年从部队转业到企

① 大庆石油管理局党委宣传部：《大庆传统教育简明读本》，内部资料，2008，第108页。

业，1960年参加大庆石油会战，到工程土木预制厂当工人。在两年中调动了7次工作，先后当过炊事员、勤杂工，养过猪、种过地。他知道，没有粪肥，地就种不好。1961年8月，他干脆请求去捡大粪。李兴绰捡粪不怕累，不嫌脏。有一天下大雨，人家往屋里跑，而李兴绰却光着脚往外跑。原来，他是去扒泥筑坝，免得粪肥被雨水冲跑。“庄稼一枝花，全靠粪当家”。李兴绰长期捡粪积肥，用一人臭为大家换来了粮菜香，受到了人们的尊重。大家都敬重地称他为“最香的人”。当然也免不了有少数人说三道四。有些难听的话慢慢传到李兴绰的爱人梁玉珍耳朵里，她便和丈夫闹起情绪来。李兴绰对妻子说：“是党把我们从火坑里救出来的。过去捡大粪，地主老财瞧不起咱；现如今，我捡大粪是为革命，光荣。油田需要焊工、电工，可也缺不了捡粪的。我走（到）哪儿都有人翘起大拇指，称赞咱是‘最香的人’，我们自己却瞧不起自己，这对吗?”一席话说得小梁眼窝都湿了。打那以后，小梁对李兴绰更加尊重和体贴，总是把他的衣服洗得干干净净的，并经常做些好吃的给他改善伙食。她因为劳动好，又会理家，还会疼丈夫，被评为模范家属，参加了庆功大会，还在大会上发了言。①

（五）深夜退款

1964年5月8日是采油一厂四矿五队发工资的日子。老工人张宗福白天同大伙一道铲了一天地，晚上7点才回到队里，接着又参加了职工大会。散会时已经是晚上10点多了，工资员把工资交给他时，劳累一天的张师傅数也没数，往口袋里一揣就回家了。回到家里，张宗福把工资交给爱人，自己洗了洗就上床睡了。深夜12点左右，他爱人给孩子缝完衣服，临睡前顺手拿过工资数了一遍，发现多出9元钱。她怕自己数错，又认真地数了一遍，还是多9元。这时她赶紧把熟睡的张师傅推醒，问他：“这个月你咋比上个月多发9元钱，是不是多加了几个夜班?”“没有加夜班呀，是你数错了吧?”张师傅揉揉眼睛说。“我数了两遍，那还能错?”“真的?”张师傅呼地一下坐起来，“那一定是工资员发错了，我得给他送回去。”他爱人忙说：“现在都半夜了，人家都

① 大庆石油管理局党委宣传部：《大庆传统教育简明读本》，内部资料，2008，第112页。

睡了，算了吧。”“睡了我也得给他送回去。”张师傅一边穿衣服一边说。他爱人又说：“你累了一天了，好好休息吧，明天送不是一样吗?”听老伴这样一说，张师傅认真地说：“咱得替别人想想。工资员少了9元钱，还不知急成啥样子呢。”说完披上外衣，向队部跑去。进门一看，工资员正在满头大汗地东翻西找。张师傅把钱往桌上一放，说：“你找的是这个吧?”工资员一看，正是9元钱，问清情况后说：“你看我这个‘马大哈’，自己没尽到责任，还把你折腾得休息不成。”张师傅赶忙说：“我要是休息好了，你不是一宿都睡不着了吗?”这句话把工资员逗笑了，张宗福自己也笑了起来。①

（六）放心管家

由于1963年会战取得了比以往更大的成绩，1964年的春节比往年更热闹。工程指挥部一大队一中队管理员兼炊事班长李毓，凌晨3点钟就起床与炊事员们一起给大家包饺子。用食堂自产的肉菜包的饺子馅香皮薄，一个个像银元宝似的十分诱人。一直忙到早上8点多钟，饺子包好了。等大家都吃上以后，炊事员也给李毓端了一盘，对他说：“管理员，今天你也尝几个!”可李毓说什么也不吃，忙去换衣服准备回家。大家见此情景实在不忍，劝他说：“平时我们不劝你。今天是春节，就破个例吧。”李毓说：“同志们的情我领了，可饺子不能吃。我的粮食关系不在食堂，（我）吃了就占了大家的。这个例一破，以后就不好办了。”望着李毓匆匆离去的背影，往事历历浮现在大家的眼前。李毓在食堂工作三年，从未吃过食堂的东西。他把户口落在家里，不管在食堂忙到什么时候，也不在食堂吃饭。他不仅严于律己，还教育自己的爱人、子女不准搞特殊化。有一次，他6岁的儿子小明来食堂找他，他不在，炊事员就拿了一块饼给小明吃。李毓知道后，马上拿了1角钱和2两粮票交到食堂。还有一次食堂掰苞米，李毓9岁的女儿小英子来帮忙，炊事员顺手给她两穗苞米让她拿回家烤着吃，也被李毓制止了。李毓廉洁奉公的行为感动了大家，人们送给他一个荣誉称号“我们放心的好管家”。②

---

① 大庆石油管理局党委宣传部：《大庆传统教育简明读本》，内部资料，2008，第117页。
② 同上书，第119页。

（七）井场相会

1965年麦收之后，采油女工王淑芳突然接到电话，她的父亲今天要从老家来看她。听到这一消息，她甭提有多高兴了。她从1962年9月离开家乡到大庆学习和工作，已经整整三年没和家人见面了。但事不凑巧，她今天正好值白天班，只好叫父亲到中区6–17井来找她。老父亲径直找到中区6–17井，一进值班房的门就喊了声："淑芳！"听见爸爸叫自己，王淑芳多么想一跃而起，甜甜地喊一声"爸爸"。可是，不能！她正坐在绞车旁清蜡。岗位责任制中有规定，清蜡时必须集中精力，不允许同别人说话。王淑芳深深懂得遵守制度的重要性。她像没听见一样，仍全神贯注地盯着钢丝一圈圈往滚筒上盘，严密注视着窗外，防止顶刮蜡片事故发生。当听到爸爸喊第二声时，她把自己坐的小凳让出来。徒弟小王把小凳挪到桌子边，让老人坐下。

王淑芳管理着两口井，一个班次每口井要清两次蜡，每隔两小时巡回检查一次。上了班，师徒俩忙得一刻不停。这不，刚刚把中区6–17井的蜡清完，又得赶紧去清中区6–16井。因此，她不敢稍有怠慢，向父亲交代几句就赶到中区6–16井。她想，爸爸是老林业工人，女儿遵守制度，他能够理解。等回来再好好解释一下。可是等她再回到6–17井时，已经人去屋空，只剩下爸爸坐过的小板凳还在桌边。这时王淑芳眼睛潮湿了，心里有些酸。爸爸54岁了，第一次来大庆，就……这时，徒弟说："去找找大伯吧。"王淑芳说："不行，上班时间人不能脱岗！"她狠着心不去想这些，继续做井上的工作。

太阳偏西，下午4点班的同志来接班了。交接完毕，王淑芳才想起去找爸爸。当她跑出值班房时，迎面看见爸爸正站在那里。她喊了一声"爸爸"，一头扑进父亲的怀里。爸爸推开女儿，表情严肃地说："你不是不认爸爸了吗？还叫什么？"王淑芳忙解释说："我们制度规定清蜡时间不准说话，清蜡时间不管谁来都不能说话。"这时徒弟帮衬着说："6–17井是参观井。就是大首长来了也是这样！刚才你来时，师傅她正在……""甭解释了，我在别的井打听明白了。你们大庆的'三老四严'可真严啊！"爸爸的脸再也绷不住了，笑着说："给，这是爸爸给你买的奖品。"说完，他从背后拿出两样东西来。王淑芳一看是鲜桃和甘蔗，高兴地笑着说："爸爸，你可真好！"说完，她同徒弟一起，一边一个搀扶着老人向队部走去。[①]

（八）人体“导线”

一天，某井突然发生火警，领导机关要迅速接通有关单位，协调调度处理火情。可偏巧，这条线路怎么也接不通，把话务员急得满头大汗。怎么办？“查线去！”从外线工地回来的机务员毛孝忠和架线工萧全发，进了屋撂下东西，还没等喘口气，就又返身跑了出去。他们沿着线路一步一步丈量着仔细查看。当查到机修厂附近时，发现一根电话线断了，大约有两米长。由于走时匆忙，没来得及带电线，断了这么一大截，用什么来接？回去找线吗？时间不允许。这两个刚转业不久的通信战士马上想起在战场上电话兵用身体接通电话线的英勇事迹。毛孝忠说：“水火不留情，一秒钟也不能耽误。咱们没有电线用人当！”萧全发说：“对，咱俩想到一块儿了！”说完，两人拉起手来，每人握住电话线的一头，让电流从他们身上通过。电话接通了，可他俩却浑身麻木，不由自主地颤抖起来。为了保证通话，他们坚持，再坚持，咬紧牙关顽强地坚持着。5分钟后，话通完了，电流没有了，毛孝忠和萧全发却大汗淋漓，无力地瘫软在地上。他们休息一会儿，待体力稍稍得到恢复，就赶快回去找来电线，很快就把线路接通了。[②]

（九）千里运石磨

1202钻井队工人卢兴山整整7年没回家了，他的爱人接到他要探亲的信后，甭提多高兴了。她买下鱼肉准备好酒，盼着老卢早日回家团圆。可是她左等右盼，等了一天又一天，也不见卢兴山的影子。她哪里知道，卢兴山这时正在几百里之外东奔西跑忙着买石磨呢。

原来，1961年石油会战打得好，省委慰问了一批黄豆；油田职工自己动手开荒种地，也收获了一些黄豆。黄豆分到钻井队，只能煮着吃、炒着吃，想

---

① 大庆石油管理局党委宣传部：《大庆传统教育简明读本》，内部资料，2008，第122页。

② 同上书，第114页。

吃顿豆腐或豆浆，还得到很远的农村去借磨，折腾一次很费力。队里想买磨，但当地没有。有了黄豆还不能改善生活，卢兴山很着急。他和指导员说好，准备趁自己回家探亲时给队里买一个小石磨回来。

卢兴山知道家里那一带买不着磨，就直接来到他大哥居住的城里，想先把买磨的事落实了再回家。谁知城里也不好买，他花了5天时间才在城东找到一位姓孙的石匠，好说歹说，定下尺码、石料和取货时间，交了订金才放心回家过春节。春节刚过，离归队还有一周多时间，他就告别了妻子，回到大哥住的城里取石磨。他到孙石匠家一看，石磨做好了，他满心欢喜。可石磨有80多公斤重，没法背，他又忙着开证明到车站去托运。不巧，这天车站托运计划已排满，他怕石磨放在车站不安全，就又用独轮车把石磨推回大哥家。18里的路程，他走了三个来回。第二天他又把石磨推到车站，办好手续交给了货运处。此时，老卢心里的一块石头才算落了地。大哥见他为买石磨忙来忙去，想留他休息一天，他不肯，又为队里买了两把锄头、一把叉子，于2月19日回到了大庆，提前两天归了队。

1202钻井队有了石磨，生活很快得到了改善。钻井工人们不仅吃上了白嫩的豆腐，喝上了香甜的豆浆，还吃上了自己磨面蒸出的馒头和发糕。炊事员说："有了磨，可方便多了。"卢兴山看见大家吃得香，心里美滋滋的。他把这些写在信里告诉爱人，说全队工人都感谢她的大力支持。

（十）战胜暴风雪

2005年3月27日晚7点，大庆油田遭遇了一场20多年罕见的特大暴风雪，降雪平均厚度达150毫米。几小时内，6000多平方公里油区陷入没膝深的积雪中。雪灾造成油田电网有史以来最为严重的大面积停电，共有113座变电所、616条供电线路、41座联合站、219座转油站停运，20045口油井停产。一夜之间，原油减产4万多吨。

两万多名在家休息的干部、职工自发走出家门，顶风冒雪艰难跋涉几个小时，奔赴各自生产岗位，同当班干部、职工一起投入抗灾。

第一采油厂是油田最大的采油厂，产量约占油田总产量的四分之一。灾情发生后，4000多名干部、职工连夜赶赴岗位。一矿101队89口油井停产，队长张彦林左脚脚趾骨折，正打着石膏板在家休息；但心急如焚的他顾不上伤痛，乘坐出租车赶到10多公里外的队里，拄着拐杖组织抢险。队党支部书记卢井志几次劝他回家休息，他硬是不下火线。就这样，全队86名干部、职工经过两天两夜的奋力抢险，使停产井全面恢复生产。

第六采油厂地处大庆油田西北部，受灾较为严重。全厂15根电线杆被折断，49处电线被拉断，57条电力线路停运。该厂连夜组织抢修。第二天早晨8点，全厂唯一一座排涝站告急：5台电机被烧毁，排涝中止。若不及时抢修，雪过天晴，融化的雪水无法排除，灾情就不能得到缓解。为抢险忙了一个通宵的电力维修大队队长刘运河，又带领大队生产办主任杨庆等人赶去抢修。车行到离排涝站1000多米时，陷入积雪中无法前行，刘运河等人扛着40多公斤重的工具和电线，踩着没膝深的积雪一点一点地往前挪动。冰雪灌满了工靴，每走一步都十分艰难。经过奋战，终于使排涝站恢复供电。

远离市区100多公里的第九采油厂敖古拉采油队，地处大庆西风口，风大雪急，茫茫旷野很快垒起了道道雪丘，车辆无法行进。值夜班的采油班长毕延臣和工人阎春辉、商士国三人，凌晨2点开始徒步巡井。雪深路滑，他们走了4个多小时，将全队128口油井全部巡检一遍，发现11口油井停运。他们成功抢修了其中8口。另外3口油井因配电箱烧毁需要更换，三人又步行返回队里，将3台总重达1200多公斤的配电箱装上车，赶赴井场。通往井场的道路被积雪淹没，他们就一人用铁锹在前面铲雪，找出大致方向；另外两人一会儿开车，一会儿推车，开开停停，艰难地前行。又走了6公里多，苦战3个多小时，使3口油井恢复正常生产。

电力集团供电公司第二分公司线路队的干部职工干了一个白天，连晚饭都顾不上吃，又抢修15线1号-2号杆、6号-7号杆烧伤的导线。队长王才喜嗓子喊哑了，就用手比划着指挥。党员张海涛在零下十几摄氏度的气温下，从晚上6点一直干到夜里11点，身上的衣服都结了冰，冰又化成水，冻得他瑟瑟发抖；但他咬牙坚持，直至把最后一条烧伤的导线补救完成。经过79小时的艰苦奋战，到3月31日早晨6点，油田生产全面恢复正常。

（十一）风雪高空扶油管

1964年冬，以“攻克101，拿下444”为主要目标的井下作业冬季会战全面展开。一天，西北风猛烈地刮着，天气异常寒冷。在北区某井上，井下作业六队职工正在紧张地进行分层配注施工。由于风大，作业机吊起的油管被吹得东摇西晃。每起升一次油管，每上一次丝扣，都要费很大劲儿，耽误不少时间。刚刚洗完井口的老工人、共产党员樊明成看在眼里，急在心上。他望着在大风中来回摇动的油管，心想这既影响速度，又不安全。他立即爬上修井用的固定井架，用双手扶住油管。油管稳住了，施工进度加快了。在14米高的井架上，寒风一吹，樊明成感到透心凉。一双鞋在洗井口时被打湿了，现在已冻得硬邦邦的，两条腿都已麻木了。这时又下起了雪，风夹着雪打在脸上，眼睛都睁不开。下面的同志争着要上来换他，樊明成说：“我是共产党员，党员就应该站在最艰苦的岗位上，去完成艰巨的任务。”他顽强地坚持着，不让别人替换他。这一天，作业六队创造了起油管的纪录。[①]

（十二）一滴油迹也不放过

1965年4月的一天，青年徒工姚希先来到水电指挥部变电站上夜班。一上岗，他就按照要求，认真地进行巡回检查。突然，他在电容器室的电缆沟里发现有点油迹，就像边防战士在国境线上发现一个可疑的脚印一样，他立即警觉起来，并跟踪检查。姚希先的目光扫描着96个电容器。一个、两个、三个……查到96号电容器时，终于发现了“敌情”：在电容器的背面滴下了一滴油。为了看清楚滴油的情形，他趴在地上观察了1分钟，共有14滴油落到地上。他仔细一算，大吃一惊：一个电容器装的油本来就不多，要按这样的速度滴下去，时间一长，电容器里的油大大减少，就会发热，就可能发生爆炸，甚至毁掉变电站，给油田带来……想到这里，他再也不敢有半点迟疑，立刻报告

① 大庆石油管理局党委宣传部：《大庆传统教育简明读本》，内部资料，2008，第120页。

领导。经及时采取紧急措施，消除了隐患，保证了供电安全。[①]

（十三）“老黄牛”修鞋

转业战士黄友书自从1960年参加石油会战以来，始终把油田的需要作为第一需要，在几年里先后当过瓦工、保管员，喂过马、喂过猪，人们称他是“老黄牛”。这个“老黄牛”和其他模范有一个不同的地方，就是他当过几年修鞋工，无偿地为会战职工修过成千上万双鞋。

1961年初，在机关房产维修队当班长的黄友书，看见工友们穿的鞋有的底掉了用铁丝拢着，有的帮脱了用绳子牵着，心里很不是滋味。一次，他到一口井上去施工，看到11名钻工穿的鞋没有一个是完好的，不是掉底就是漏帮。在部队为战友们修过两年鞋的黄友书想，战士没有鞋穿打不了仗，工人没有鞋穿也搞不好生产。于是，他向领导提出义务为会战职工修鞋的想法，得到了领导的大力支持。

1961年3月，黄友书开始筹建修鞋组。当时两手空空，什么都没有，黄友书就发扬“有条件要上，没有条件创造条件也要上”的精神。他跑到总机厂铸造车间求师傅们给加工几副鞋拐子、钉锤子和削皮刀，又跑到齐齐哈尔和附近的县镇买来鞋钉、皮子、锥子和线绳，从4月份开始正式为职工们修鞋。他身背一个工具箱，手拎鞋拐子，有时在干打垒的屋檐下，有时在职工们的宿舍里，有时来到采油井场上，哪里有人要修鞋，他就在哪儿摆上摊子给人修。晚上，他还走家串户为职工家属服务。一时间，黄友书成了最受欢迎的“大忙人”。黄友书为职工服务从不忘记施工前线。6月份的一天，他背上鞋箱步行10多公里来到1202钻井队，一天就为钻工们修鞋32双。第二天又来到1205钻井队，一天修鞋28双。“铁人”王进喜握着老黄的手连声说：“谢谢你，感谢你想着我们钻井工人！”一时间，黄友书受到人们的称赞。会战工委领导决定批给他一个旧板房，让他开个修鞋铺，免得到处“打游击”，还特地让各个食堂把剩下的猪皮都送给黄友书用。有了基地、有了支持，黄友书干得更欢了。修鞋量增加，原料不够用，黄友书就带上徒弟到钻井前线去回收废胶管和旧水

---

① 大庆石油管理局党委宣传部：《大庆传统教育简明读本》，内部资料，2008，第121页。

龙带。当时没有皮革厂，老黄就用土办法加工猪皮，有时手被白灰、碱土烧起了大泡，连续红肿几天不见好，他也不休息，咬着牙坚持工作。黄友书在修鞋岗位上一干就是4年。据统计，4年间他为会战职工修了2万多双鞋，后来他连年被评为石油会战标兵。[①]

要完整、准确地了解大庆精神，除了熟谙其基本内涵之外，还要充分了解并认知“五个无论”。1989年9月26日，中共中央顾问委员会常委康世恩在全国石油企事业单位领导干部会议上的讲话中指出过“五个无论”。对应这五条，大庆石油会战优良传统主要体现在以下五个方面：

在加强党的领导和思想政治工作方面，坚持“思想政治工作是经济工作和其他一切工作的生命线”地位，学习解放军“支部建在连上”的优良传统，全面加强“三基”工作；发挥领导干部在队伍建设中的表率和示范作用，提出了领导干部人人当“政治部主任”的基本要求，形成了“要求群众做到的，领导要带头做到；要求群众不做的，领导坚决不做”的行为准则；思想政治工作坚持“两抓”的基本指导思想，本着“四个为主”原则，通过“抓典型、立标杆”，在队伍中培养“三老四严”“四个一样”的作风，营造了“有第一就争，见红旗就扛”的浓厚氛围。

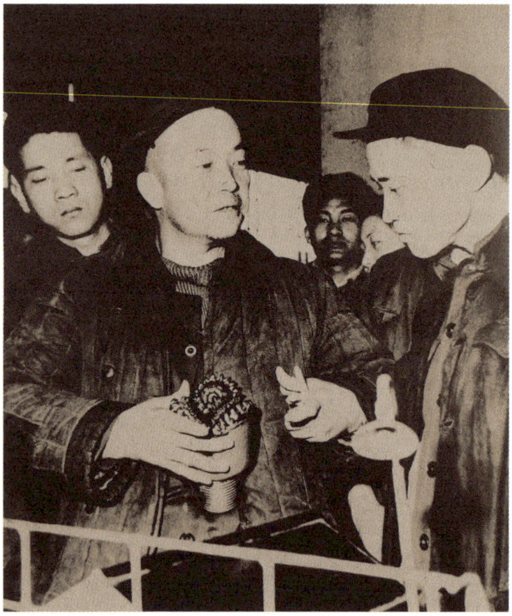

图2-17　1961年，王进喜在讲授钻井操作规程和技术要领

在加强领导班子和领导机关建设方面，注重以领导班子、领导干部为重点，坚持“两论”起家基本功，强化理论武装；对领导干部实行“约法三章”“四个公开”，在各级机关干部中倡导“三个面向”“五到现场”，努力做到干部与职工“五同”，“工人三班倒、班班见领导”。

① 大庆石油管理局党委宣传部：《大庆传统教育简明读本》，内部资料，2008，第98页。

在全心全意依靠工人阶级方面，坚持实行政治、技术、经济“三大民主”，“领导心里装着工人，工人心里装着企业”，人人自觉遵守岗位责任制，按照“五条要求”，“好字当头、严细成风”，以主人翁责任感做好各项日常工作，“宁要一个过得硬，不要九十九个过得去”“干工作经得起子孙后代检查”。

在重视发挥科学技术和知识分子作用方面，树立“石油工作者的岗位在地下，斗争的对象是油层”的科学思想，坚持“全党抓地质、人人办地质”，大搞办地宫、游地宫活动，在干部、职工中普及石油地质与工程技术知识；狠抓第一性资料，坚持“实践第一”“一切经过试验”，每年召开五级三结合会议；对知识分子明确提出“政治上充分信任，工作中大胆使用，思想上严格要求，生活上热情关心”的工作方针，靠科技进步把“大油田、好油田”开发建设好。

在正确对待国家利益、集体利益和个人利益方面，广大会战职工在极其艰苦的条件下，坚持“三要十不”，自觉提出在全局与局部的关系上，“要先全局，后局部”；在国家与个人的关系上，要“先国家，后个人”；在生产与生活的关系上，要“先生产，后生活”。

第三章 03

大庆精神的哲学意蕴

马克思主义哲学是无产阶级认识和改造世界的锐利武器，是使我们各项工作沿着正确的方向和科学的轨道前进的思想指南。运用马克思主义哲学来观察事物、分析问题、武装头脑、指导实践，就会形成正确的思想方法、研究方法、领导方法和工作方法，就会掌握事物发展的规律性，克服工作的盲目性，增强思维的创造性，就能扎实有效地推动各项工作。大庆石油会战，是靠“两论”起家的，是学习和运用马克思主义哲学思想的生动实践。在石油会战中诞生的大庆精神，始终闪耀着马克思主义世界观和方法论的光芒。

一、大庆精神的形成发展与物质观

马克思主义物质观认为，世界是物质的，物质是运动的，运动是有规律的，规律是可以认知和把握的，关键是如何通过认识、把握和运用规律，来改造客观物质世界。恩格斯指出：“世界的真正的统一性在于它的物质性，而这种物质性不是由魔术师的三两句话所证明的，而是由哲学和自然科学的长期的和持续的发展所证明的。”[①]遵循这一观点，最重要的就是坚持一切从客观实际出发，而不是从主观愿望出发。

（一）坚持物质第一性原则

在当年石油会战时的一次党组会议上，余秋里就明确指出，大会战面临着千难万难，但无非是两类困难：一类是生产、设备、生活设施等方面的困难。这些都是物质条件上的困难，是死东西的困难。这种困难是暂时的、相对的。只要依靠职工群众，发扬艰苦奋斗的优良传统，调动各方面的积极因素，就一定能够战胜这些暂时的困难。如果被困难吓倒，那么不仅会挫伤职工群众的积极性，而且会使那些能够克服的困难变成长期难以克服的困难。另一类是主观上的，是技术性困难。这个油田究竟是好油田还是坏油田，怎样开发好？对此，我们没有经验。从长远来看，这是主要矛盾和最大的困

图3-1　地质学家李四光创立的地质力学为在松辽盆地等地发现石油作出了重要贡献

① 恩格斯：《马克思恩格斯选集》第3卷，人民出版社，2012，第419页。

难，是一个如何搞清油田地下情况，掌握油田客观规律，科学地开发大油田的问题。这个问题只能由参加会战的干部、职工和技术人员自己来解决，别人帮不了什么大忙。如果这个问题不解决，大油田可能变成小油田，好油田可能被认为是差油田，高产油田可能搞成低产油田，在勘探开发中就会成为盲目的、不清醒的人。

从20世纪初开始，外国的一些专家、权威就著书立说，鼓吹中国“贫油”。他们说，大油田只能在海相地层中找到，中国绝大部分地区是陆相地层。一句话，“中国是绝不会生产大量石油的”。陆相沉积能不能找到大油田，中国是不是“贫油国”，这是一个理论问题，也是一个实践问题，更是一个是否坚持唯物辩证法的问题。油田广大干部、职工，没有听信外国人的言论，而是积极投身于大规模石油地质勘探中，在获得大量资料的基础上，明确找油的有利地区，选准主攻方向，进行深井钻探，一举发现了大庆油田，打破了中国“贫油”的论断。紧接着，萨66井、杏66井、喇72井都相继喷出高产量的工业油流，在南起敖包塔、北至喇嘛甸的800余平方公里的范围内都是含油区，已经显示出了油田的基本轮廓，被称作“三点定乾坤”。从物质观的角度讲，一个地区有没有油，不在于它是海相地层还是陆相地层，关键在于有没有石油生成、运移、聚集和储藏的地质条件。只要具备这些条件，陆相地层不仅可能

图3-2　三点定乾坤

形成油田，而且有可能形成储量十分丰富的特大油田。松辽盆地就是在长期的地质发展历程中，接受了大量的河湖沉积，保存了丰富的有机物，在一定温度和压力下，使其转化成石油，再经过运移、聚集，在适当的圈闭条件下形成了油田。这说明，在陆相沉积盆地不仅可以找到石油，而且可以找到特大油田，这是不以人的意志为转移的客观存在。在这样的客观存在面前，怎样从实际出发，探索合理的油田开发途径，又是一个更深层次的尊重客观、尊重规律的问题。也正是由于老一辈石油人坚持认识规律、把握规律、运用规律，很快就改变了我国石油落后的面貌。仅在三年多的时间里，就累积生产原油1166.2万吨，国家投资不仅全部收回，而且开始为国家积累资金。1963年12月4日，《第二届全国人大第四次会议新闻公报》首次向世界宣告："我国需要的石油，过去绝大部分依靠进口，现在已经可以基本自给了。"1963年12月26日，《人民日报》头版头条发表了《从国外进口"洋油"的时代一去不返　我国石油产品基本自给》一文。文章指出："由于石油产量和品种迅速增加，现在我国需要的石油产品，已经可以基本自给。我国过去一直是依靠国外进口'洋油'，现在随着我国石油工业的建立和迅速发展，中国人民使用'洋油'的时代，即将一去不复返了。"

人民日報
REN MIN RI BAO
从国外进口"洋油"的时代即将一去不返
我国石油产品基本自给
产量品种迅速增加
建设规模迅速扩大

图3-3　1963年12月26日，《人民日报》刊登消息《我国石油产品基本自给》

石油作为一种深埋于地下的矿产资源，具有不可再生性。世界上没有取之不尽的油田，更没有凭空产生的资源。正是在充分尊重这一客观现实和规律的基础上，一代又一代石油人，千方百计持续有效发展，创建百年油田，实现了年产原油5000万吨以上连续27年高产稳产，4000万吨保持12年稳产；创造了油田开发稳产期最长、稳产期末含水率最高、采出程度最高的世界先进水平；创造了世界同类型油田开发史上的奇迹，为我国社会主义现代化建设作出了重大贡献。

（二）注重主客观相统一

事物运动变化和不断发展的规律既是客观的，也是可以认识和利用的。可以说，油田开发建设的过程就是认识规律、把握规律、运用规律的过程。大庆油田属于大型整装背斜构造砂岩油藏，油层比较多，主力油层大面积分布，原油黏度比较高，天然能量不充足。根据这些地质特点，油田确定了早期内部横切割注水、保持地层压力和长期稳产高产的油田开发方针，并取得了良好的开发效果。开发初期，油田一经开采，地下的油、气、水就开始了剧烈的变化。对于大庆油田来说，水是油的驱动力。要长时期地保持油井自喷能力，就必须注水以保持压力。但是，油层压力有大有小，水在油层中通过能力有高有低。为了应对这一新矛盾，并取得规律性认识，1964年11月17日，会战工委决定开展“四定三稳”迟见水活动（油井和开发区块要定产油量、定见水期和无水采收率、定含水上升速度、定地层压力和流动压力，以达到产量稳、地层压力稳、流压稳），形成了独创的“六分四清”采油新工艺，充分调动注水之利，

图3-4　20世纪60年代大庆油田“六分四清”采油新工艺总结大会

努力控制注水之害，加上油井压裂等改造措施，保持了油井的旺盛生产能力。油田开采效果的好坏，直接取决于人们对规律的把握与地下油藏情况相符合的程度，以及采取措施的针对性和有效性。为此，在整个高产稳产阶段，油田上下练就了稳油控水的基本功，科学地把握油田进入高含水期的特殊规律，区分不同油层和不同区块，认真搞好各油层之间、各油井之间的接替，努力保持全油田合理的储采结构、提液结构和控水结构，实现最佳开采效果和经济效益。进入持续发展阶段后，油田着手大力发展以聚驱技术为代表的三次采油技术，从20世纪60年代就开始攻关，1996年进行大面积工业化推广。聚驱技术的推广应用，比水驱采油提高采收率10个百分点，增加2亿多吨可采储量，累计产油上亿吨，大庆油田成为世界上最大的三次采油基地。

（三）充分发挥主观能动性

事物的规律性不会自动反映到人的头脑中来，只有充分发挥人的主观能动性，反复实践、深入研究、强化探索，才能把隐藏在事物内部的本质属性和必然规律揭示出来。这种主观能动性，不仅在于能反映客观世界，更重要的是在一定的目的支配下，通过有计划的实践活动，将观念性的东西变为现实，使客观世界发生合乎人的目的的变化。这就是认识对物质的反作用。“革命理想高于天”，坚定理想信念，以崇高的精神激励人们为高尚的事业坚韧不拔、不懈奋斗，这正是中国特色社会主义实践的精神力量，是意识能动性的集中体现。

就拿大庆油田来说，人们耳熟能详的“宁肯少活二十年，拼命也要拿下大油田”“有条件要上，没有条件创造条件也要上”的铮铮誓言，是老一辈石油人献身精神的集中体现。石油会战初期，正值国际上对我国实施经济封锁、国内经济严重困难时期，生产和生活条件都很差。在这种特殊情况下，是不怕困难硬打上去，还是畏惧困难退却下来？这“宁肯”的豪情、“创造”的态度，就是要在客观可能的范围内充分发挥人的主观能动性，努力去创造条件，进而改造客观世界。还有，大庆石油人常讲的“三老四严”、永争一流，其实质就是把主观能动性变成一种习惯养成，一种奋进姿态，一种价值操守；就是用实事求是、严谨求实的科学态度，用开拓进取的创新实践，追求企业的永续发展。

大庆石油人经常讲，“岗位责任制的灵魂是岗位责任心”。这句至理名言所强调的主观能动性在于，突出思想觉悟，突出主人翁责任感。当年油田十几万名职工在各条战线上的分布，基本上是点多、面广、战线长。尤其是采油工，单兵作战，总体上处于无他人监督的情况，付出多少劳动，作出多大牺牲，执行制度是否走样，起决定性作用的正是高度的责任心和责任感。有了这种责任心和责任感，就能充分发挥职工群众的主观能动作用，丰富岗位要求的内涵，弥补管理上或制度上的不足，不断创出高标准、高质量、高水平。正如康世恩所说：“我们搞工业，一不靠天，二不靠地，必须靠我们工人自己。只要我们这支队伍用革命思想武装起来，用科学制度武装起来，就没有打不垮的困难。”要充分发挥人的主观能动性，必须发扬民主，全心全意依靠工人阶级。大庆石油会战以来，一直坚持经常召开三结合会议，把技术方案一直“捅”到基层干部、技术人员和职工当中，大家共同讨论，集思广益、群策群力，这是最广泛的民主。事实说明，如果只靠少数几个领导干部和专家拍板，把职工群众丢在一边，即使技术水平再高，计划方案再好，也不能为职工群众所理解。职工群众不懂得为什么要这样干，怎样去干，再好的方案也会成为一纸空文。只有在广泛、充分发扬民主的基础上，坚持走群众路线，制订出来的计划、方案才能变成职工群众的自觉行动，变成现实的生产力。这是认识世界、改造世界十分重要的一环。

二、大庆精神的形成发展与辩证法

大庆油田勘探、开发一开始，以《实践论》《矛盾论》作指导，把马克思主义的唯物辩证法自觉地运用到油田开发建设中来，这在我国石油工业发展史上是一个创举。大庆石油人的“两论”起家基本功，就是通过实践能动地认识油层，又通过实践能动地改造油层。在实践、认识、再实践、再认识的过程中，不断地探索地下奥秘，掌握油田开采的客观规律，抓住每个发展阶段的主要矛盾，大力开展科技攻关，努力采用新的工艺技术，从而把资源潜力不断地挖掘出来。

（一）坚持“两论”起家、“两分法”前进

事物是矛盾统一体，是一分为二的。辩证唯物的观点要求我们，必须始终坚持运用矛盾的、辩证的、系统的、发展的观点看待面临的形势，找准自身的定位，着眼未来的发展。当年，面对种种困难和不利条件，石油工业部机关党委作出的第一个决定就是《关于学习毛泽东同志所著〈实践论〉和〈矛盾论〉的决定》，从领导机关到生产一线，数万名职工在天寒地冻、吃住困难的情况下，围着篝火学“两论”，坚持用“两论”的立场、观点和方法分析和处理会战中的困难和矛盾，解决生产建设和生活保障中的一系列问题，为会战胜利奠定了坚实的基础。随后，从挖掘和调动一切积极因素入手，以“两分法”为武器，坚持抓好工作总结，走一步总结一步，天天有收获、步步有提高，方向始终明确。

图3-5　20世纪60年代参加会战的工人们围坐在篝火旁学“两论”

在学先进、找差距活动中，“铁人”说出了著名的“五讲”，即“讲进步不要忘了党，讲本领不要忘了群众，讲成绩不要忘了大多数，讲缺点不要忘了自己，讲现在不要割断历史”。这个充满思辨色彩的“五讲”不仅是他自身学习辩证法、运用辩证法的成果，也是当年掀起的群众性“学‘两论’、用‘两

论’”情况的生动写照。

1964年8月，在研究院地宫楼里召开的全油田技术座谈会上，当技术人员汇报到最早投入开发的中区西部和中区东部的开发形势时，康世恩针对当时中区东部笼统注水、油井含水上升速度过快的不利局面，在会上形象地概括了当时的地下形势是：开采三年，水淹一半（中区行列井排第一排油井一半是水），采收率只有5%（当时计算的采出程度）。他说：“油田开发不注水不行，你们注了水又怕水，把自己处在一个不可思议的矛盾之中。如何来解决？看来还得按毛泽东思想来办事，还得从‘两论’中找答案。”当天会议结束后，研究院的领导们连夜开会研究油田开发形势，分析和寻找解决问题的思路，还立即号召全体技术人员进一步深入学习“两论”，群策群力，为油田稳产出谋划策。第二天开会，当大家进入会场时，两条高四至五米的《矛盾论》和《实践论》的大幅文字语录，按照康世恩的指示，已经挂在会议主席台两边的墙上。会上，技术人员分别发表了对油田地下形势的认识和看法，提出了许多扭转油田开发不利局面的建议和措施。在他们发言过程中，康世恩不失时机地进行了补充和深入的“两论”基本思想观点教育普及。会上气氛热烈，大家各抒己见，生动活泼，有声有色，富有成效。按照“两论”思想的指导来分析和认识

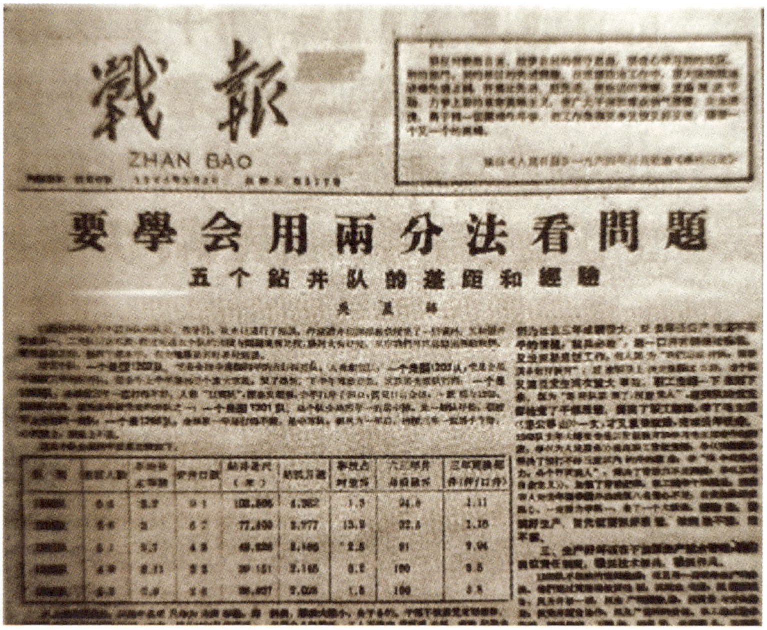
戰報
ZHAN BAO
要學会用兩分法看問題
五个鉆井队的差距和經驗

图3-6 石油会战初期《战报》刊登的专题文章《要学会用两分法看问题》

地下形势，使大家更加认识到，注水开发油田，不仅要敢于注水，还要善于注水；要因势利导，克服“水害”，发挥“水利”；要变笼统注水为分层注水，要对各类不同性质的油层具体分析，区别对待；要注意在实践中不断揭示地下各种矛盾，在解决矛盾中提高油田开发成效。

1964年，工业学大庆运动在全国兴起后，一个十分严肃的问题摆在大庆人的面前，“全国学大庆，大庆怎么办?”油田上下全面开展了用“两分法”大找差距活动，明确提出在任何时候、对任何事情，都要坚持“两分法”，成绩越大，形势越好，越要一分为二。既要看到有利形势，又要看到不利情况；既要看到积极的一面，又要看到消极因素；既要保持和发扬成绩、优点，更要看到缺点，认真查找差距。用康世恩的话说就是：“讲成绩要人人有份，找差距要点滴不漏。”职工群众说：“脑子里有了‘两分法’，取得成绩喜不倒，有了困难吓不倒，碰了钉子弯不了。大庆油田在精神物质和行为养成上真正做到了靠‘两论’起家，靠‘两分法’前进。”

（二）运用矛盾的观点指导勘探开发

矛盾双方是相互对立、相互依存的。但是在主观见之于客观的过程中，人们能够通过看主流、谋大局、抓根本，区分矛盾的不同性质，乘势而为、因势利导，主动作为、解决问题。早在石油会战初期，余秋里等就提出石油勘探工作的原则是：既要照顾全局，又不能千篇一律；既要重点使用力量，又不能忽视其他方面。勘探的步骤是：点面兼顾，集中力量，解决主要方向的问题，不然就会陷入被动局面。康世恩常说，我们搞油的，要善于抓矛盾，要处理好三个方面关系：一是在产量和储量上，要走一步、看一步、想三步；二是在科学技术的应用和发展上，要生产一代、开发一代、研究第三代；三是在新区和老区关系上，要立足于挖掘老区潜力，看到老油田大有文章可做；同时，要积极抓好新区勘探，搞好战略接

图3-7　20世纪60年代大庆石油会战的领导者之一康世恩同志

替。因此，在石油会战中，广大石油工人共同的信念或共识就是：差异就是矛盾，矛盾就是潜力。比如，大庆油田不断摸索形成的适合地质状况的勘探路子，就是从整体出发，区域展开，甩开布井，全面解剖。这样的勘探路子无疑非常鲜明地体现了辩证思维的特色。把事物置于普遍联系的辩证思维与网络之中，从与其他事物的相互影响、相互作用、相互制约中去把握认识对象。当年，就是按照这样的勘探路子采取了四个方面的措施：一是探鞍，就是在各构造之间连接的部位打探井，用以证实各构造的油层是否相连，即是否连片含油。二是探边，就是准确地摸出含油范围。三是成排钻剖面井，为储量计算提供大量数据。四是长期试采，弄清产量情况。由于采取了这些措施，仅用一年零三个月就探明了油田，得出了“大庆长垣各构造连片大面积含油，达800多平方公里，确实是个大油田、活油田、好油田”的结论，并概括出了“油层多，油层厚，且埋藏浅；油层物理性质好，孔隙度渗透率均较好，油层原始压力较高、产量高、储量大”等四个方面特点。人们把这种全新勘探方法通俗地称为“甩开勘探”。我们不妨把“甩开”二字理解为具有双关的意义：一是在具体勘探位置上不拘于一点，能放开眼光看全局；二是在总体思想上，敢于超越既定的套路、规矩和框架，勇于在科技的道路上迈出辩证思维、标新立异的步子。再比如，过去一讲到大庆油田，就要讲的一句话是，在困难的时候、困难的地点、困难的条件下打的一场艰苦的石油会战。这当然是对的。讲到大庆油田的地质特征，往往强调其油层众多、非均质性严重、油质高凝等特点。当然，应该承认陆相储层具有复杂的一面，然而大庆油田还有其十分重要的有利的一面。大庆长垣是整装砂岩油藏，具有教科书式的穹隆背斜构造的特点，与渤海湾及其他地区断陷盆地的复杂断块油藏相比要简单得多。再加上油层埋藏浅，平均1200米左右，钻井周期很短，是十分有利的条件。至于非均质性严重，三大矛盾（平面、层间、层内）突出，从另一角度看，则提供了油田开发较多的调整空间，有利于开发策略的多样化，使工艺技术在此大显身手。随着开发工作的深入和具体矛盾的进一步展开，对大庆油田储层性质的认识又有了深层次的了解。认识到，以大庆为代表的陆相储层特征与国外一些海相沉积油田的储层有显著的不同。陆相沉积的油田，非均质性严重，油层渗透率变异系数相对较高，地下油水黏度比高，水驱采油采收率比较低，注聚合物等措施提高采收率的潜力就大。这正是陆相储层注水开发的不利因素，在一定条件下（注聚合物）却转化成了有利因素。同时，大庆油田原油黏度适中，地层水和注入水的矿化度低，油层温度不高，这些都是得天独厚的有利条件。

充分利用有利因素，积极转化不利因素，是大庆油田三次采油聚驱技术取得极大成功的理论基础和物质条件。同样说明，在三次采油中，首选聚驱技术提高采收率的路线，是立足于我国国情和从大庆油田的具体实际出发的。这一成功经验的取得，是运用矛盾的观点指导勘探开发的结果。

（三）注重物质与精神有机结合

物质离不开精神，精神也不能游离于物质。物质与精神总是相互作用，相辅相成。

“抓生产从思想入手，抓思想从生产出发”是石油会战初期，油田广大干部职工辩证处理思想政治与经济工作，辩证处理物质与精神的基本原则和工作方法。抓生产从思想入手，就是坚持思想领先，抓生产首先要抓人的思想政治教育，注重解决生产过程中遇到的各种思想问题，把思想工作做在前头。抓思想从生产出发，就是思想政治工作必须围绕经济建设这个中心进行，根据经济工作实际，确定思想政治工作任务，把思想政治工作贯穿于生产建设全过程，保证生产建设任务完成和经济效益提高。油田开发建设，首要的是坚持党的领导，把方向摆正、路子走对。开发建设大油田的根本目的就是支援国家建设，多快好省地建设社会主义。党的建设和油田发展目标同向、相互依托。正

图 3-8　20 世纪 60 年代石油会战指挥部——“牛棚指挥所”

因如此，60多年来，油田始终围绕发展抓党建，抓好党建促发展（会战初期精神激励的主要措施：评思想、比贡献、选模范、树标兵）。

再一个就是，一手抓生产，一手抓生活。始终坚持处理好生产与生活的辩证法。一手抓生产，就是生产决定生活，生产是生活的物质基础。一手抓生活，就是要在生产发展基础上，不断改善职工生活条件，从而形成企以人为本、人以企为家的良性互动。"两手抓"不仅成为企业的优良传统，也反映了唯物辩证的科学方法与科学态度。当年，会战工委以"两论"为指导，引导广大干部和职工群众正确认识和分析形势，提出在全局与局部的关系上，要"先国家，后个人"；在生产与生活的关系上，要"先生产，后生活"，得到了石油会战广大职工的认同。就拿"先生产，后生活"来说，在当时国家财政紧张、急于开发大油田的情况下，如果先生活、先盖楼，后生产、后产油，那么油田开发不知要延误多少年。延缓油田开发，工业缺乏"血液"，国民经济发展从何谈起？在这种严峻的考验面前，大庆石油人胸怀全局，把开发建设大油田、为国家分担困难看得比个人生活的苦乐更为重要、更为核心、更为优先。他们宁肯在生活上吃大苦、耐大劳，也要高速度、高水平拿下大油田，早日改变中国石油落后面貌。正是由于有这种国家至上、克己奉献的精神，大庆石油人才心甘情愿地艰苦奋斗，才不畏生活上重重困难，毫不动摇地坚持石油会战，并最终取得了会战的胜利。"先生产，后生活"的原则，不仅体现了大庆石油人崇高的奉献精神，而且蕴含着深刻的辩证法。生产与生活的关系问题，是人类社会遇到的第一个问题，两者的统一是具体的、历史的，但也是艰难的。"先生产，后生活"原则，不仅符合马克思主义关于生产与生活关系的一般原理，也符合石油行业的特点。石油行业，客观地讲是一个风险性很大的行业。在没有搞清地下情况、明确含油面积和储量的情形下，就先建起石油城，是一种盲目的举措，容易造成巨大的损失和浪费。大庆石油人主张"先生产，后生活""先搞油，后盖楼"是深思熟虑的结果，是明智之举。他们形象地说："先盖楼后搞油，搞不到油就丢了楼；先搞油后盖楼，有了油就保住了楼。"

三、大庆精神的形成发展与认识论

辩证唯物主义认识论认为，认识是从感性到理性，再从理性到能动地改造客观世界的辩证过程。一个正确的认识，往往需要经过物质与精神、实践与认识之间多次反复。社会实践的无穷无尽决定了认识发展的永无止境。

辩证唯物主义认识论的根本性质是能动的反映论。马克思指出，观念的东西不外是移入人的头脑，并在人的头脑中改造过了的物质的东西而已。这说明，正确认识的实质是人脑对客观世界规律的正确反映。马克思还指出，认识是对客观世界的反映，并不意味着认识没有能动性，认识是头脑对外部世界的改造和加工过程。

（一）石油工作者的岗位在地下，斗争对象是油层

实践是认识的源泉。从认识论的角度讲，我们对世界的认识，主要来自两个方面：一个是直接经验，另一个是间接经验。而间接经验比我们通过亲身实践获得的更多。正如毛泽东所指出："虚心接受别人的经验也属必需。"①大庆石油会战就是这种直接经验和间接经验有机结合的结果。大会战一开始，在1960年4月9日至11日的技术座谈会上，余秋里在指挥部看着挂在会场上的一张图，特别是图上所标的一些红色、黄色、蓝色的点，分布很不规则，有的还互相"打架"，看不出它们之间的关系，找不出规律性。于是他就问地质人员怎么解释这些点，有什么根据，说明什么问题。地质人员和主管领导作了一些解释和说明，但他们也觉得说不明白。对此，军人出身的余秋里说，花了钱，打了井，情况却没有搞清楚，这怎么行？指挥千军万马作战首要的就是知己知彼。现在的当务之急就是，坚持一切工作立足油田地下，下功夫认识油层、研究油层、改造油层，解决油层问题。他经常讲，认识一个油田，要弄清含油构

① 毛泽东：《毛泽东选集》第1卷，人民出版社，1991，第213页。

图3-9　1960年，会战指挥部在采油驻地召开油田技术座谈会

造形态，油层上下的盖层、底层情况，油田范围多大，油层多厚，油层内部压力、孔隙度、渗透率和矿物结构情况。不搞清这些情况，就认识不清油田，也无法有效地开发油田。康世恩针对不重视第一性资料、工作粗心大意、不负责任的个别情况进行严厉的批评，指出："要狠反那种马虎、凑合、不在乎的老毛病，不下苦功夫，做笨事情，不把地下情况搞清楚，是要受到客观规律惩罚的。"①为此，这次会议决定，在油田勘探开发中，每钻一口井都必须取全取准20项资料和72个数据，做到一个不能少、一点儿不能错。在随后的油田开发试验中，会战工委要求把注意力放在全面了解地下结构情况上，提出"全党办地质，人人办地质"的口号，要一粒砂子一粒砂子地对比，一块石头一块石头地比较，下苦功夫、做笨事情，全面、准确、透彻地掌握地下情况。广大科研人员经过2000万次对比分析，弄清了大庆油田分4大系统、48个小层的非均质面貌，把油层大小、厚薄、好坏，按不同的小层情况搞得一清二楚。后来，科研人员和岗位职工一道，运用取得的地下地质资料和油井生产动态数据，画成各类图表，制作各种模型，建成地质资料陈列室，大家形象地称其为"地宫"。通过办地宫和游地宫，干部、职工直观而体系化地了解了地下状况，掌

① 余秋里：《余秋里回忆录》，人民出版社，2011，第582页。

握了很多地质知识，更方便对地下状况的分析，使地宫成为分析地下动态、制定油水井管理和维修措施的观测场和研究室，对于推动群众性管井保产发挥了有力的推动作用。现在回过头来看，大庆油田的开发技术之所以能够始终走在前列，究其原因就是认识对实践的先导作用。概括起来讲，这种先导作用大致经历了四个阶段：第一阶段是开发初期，根据地下油藏能量小的情况，借鉴国外经验决定早期注水，以保持油层压力。第二阶段是开发三年之后，由于笼统注水各层效果不一，而且见水井已达一半，采收率不到5%，决定分层注水，采取“六分四清”方针。第三阶段是原油年产量达到5000万吨以后，在含水率升高，地下油水关系在层间、平面、层内的差异越来越突出的情况下，提出了打加密调整井、细分开发层的方针。这三个阶段的认识对实践的先导作用都是极为成功的范例。在第四阶段，针对地下油水关系更为复杂的情况，抓住控制含水上升速度和更好发挥驱油效率这一对主要矛盾，又提出了“稳油控水”开发方针。可以说，这就抓住了高含水油田保持稳产的“牛鼻子”。为了更好地实现稳油控水，油田科技工作者注重处理好“四个关系”：增加可采储量与采出油量的关系，注水与提液的关系，提液与控水的关系，动用好油层与差油层的关系。为此，集中力量主要抓了三件事情：一是开辟了9个具有不同代表性的稳油控水示范区；二是全面实施“3、6、9、10”工程（争取每进行一口井的堵水、转抽压裂措施，单井日增油分别达到3、6和9；每打一口调整井，初期日产油达到10吨）；三是组织“攻三难”“过三关”的先导性科研攻关。这些做法对于应对地下油水情况的不断变化带有极强的针对性，因而充分挖掘了油田的潜力，使大庆油田在高含水的挑战面前牢牢地把握了生产主动权。

（二）一切经过试验，实践、认识、再实践、再认识

大庆石油人常说：“石油在地质家的脑海里。”从一定意义上讲，油田开发没有终点，对它的认识也不会终止。认识是一个具有反复性和无限性的过程。毛泽东有一个著名的论断：“实践、认识、再实践、再认识，这种形式，循环往复以至无穷，而实践和认识之每一循环的内容，都比较地进到了高一级的程

度。”[1]从事油气勘探工作，认识的局限在所难免，但思维的局限必须根除。局限的思维永远也冲不破认识的牢笼，思维的局限永远产生不了创新的实践。只有敢于质疑、敢于挑战、敢于创新，勇敢地站在前人的肩膀上开展创新实践，才能取得新认识、新发现、新发展。油气勘探、油田开发和科技进步的过程，就是一个认识不断深化的过程。1960年5月，会战领导小组正式决定，在萨尔图油田中部30平方公里范围内，开辟生产试验区，着手开展以早期内部横切割注水为中心的“十大试验”，以便从中暴露矛盾、发现问题，探索规律、总结经验，用以指导整个油田开发。如果把这种认识放大到全国来看，我国发现的油田绝大多数属于陆相生油和陆相储油的陆相油田，在重视取全取准第一性资料的同时，一般都要开展油田开发试验，这样才比较稳妥。60多年来，油田储量的增长，正是因为先后打破“陆相贫油论”束缚，创造性提出“源控论”（油藏的形成密切受到烃源的制约与控制）；逐步形成了低渗透薄互层勘探理论配套技术；发展完善了岩性油藏、火山岩气藏、断陷盆地油气藏等勘探理论技术系列，使几代石油人对地下的认识逐步深入，形成了三次储量增长高峰期（第一次增长高峰期是20世纪60年代，实现探明储量22.6亿吨；第二次是80年代至90年代，发现储量20亿吨；第三次是2000年以后，发现了我国第一大气田——庆深气田）。还有，大庆油田开发初期“大井距、小油嘴、早注水”的技术策略也主要来自鸭儿峡油田实践的反思。当年玉门鸭儿峡油田在没有人工补充能量的情况下，高速开采带来了高速递减，使地层压力下降很快，不到一年就转入了溶解气驱开采，油井停喷后液面很低，很快成为一个低速开采的油田。这个教训，给整个石油工业的领导和技术人员打下了极其深刻的烙印，成为20世纪60年代所开发的油田普遍强调早期注水的重要依据，也为大庆油田开发初期提供了重要的实践经验。众所周知，在大庆石油会战史上颇具影响、广为称颂的松基三井初见油气显示后，康世恩同志顶住苏联专家的“机械”建议（按设计程序继续钻进，一直打到3200米设计井深，然后试油的做法），而是当机立断停钻试油，从而争取时间提前发现大油田。如果追根溯源的话，其渊源就来自玉门鸭儿峡石油会战的先例。

---

① 毛泽东：《毛泽东选集》第1卷，人民出版社，1991，第297页。

（三）坚持解放思想无止境，致力挑战极限无禁区

从大庆油田发展历程来看，一个理论创新，就可能带来广阔的发展空间；一项技术的突破，就可能带来翻天覆地的变化，这就是资源有限、创新无限。科技进步将会催生深刻变化，带来无限可能。当年，康世恩结合自身的实践感受，提出了著名的公式，即采收率=地质储量×人的本事。这不是一个自然科学或技术科学含义的公式，而是一个反映“天人合一”关系的具有认识论含义的隐喻性公式。这个公式既简明又深刻地指明了提高采收率的途径，辩证地阐述了人与自然的能动关系、主观与客观的辩证关系，既立足实际又充分发挥了人的主观能动性。这些年，大庆油田大力弘扬的“三超精神”，就是引导和激励广大科技人员要始终立足于超越权威、超越前人、超越自我，在质疑挑战中探求真理，在大胆探索中破解难题，在不断突破中历练成长。可以说，从打破“中国贫油论”发现大油田，从构造找油、岩性找油、断陷盆地找油到深层找气，从一次采油、二次采油到三次采油，都是油田广大科技工作者解放思想、挑战极限的结果。比如，老油田的精细挖潜。油田开发，长垣老区是基础，是稳定器，是压舱石。大庆松辽盆地已探明储量62.39亿吨，其中有45.39亿吨在长垣。虽然采收率已达52.91%，但目前剩余可采储量的60%、原油产量贡献的80%仍然在长垣老区。目前，开发系统仍在持续做好老油田提高采油率这篇大文章，立足实现水驱控递减、聚驱提效率、复合驱降成本，进一步探索老油田开发的有效途径，提高老油田开发水平。再比如，外围难采储量的有效动用，松辽盆地的剩余待发现资源，主要分布在长垣外围，勘探潜力很大。目前还有已探明、未开发的近8亿吨储量，这些资源虽然品位比较低、动用难度大，但却是油田现实的、可以依托的接替资源。从实现中国式现代化、实现高质量可持续发展的角度讲，大庆油田还应在现有基础上进一步解放思想、主动作为，学习和借鉴国内外低品位油藏开采技术与经验，通过技术提产、管理增效和一体化降本，把这些低效难采储量解放出来。

四、大庆精神的形成发展与实践论

辩证唯物主义实践论认为，实践出真知，实践是检验真理的唯一标准，是主观见之于客观、把主观世界和客观世界联系起来的唯一桥梁。

实践是人特有的存在方式，是人为了满足自身的需要而能动地改造世界的物质活动，社会生活在本质上是实践的。实践是认识的基础和目的。认识世界、把握规律，就是为了改造世界、满足人的需要。正如列宁指出的，“世界不会满足人，人决心以自己的行动来改变世界”[①]。实践是检验真理的唯一标准，这是由真理的本性和实践的特点决定的。习近平总书记指出，实践观点是马克思主义哲学的核心观点。对客观事物规律的认识，只能在实践中完成。实践决定认识，是认识的源泉和动力，也是认识的目的和归宿，根本的还是要靠实践出真知。

（一）坚持实践第一

实践是人们改造客观世界的一切活动，社会主义是干出来的。干，才有马列主义；不干，半点儿马列主义也没有。石油会战初期，面对着头上青天一顶，脚下荒原一片，广大会战职工不畏重重困难，自力更生、艰苦奋斗，用勤劳的双手，以忘我的状态，靠反复的实践，高速度、高水平开发建设大油田。正是在火热实践的磨砺中，才逐步形成了人拉肩扛精神、干打垒精神、五把铁锹闹革命精神、缝补厂精神、回收队精神、修旧利废精神，成为被后人接续传承与践行的艰苦创业的“六个传家宝”。怎样处理好地上与地下的关系，也较好地反映了这种实践论的观点。世界上的油田主要分布在人烟稀少地区，比如荒漠、山地、沙漠、丘陵、海洋等地区，也不排除有的在城市边缘、沃野耕地之上。20世纪60年代，大庆油田在开发建设中提出了地面服从地下的油田总

① 列宁：《列宁全集》第55卷，人民出版社，1990，第183页。

图3-10 丛式井

体建设方针，这是针对大庆油田当时的具体情况提出来的。后来随着大庆城市的发展，地面设施和建筑物不断增多，大庆油田部分主要开发区地面和地上的矛盾就日益突出，许多地面建筑影响钻加密井和其他油田开发调整措施。为了解决这个矛盾，会战领导小组提出了几种解决途径：一是大庆新的城市建设在油田以外进行，把油田地面位置让出来。二是原有的建筑进行适当的搬迁，但是搬迁工作量很大，而且对大庆的政治、经济、文化都有相当的影响，为此采取了打丛式井、斜井等措施减少对地面的影响，并提出了地下兼顾地面的指导思想。现在看来，对于因油田开发而发展建设起来的城市，油田开发不断扩大面积，开发调整措施不断增加，也就是油田在不断发展，随之而来的城市也在不断地发展、完善和扩大，势必会造成地面建设和地下开发的矛盾也随之扩大。因此，把“地面服从地下，地下照顾地面”作为油田开发建设的指导思想，解决地面和地下的矛盾，不失为一个好的办法。为了更好地坚持实践第一，各级领导、机关干部坚持深入生产第一线，面向生产、面向基层、面向群众，做到生产指挥到现场、政治工作到现场、材料供应到现场、科研设计到现场、生活服务到现场。面对重重困难，广大干部职工树雄心、立壮志，喊出了“困难面前有我们，我们手下无困难”的豪迈誓言。实践第一，已经成为几代石油人凝结到血脉里的行为养成。

（二）从实践中来，到实践中去

实践是人们改造客观世界的一切活动。油田开发建设的历程就是重视实践、深入实践、不断实践，从实践中获得认识，又以正确认识指导实践的历程。正是因为广大干部职工始终坚持从油田生产管理实际出发，认真总结、不断汲取正反两方面经验教训，使得以岗位责任制为核心的规章制度体系，在实践中逐步得以健全完善，不仅有力地指导了油田建设，而且作为经验和传统在全国工业系统被学习和推广。

典型来自实践，典型引领实践。自石油会战以来，油田各级领导根据不同时期的中心任务，抓典型、立标杆，重实践、强引领，不失时机地培养和选树一批批具有代表性的先进集体和先进个人，营造先进更先进、后进赶先进、人人争当先进的生动局面，推动了各项工作开展，确保了企业目标实现。人民群众是历史的创造者，是社会实践的主体。60多年来，在生产建设和各项工作中，油田始终注重发挥职工群众的主人翁作用，坚持全心全意依靠职工办企业。通过采取职工代表大会、民主管理制度、厂务公开等形式，教育引导广大职工群众努力在油田生产实践中贡献智慧和力量，推动了企业持续发展。

（三）始终坚持一切从实际出发

毛泽东同志在《实践论》中指出："人类的生产活动是最基本的实践活动，是决定其他一切活动的东西。"①这就要求我们，要始终"三老四严"、实事求是，始终当老实人、说老实话、办老实事。搞石油工业，地下作业多、隐弊工程多、间接获取的资料多，不仅要有过硬的工作作风，还要有严谨的科学态度，尊重客观、尊重实际，用行之有效的生产活动和岗位实践，不断提升油田开发建设科学化水平。可以说，油田开发走到今天，每一吨产量、每一个指标、每一项工程，都必须靠精细管理、精益求精、精雕细刻。但是，随着主力

① 毛泽东：《毛泽东选集》第1卷，人民出版社，1991，第282页。

图3-11 新时代大庆石油人继续坚定地发出“我为祖国献石油”的豪迈誓言

油田进入“双特高”开采阶段，随着外围储量品位越来越差，地下形势的变化，决定了油田开发不仅要“精细”，而且要“精准”。只有精准施策，才能把稳油上产的主动权牢牢抓在手里。这就要求地质研究要精准，开发方案要精准，工艺措施要精准，管理手段也要精准。准，才能把握得住；准，才能驾驭得了。面对油田后备资源日趋不足的矛盾，以及油田进入特高含水期开采阶段带来的一系列问题，这些年油田上下坚持一切从实际出发，广泛开展“解放思想，谋划发展”主题实践活动，先后编制了《大庆石油管理局二次创业指导纲要》《大庆油田可持续发展纲要》，特别是按照上级要求结合油田实际，在广泛调查研究的基础上，制定了《新时代大庆油田当好标杆旗帜建设百年油田发展规划》，从贡献、精神、发展三个维度，过去、现在、未来三维时空，确立新的标高，让油田高质量发展、可持续发展道路更加明确具体，更加具有实践性和可操作性。

第四章 04

大庆精神的优良作风

大庆精神的优良作风经历了孕育形成、逐步确立，直到成为行为规范的发展过程。

一、优良作风孕育形成

优良传统与过硬作风是大庆石油人在60多年的创业历程中逐步形成的，也是在那个激情燃烧的岁月中，以爱国、创业、求实、奉献的精神品质砥砺自我，逐步形成的。

（一）会战第一个决定

在会战开始之后，面对种种矛盾和重重困难，余秋里等会战领导者想到了周恩来的指示，即：毛泽东思想是中国革命和建设的指导思想，只有靠毛泽东思想，才能统一人们的认识和行动；只有运用辩证唯物主义这个有力的思想武器，才能正确地认识和解决矛盾，夺取会战的胜利。连续几天时间，他半天工作，半天把自己关在屋子里学习毛泽东《实践论》《矛盾论》等著作，同时要求会战领导小组的同志也学习。几天后，他同康世恩等领导同志讨论，一致认为，面对矛盾和困难，要抓住主要矛盾和矛盾的主要方面。此后，余秋里、康世恩在石油工业部党组会上强调，要认真学习“两论”，用以解决会战中

部机关党委开始在此辦公

四月八日召开了总指揮部机关党員大会

部机关党委关于学习毛泽东同志所著“實踐論”和“矛盾論”的决定

三个探区普遍发动群众 大搞战前准备

致讀者

图4-1 1960年4月13日，《战报》刊登通讯《部机关党委关于学习毛泽东同志所著〈实践论〉和〈矛盾论〉的决定》

遇到的困难。同时强调，学习“两论”不能仅仅停留在一般性的号召上，要由党的组织正式作出决定，对党员、团员和干部群众提出明确要求。经过石油工业部党组共同讨论，由宋惠执笔，于1960年4月10日作出了《关于学习毛泽东同志所著〈实践论〉和〈矛盾论〉的决定》(以下简称《决定》)，4月13日全文刊载在《战报》创刊号上。《决定》指出，学习“两论”，我们要把别人的经验学到手，但又不迷信别人的经验，不迷信书本，我们要勇于实践，发扬敢想、敢说、敢干的作风，闯出自己的经验。同时，我们在实践中要不迷失方向，就要掌握马列主义的理论武器，把实践经验上升到理论，包括正确认识油田规律，使我们的实践具有更大的自觉性。并号召全体职工都学习“两论”，用“两论”的立场、观点和方法来指导大会战的全部工作。会战工委关于学习“两论”的决定刊登后，很快就在全战区掀起了学习“两论”的热潮。4月26日，余秋里在会战领导小组扩大会议上指出：“毛泽东思想是我们全部工作的指针，‘两论’是会战的灵魂。这两篇文章一定要很好地读，反复地读。读了毛主席著作，就会感到头脑清醒，浑身是劲，就有办法；离开了毛泽东思想，就什么事情也搞不成。”[①]从此以后，广大职工用“两论”的立场、观点、方法分析、研究、解决油田勘探开发中的一系列问题，并夺取了石油会战的胜利，企业各级党委组织广大职工认真学习《人的正确思想是从哪里来的?》《反对本本主义》《关于正确处理人民内部矛盾的问题》《为人民服务》《纪念白求恩》《愚公移山》《论共产党员的修养》等重要著作，注重提高广大职工群众认识世界和改造世界的能力，培育广大职工的“爱国、创业、求实、奉献”精神，松辽石油会战所取得的辉煌胜利和大庆油田多年的发展历程都雄辩地证明，这一决定不仅正确，而且意义极其重大和深远。

（二）围着篝火学“两论”

1960年4月10日，石油工业部机关党委作出《关于学习毛泽东同志所著〈实践论〉和〈矛盾论〉的决定》。《决定》下发后，会战领导小组把组织各级干部、职工群众和技术人员学习“两论”当成一件大事来抓。一开始，没有那

① 余秋里：《余秋里回忆录》，人民出版社，2011，第522页。

么多书，就到安达县新华书店去买。县书店的书卖光了，就派人到哈尔滨、北京去买。石油工业部从北京买了几万册《实践论》《矛盾论》单行本，派专人坐飞机送到哈尔滨，再运到萨尔图发到职工手中，基本上做到了人手一册。一时间，干部读，技术人员读，工人也读。人人学，人人议，人人用。职工们把“两论”带在身上，放在枕边，一有时间就读上一段。技术人员下现场、到工地，都随身带着小书包，里边总是装有“两论”。各级干部以身作则，带头学习。开会时学，总结工作时学，遇到问题和矛盾时再结合实际深入学习，并逐渐成立了以各级领导成员为主干的中心学习小组，建立了学习日制度。除了个人自学、领导班子集体学习之外，各级领导成员还经常深入基层讲解辅导，畅谈学习心得，并时常了解基层的学习情况，总结、推广干部职工的学习经验。每到夜幕降临，人们便围着篝火学“两论”，整个会战现场一再呈现“青天一顶星星亮，草原一片篝火红；人人手里捧毛选，‘两论’学习方向明”的动人画面。

学习“两论”，成效是显著的。几万名会战职工通过认真学习，掌握了毛泽东的哲学思想，学习、运用辩证唯物主义的立场、观点和方法来分析会战中的种种困难和矛盾，形成了统一的思想，坚定了搞好石油大会战的决心和信心。大家说，这矛盾，那矛盾，国家缺油是最主要的矛盾。这困难，那困难，我们探明的石油资源太少，产量太低，不能满足国家需要，是当前压倒一切的困难。如果石油工业上不去，不但不能适应国民经济和国防建设的需要，而且帝国主义还会利用这个缺口来卡我们的脖子。从国家的整体利益、长远利益来看的话，无非是石油职工多流些汗、多吃些苦，是局部的、第二位的困难；如果不上，国家没有油，这是根本的、第一位的困难。因而上有困难，不上就更困难。要躲开这个困难，是万万办不到的，也是极端错误的。我们只能遵循毛泽东主席的教导，穷则思变，知难而进。

通过学习“两论”，会战指挥者体会到，要办好一个社会主义现代化的大油田，首先要讲革命化。革命化，就是讲人的觉悟，讲人的作用，讲工人阶级的革命精神。有了广大职工群众的革命化，油田才有旺盛的生命力，生产、建设才会蓬勃发展。即使用比较落后的技术装备，也能够生产出国家急需的产品；如果有了先进的技术装备，就可以发挥更大的威力。为此，会战领导小组引导职工正确对待、解决众多具体困难，使主要矛盾解决落到实处。

（三）蚂蚁啃下硬骨头

1963年底，油田急需的第一台国产103电子计算机买回来了。当时整个油田都没有人摸过计算机，怎样把它尽快调试好用起来，还是个难题。刚刚上任的计算机组组长甘瑜光蹲在地上，望着新奇而陌生的庞然大物琢磨了半天，觉得一无专家，二无经验，三缺资料，没有别的路好走，还是得“遇见困难学‘两论’，创造条件上”。他把组里的13名小伙子找来一起认真学习了《矛盾论》。在学习和讨论中，大家一致认为，人的技术水平与操纵机器的需要不适应是主要矛盾。是人掌握机器呢，还是让机器难住人呢？机器是死的，它不会因为我们水平低，就变得简单些；但人是活的，可以去认识机器，可以通过实践、练兵去认识和掌握机器。

怎样练呢？甘瑜光他们干字当头，边干边学。甘瑜光首先让刚从学校毕业的同志讲机器原理，然后请有点实际经验的同志结合机器讲图纸，再站在机器旁讲操作方法。讲完后马上就干，干中互相检查，干完进行总结。就这样，讲一部分，干一部分，弄通一部分，调试一部分，就像爬梯子一样，步步登高，最后把一个个难题踩在脚下。仅用50天时间就把这台103电子计算机安装调试成功，投入使用。

这是一台电子管式计算机，运转速度慢，容量也有限，不太适应油田的需要。一次，工作组接到了对某区小层进行动态分析的工作任务，这个题目相当于机器容量的60倍。怎么办？经过全组分析，发现这个大题目可分成五个部分，在整体上，它比机器容量大，但分解后各个部分就比机器容量小了。大家想，整块骨头啃不动，就一点一点地啃。经过几天努力，他们把这个题目编成六个程序，终于用小机器完成了大题目。

后来，在总结调试和初步使用经验时，大家把这个办法叫作“蚂蚁啃骨头”。紧接着，他们连续奋战八天，提高了计算速度，把计算机的容量扩大了一倍，一台能顶两台用。后来他们又调试成功磁心箱、光电输入机，自己动手干钳工活，打了上千个孔，赶制出快速打印机控制机柜，使整个计算机的效率提高了50倍，适应了实际工作需要。回顾这段工作经历，甘瑜光说：“胜利是拼来的，时间是争来的，千难万阻，自己动手，马到成功。‘蚂蚁啃骨头’也能办大事。”

二、优良作风逐步确立

大庆优良传统和作风的形成不是一蹴而就的，而是有一个逐步确立的过程。这个逐步确立的过程也是被广大石油人逐步认可接受并以身作则、切实践行的过程。

（一）放大镜照钢丝

培养队伍的严细作风，关键在于干部的言传身教。采油一厂三矿四队（以下简称三矿四队）队长辛玉和就是一名处处以身作则、注重自身言行的好干部。

一天，辛玉和从矿上开完会回到队里，一看表，离接4点班的时间只剩下10分钟了。从队部走到油井，步行需要15分钟。怎么办？辛玉和想，不能因为开会回来晚了就迟到。于是，他摘下帽子就跑了起来。当班工人王化其老远就看到一个人影在跑动。近前一看，原来是他们的队长。此时，辛玉和已跑得气喘吁吁，在将近零下30 ℃的寒冬里，他却满头大汗。王化其有些迷惑地问：“队长，你上班为啥跑得这样急？”辛玉和如实道出了原因。这位老工人感慨地说：“因为开会耽误了，迟到几分钟有什么关系？况且你还是队长呢。”这位朴实的老工人的确有些想不明白，开会也是工作，接班晚了很正常啊。再说，队长本身就忙，来晚一会儿别人也不会有什么想法，至于如此吗？辛玉和却说：“我是1948年参军的，打过仗。战场上晚一分钟，就可能要付出血的代价。现在搞石油大会战，也要有战争年代那种铁的纪律才行

图4–2 三矿四队队长辛玉和带队伍严细成风

啊！何况我还是队长呢。”辛玉和是一个自我要求很严格的人，对待工作也是严上加严。下刮蜡片的钢丝绳，如果掉了刮蜡片，就会使钢丝损伤，而这种损伤肉眼很难发现。因此，每次新领的清蜡钢丝在使用前，辛玉和都要拿着放大镜，一寸一寸地检查钢丝有没有砂眼，直到确认合格后才交给岗位工人使用。那钢丝绳每盘长达1500多米，一盘检查下来，腰累酸了，眼累花了，腿也蹲麻了，可他硬是一直坚持着。辛玉和常说：“我们不管做任何一项工作，都得向人民负责，不认真检查钢丝，掉了刮蜡片，就会给国家造成损失。”辛玉和处处从严要求，以身作则，严出了高标准，严出了硬作风。他带领的四队成为出事故最少、管井最好、队伍作风最过硬的战区“五好标兵”采油队，并培育形成了“高度觉悟、严细成风”的好作风。

（二）寻找一颗螺丝钉

三矿四队是诞生“三老四严”优良作风的地方。这种作风已经如同血液般融入每名队员的血脉里，甚至刚到这个队不久的新队员也会不自觉地受到这种过硬作风的感染与熏陶。张学玉是一名刚到三矿四队不久的新工人。这个年轻人好学肯干，很快就了解了本队的光荣传统，并在老师傅们的言传身教下继承了严细认真的好作风。一天，他一不小心把千分尺上的一颗小螺丝钉弄丢了。那颗螺丝钉只有米粒般大小，甚至不仔细看，都不会注意那把尺子上的螺丝钉掉了。但张学玉却十分在意，他怀着愧疚的心情，先是报告井长并作了检讨，然后开始寻找那颗丢失的小小螺丝钉。那颗螺丝钉实在太小了，别说用眼睛看，就是用手摸都很难感觉到，可小张硬是从下午一直找到傍晚，结果还是没有找到。第二天天刚亮，他又到井场上去找，还是没找到。这下小张真急了，他想，他们井组自成立以来，管理和使用的几十件工具、仪表及生产设备至今件件完好、灵活好用，没有丢过一颗螺丝钉。今天自己弄丢了一颗螺丝钉事小，败坏了老师傅们辛辛苦苦养成的好作风可是大事。于是，小张请了半天假，赶到萨尔图，问遍了所有的自行车修理部、钟表店和收音机修理店，想买一颗小螺丝钉配上，结果不是没有就是规格不合适，还是没能如愿。这可如何是好呢？思来想去，小张就想到了生产厂家。他马上找到队里的技术员帮忙，请他根据形状画了一张草图，标明尺寸。然后他写了一封言辞恳切的信，并附上一元钱，请求厂家破例卖给他一颗小螺丝钉。厂家被他这种对待工作高度负责的态度感动，破例送给他一颗螺丝钉，扣除寄信花去的两角钱邮费，把剩下的钱附在信里又挂号寄了回来。厂家在信中写道："你们自觉地爱护设备，在自己的岗位上严细认真、一丝不苟，这种精神值得我们学习。"

（三）为了两包砂样

1960年4月9日，首次五级三结合会议召开。会议在认真分析和研究以往油田勘探经验教训的基础上，提出了每口探井要取全取准20项资料、72个数据，并达到"四全四准"的具体要求。这个探井录取地质资料的技术规范，很快变成了广大石油职工的自觉行动。一次，年轻的地质员王晓云从钻井队背回了25包砂样，但到大队一核查，发现只有23包，不知什么时候丢了2包。砂样是钻头在井下磨碎的地层的岩屑，是分析化验并确定地层性质的重要依据。王晓云知道，每包砂样都是一段地层的原始样品，丢掉它就等于丢掉了一个井段的研究确认依据。想到这里，她更加坚定地要把丢掉的砂样找回来。这时，天已经黑了，又下起了瓢泼大雨。她本来就患有严重的关节炎，一到阴天就疼痛难忍，但她顾不了这些，一心想着要找回那2包砂样。一个身体单薄的女地质员，只身走进了夜幕里、雨水中……一名同事得知她独自去找砂样，一溜儿小跑追上她，同她一起闯进了茫茫的雨夜，寻找她们视为宝物的砂样。大雨无遮无拦地浇在她们身上，不一会儿荒野的路就泥泞不堪，她们像落汤鸡一样，深一脚、浅一脚地摸索着，寻找着……就这样，她们在那条路上走了一个来回又一个来回，不知往返了多少回，终于找到了那两包遗失的砂样。当她们一身泥水回到队里时，已经将近午夜12点了。看着那2包砂样，她们没有一点儿疲惫，也没有一丝睡意，高兴得久久不能入睡。

三、优良作风与行为规范

大庆的优良传统和作风在广大石油人心目中是代代相传的，是神圣的，有一个由形成到养成的发展过程，已经深深地镌刻在大庆石油人的心目中，深深地融入大庆石油人的血脉里。

（一）“三个面向”“五到现场”

“三个面向”。石油会战初期，会战工委便强调，各级领导要“亲临生产第一线指挥生产”，“机关工作要面向生产”。在1962年5月10日召开的全油田党员干部大会上，针对当时基层建设工作还不够扎实，机关工作还不深入、不细致，缺乏从严从实的作风等问题，会战工委提出：“各级领导干部必须深入生产第一线，扎扎实实领导生产。对基层工作，要实行面对面的领导。各级领导机关应当明确主要的任务是把基层建设好。”经过不断实践、不断总结，到1964年初就形成了“面向生产、面向基层、面向群众”的工作指导思想。60多年来，大庆油田各级机关始终坚持这一指导思想。无论是政治工作部门、生产指挥系统，还是计划、财务、物资供应部门，都积极为方便基层创造条件，为一线生产服务，为群众排忧解难，千方百计把麻烦揽上来，把方便送下去。两级机关坚持这一指导思想，对于克服主观主义、官僚主义和形式主义，密切干群关系，调动各方面的积极因素，提高工作和生产效率都具有重要意义。

图4-3　20世纪60年代“三个面向、五到现场”深受职工群众欢迎

“五到现场”，即生产指挥到现场、政治工作到现场、材料供应到现场、科研设计到现场、生活服务到现场。这个“五到现场”，是大庆油田领导机关在会战中形成的传统工作作风。生产指挥到现场，就是指挥调度人员实行现场调度，计划人员到现场落实计划，进行综合平衡；凡是有两个以上施工单位协同作战的施工地区，组织前线指挥机构，实行面对面的领导。政治工作到现场，就是政治工作部门的干部除有三分之一的人在机关办公，三分之一的人坚持常年蹲点外，还有三分之一的人坚持深入现场了解情况、发现典型、总结经验，并做好现场的宣传鼓动工作。材料供应到现场，就是物资供应部门按照设计和施工预算，去组织材料供应，实行“大配套”“小配套”“货郎担”，坚持送货送料到现场；设备维修人员也“身背三袋”到现场服务。科研设计到现场，就是科研设计工作紧密结合生产实践，有效地解决生产中的问题；由研究设计人员组成工作组，深入生产实际，进行现场调查；组成试验队，到现场边参加生产，边进行试验；研究与生产部门联合组成攻关队，攻克关键技术；进行技术交底，放手发动群众参加科研设计工作。生活服务到现场，就是后勤和商业等部门组织理发、缝补、日用百货到现场，更好地为前线服务。实行“五到现场”，有利于根据实际情况决定工作方针，避免盲目指挥；能更多地倾听群众呼声，及时解决问题；能更好地改进工作作风，促进机关工作高效化。

自大庆石油会战以来，大庆油田一直提倡领导机关实行“三个面向”“五到现场”，领导干部深入基层调查研究，与工人们同吃同住同劳动，在干群之间建立了比较融洽的同志式的工作关系。推行经济承包责任制后，干群关系仍然比较好。油田局一级领导干部，都建立了常年工作联系点。重点工程建设项目，都由领导干部亲自靠前指挥。即便是处在边远地区的工作单位，每年主要领导干部都要去看望一次。同时，局、厂两级机关还实行上级检查下级、下级检查上级的“双向”检查制度，基层单位实行干部考核公开、干部奖金公开等制度。这些情况表明，在推行经济承包责任制和运用现代化管理手段的过程中，丝毫不能离开领导干部与工人群众同甘共苦的优良传统。职工群众说：“干部心里装着工人，工人心里装着企业。”党群关系、干群关系密切了，企业的凝聚力就增强了。

（二）领导干部“约法三章”

这是会战工委在1964年8月下旬的扩大会议上，通过总结在会战中发扬艰苦奋斗精神，干部参加劳动，领导亲临前线指挥生产、蹲点调查的好处后，制定的一项企业领导干部革命化的措施。其主要内容包括以下几点：一是坚持发扬党的艰苦奋斗的优良传统，保持艰苦朴素的生活作风，永远不搞特殊化。二是坚决克服官僚主义，不能当官做老爷。三是坚持“三老四严”的作风，谦虚谨慎，兢兢业业，永不骄傲，永不说假话。1964年9月30日，石油工业部向各局、厂、公司转发了大庆油田的“约法三章”。国家计委在计划工作会议上印发给各中央局计委，各省、市、自治区计委，抄送中央各部、委、办。国家经委在《工业交通战线》第13期上予以刊登。为了执行好“约法三章”，油田各级领导干部始终坚持每月召开一次党小组会，每年组织基层干部、工人、家属代表进行检查，形成了定期检查制度。随着生产建设的迅速发展，人们的物质生活水平不断提高，但是“约法三章”的精髓要义并没有过时，艰苦奋斗的创业精神、艰苦朴素的生活作风仍然需要大力提倡。“永不特殊化”“不能当官做老爷”“永不说假话”的要求，也很有现实意义。在改革开放、推进发展的

图4-4　20世纪60年代“铁人”王进喜深入工人当中了解情况，帮助解决实际问题

过程中，油田党委制定的企业《党政干部“十不准”》，就是对“约法三章”的进一步完善和发展。

为了把“约法三章”落到实处，会战工委制定了干部接受群众监督的措施，概括起来就是：① 坚持指挥靠前，对重大的生产建设项目和生产中遇到的紧急情况，局和二级单位都设立前线指挥部，由主要领导亲自指挥；② 坚持深入调查研究，局领导干部每年到基层的时间大体占三分之一，二级单位领导干部每年到基层的时间大体占50%；③ 坚持现场办公，面对面解决一些亟需解决的问题；④ 坚持干部“三同”（与工人同吃、同住、同劳动）和干部蹲点包队；⑤ 利用每年年终总结评比的时间，职工群众都要讲评一次干部；⑥ 组织基层干部、工人定期检查领导机关。这些措施的制定和实施，对于督促干部深入基层起到了重要作用。由于各级干部在实际工作中带头做到“脏活累活干在前，关键时刻冲在前，危险关头抢在前”，为群众树立了榜样，进而掌握了领导工作主动权，对于保证石油会战的顺利进行起到难以估量的作用。在此基础上，会战工委还明确了干部参加劳动的七种方式：① 跟班劳动，进行调查研究；② 带着问题跟班劳动，找到解决问题的办法；③ 住在落后班组；④ 在最困难、最艰苦的时候，跟班劳动，改造落后；⑤ 顶在最紧要、最关键的地方；⑥ 生产遇到复杂情况的时候，跟班劳动；⑦ 人少打突击的时候，跟班劳动。由于这些措施的有效落实，使很多难以处理的问题得到了及时解决，促进了生产发展。

（三）突出岗位责任心

大庆石油会战初期，各方面条件都很差，困难重重，特别是广大干部职工对开发建设这样的大油田没有经验。能不能管理好大油田，当时对石油会战的组织者、参加者来说都是一种严峻的考验。在这种情况下，干部职工结合中一注水站失火事件，深入开展讨论，举一反三，认识到之所以天天抓问题，问题却越抓越多；抓大问题、关键问题，可问题越抓越大。原因主要是两个矛盾没有解决好：一是，日常生产中大量的、常见的、千千万万的具体事情需要有人管；二是，油田各个岗位成千上万的职工积极性很高，想把事情管好，苦于无处着手。于是，就学习解放军“三大纪律八项注意”和哨兵守则的办法，用较

图4-5　20世纪60年代大庆油田全面实行基层岗位责任制

少的条文、简明的文字，规定每个岗位上的工人应该做什么、不应该做什么，而且要求简单明了，人人都懂，人人都会，人人都能遵守，试行之后效果较好。这就是基层岗位责任制。后来又发现，岗位责任制只能规定若干条，不能涵盖所有领域、所有岗位，其余工作就得靠岗位责任心，于是又提出了岗位责任制的核心是岗位责任心。这样一来，有了为油田负责一辈子的政治责任感，再加上岗位责任制的规范作用，就在整个油田管理中产生了为广大石油人所熟知的"人人有专责，事事有人管"。从加强企业管理的角度讲，可以说，大庆精神从管理中来，又到管理中去，使整个油田管理水平不断提档升级。60多年来，油田不断加强基层建设、强化企业管理，完善和严格执行岗位责任制，明确岗位要求，加强岗位培训，锤炼岗位技能，增强岗位责任心，坚持不懈地定期进行群众性岗位责任制大检查。努力把各个岗位、各项操作标准化、规范化，不断完善计量、测试工作手段，提高计量、测试技术水平，进一步建立完整、准确的信息网络，完善质量管理、成本管理、物资管理、定员定额管理等工作制度和规范体系，使企业管理现代化水平持续提升。

（四）"六个传家宝"

在大庆石油会战以及后来的油田开发建设实践中，大庆石油人发扬爱国主义精神，以"有条件要上，没有条件创造条件也要上"的英雄气概，不畏重重困难，艰苦奋斗，逐步形成的人拉肩扛精神、干打垒精神、五把铁锹闹革命精神、缝补厂精神、回收队精神、修旧利废精神，是大庆油田艰苦创业优良传统的重要组成部分，被大庆石油人称为艰苦创业的“六个传家宝”。

石油会战初期，在没有吊车、拖拉机的情况下，王进喜和1205钻井队的30多名队员不等不靠，用棕绳、撬杠、扁担等把整部钻机化整为零，通过人拉肩扛从火车站运到井场，顺利打出了第一口井，形成了人拉肩扛精神。

为了解决冬天会战队伍的居住问题，会战指挥部发动广大职工因陋就简，就地取材，用砖框土坯以及夯土垒墙的办法建起房子，在短时间内建造干打垒近100万平方米，解决了冬季职工居住和设备御寒的问题，形成了干打垒精神。

图4-6　20世纪60年代缝补厂工人和家属在缝补劳保用品

钻井指挥部机关职工吕玉莲、王秀敏、杨学春、丛桂兰，在家属薛桂芳的带领下，扛着铁锹，背着行李，抱着孩子，到远离驻地的地方开荒种地，大搞农副业生产，解决了石油会战初期食品供应不足的问题，形成了五把铁锹闹革命精神。

为了解决前线石油工人的生产和生活困难，共产党员鄢长松等3名转业战士和5名职工家属，在两栋破牛棚里办起了缝补组，拆洗缝补劳保用品1万多件，制作“两旧一新”工服近2万件，解决了会战一线工人的穿衣问题，形成了缝补厂精神。

会战职工坚持“艰苦奋斗，勤俭建国”的方针，利用业余时间回收散失在油田各处的废旧物资，弥补生产配件不足，为国家节约了大量物资，解决了生产建设中的急需，形成了回收队精神。

为了挖掘企业内部潜力，做到物尽其用，会战供应指挥部率先成立了修旧队，利用废旧材料修建简易厂棚，修复台钳、手钳、焊机等工具，承揽修复生产急需而又供应短缺的物料，满足了生产建设的需要，形成了修旧利废精神。

产生于当年石油会战实践的这六种精神，多年来一直成为广大石油人自力更生、艰苦奋斗、攻坚克难、锐意进取的不竭动力。

（五）基本行为规范

1964年初，会战工委根据油田发展形势，组织职工群众开展学先进、找差距活动。在5月15日召开的油田五级三结合会议上系统地提出了“三条要求，五个原则”，即项项工程质量全优，事事做到规范化，人人做出事情过得硬；有利于质量全优，有利于提高效率，有利于安全生产，有利于增产节约，有利于文明生产和施工。之后，广泛发动群众，在全油田开展怎样才能做到“三条要求，五个原则”大讨论，并先后总结和树立了“自觉从严，好字当头”的油建十一中队、“五过硬”的井下作业队等一批先进典型。同时，坚持在每年战役开始时组织“样板月”活动，即每个单位、每个职工把开始打的第一口井、砌的第一堵墙都做出样板来，使职工群众对提倡什么、反对什么明明白白，从而使“三条要求，五个原则”落到了实处。1965年，全油田钻井400口，射孔质量全部合格；油田先后建设竣工投产的工程都达到了质量全优。2003年，结合油田发展的新形势，油田党委明确提出在二次创业的新的历史时期，新一代岗位职工要在“三老四严”的基础上做到“五项要求”，即“人

图4-7 石油会战初期的五级三结合会议

人技术过得硬，项项工作质量全优，事事做到标准化，处处厉行勤俭节约，时时注意精神文明”，进而培养一流的队伍，掌握一流的技术，达到一流的管理，确保一流的质量，创造一流的业绩。坚持“三老四严”，做到“五项要求”，体现的是生产操作过程中的组织性、科学性、规范性，是执行制度过程中的自觉性、严肃性、程序性。“三老四严”在新的形势下的本质就是诚信。“五项要求”的核心就是敬业。这一行为规范体现了市场经济作为信用经济、竞争经济、法治经济的本质特征，使会战传统与市场经济有机结合，成为新形势下规范职工言行的新标尺。作为大庆油田生产和管理的优良传统，基本行为规范所积淀的文化精神就是质量、效率、效益和安全文明生产等观念，这些观念体现了大庆石油人科学求实、精益求精的精神。比如，2006年8月，1205钻井队承担了大庆油田第一口长水平段取芯井施工任务。这口井水平段长497米，取芯段总长336米，在水平段里连续长井段取芯被同行喻为在地下“穿针引线”，施工难度相当大。为使井眼轨迹不偏离设计，从660米开始，他们每打一个单根，就对井眼轨迹进行一次计算、预测。虽然全井施工起下钻81次，相当于普通井工作量的27倍，但他们仍然坚持标准施工，保证道道工序环环相扣，取得了总收获率99.1%的高指标，不仅填补了大庆油田水平井长井段取芯的空白，而且创造了取芯长度全国纪录。

（六）支部建在连上

石油会战初期，会战工委就按照“支部建在连上”的要求，在基层小队成立了党支部。60多年来，大庆油田党委始终坚持把加强党支部建设、发挥党员作用，作为基层建设的头等大事来抓。按照党章的规定和实际情况的需要，明确大庆油田基层队党支部最根本的任务就是用共产主义思想教育职工，发挥党员的先锋模范作用，团结职工群众，坚决完成生产计划，成为本单位的坚强战斗堡垒。党支部具体任务主要有三个方面：一是健全民主生活制度，发扬党内民主。有了问题就摆在桌面上，通过批评和自我批评，互相谈心交心，统一认识，增强团结。党支部必须善于鼓励人们发扬革命精神，勇敢顽强地去战斗，支持每个干部放手工作。坚决反对和克服不讲党的原则、不讲革命精神、争你大我小、争谁说了算、陷入个人主义泥坑的倾向，使支部逐步成为坚强的战斗堡垒。在基层小队，重大问题都在支部会上讨论。党支部对上级布置的任务和下达的生产计划，必须全力保证执行。要求干部分工负责，党支部书记负责思想政治工作，队长指挥生产，负责生产上的全部责任；技术员负责技术工作。二是建设一个好的基层干部班子。要求党支部书记觉悟高，原则性强，能团结人，能联系群众，并熟悉生产，能支持队长工作；队长要政治思想好，干劲大，既是劳动模范又是生产能手，能以身作则、冲锋在前，能想尽办法完成任务。还要有一个大专或中专毕业，有一定基础理论知识，又经过生产劳动锻炼的技术员。要求干部之间树立团结的风气，做到互相帮助、互相支持、团结友爱。有了成绩归大家，不争功；有了缺点抢着负责，不诿过。干部爱护工人，工人尊敬干部，团结一致搞好生产。三是发挥党员的先锋模范作用。严格组织生活，坚持"三会一课"制度，对党员进行党的基本知识和基本理论教育，教育党员增强党的观念，明确自己的责任；支部向每个党员交任务、压担子，主要配合党支部做好群众工作；把党员安排到比较重要的工作岗位，使每个党员都尽可能发挥自己的作用；建立党员责任区，就是对每个党员所在的岗位提出具体的责任要求和工作目标，写名挂牌，让人们都知道，既增强党员的责任感，也加强对党员的党内外监督。由于注重坚持不懈地抓经常性党员教育工作，党员的组织观念、纪律观念都很强，在油田各项工作中充分发挥了先锋模范作用。

图4-8 会战初期，从"支部建在连上"到"队队有支部，班班有党员"

第五章 05

大庆精神的时代特征

大庆精神的时代特征主要体现为民族精神与时代精神、解放思想与实事求是、革命精神与科学态度、阶级基础与力量源泉。

一、大庆精神体现了民族精神与时代精神

大庆精神形成于艰苦卓绝的创业年代，在特定的时间、特定的地点、特定的人群，以及特定的文化背景和历史使命下逐步发展和完善，体现了特有的民族精神与时代精神。

（一）快速拿下大油田

1960年2月20日，中共中央批准了石油工业部《关于东北松辽地区石油勘探情况和今后工作部署问题的报告》，大庆石油会战由此全面展开。石油会战初期，从思想认识到生产生活都面临着各种困难与挑战。会战工委从统一思想入手，运用“两论”观点，在较短时间内坚定了广大职工搞好石油大会战的信心。大家说，这矛盾，那矛盾，国家缺油是最主要的矛盾。这困难，那困难，我们探明的石油资源太少，产量太低，不能满足国家需要，是压倒一切的困难。只有下定决心、知难而进，拿下这个大油田，把这个最主要的矛盾解决了，其他矛盾才能迎刃而解。在这一思想指导下，广大职工抢晴天、战雨天，千方百计、争分夺秒，为会战创造条件，为会战争取主动。在最初三年里，会战队伍一个战斗接着一个战斗，三年如一日，做了大量工作，质量好、速度快。会战队伍受到了严格的锻炼，越战越坚强，各方面都能过得硬。据统计，大庆石油会战的三年里，共探明含油面积860多平方公里，累计打井1178口，累计生产原油1166.2万吨，占全国同期原油产量的51.3%。同时，大庆石油会战完成了大庆炼油厂建设的第一期工程，并投入生产运行，开始为国家提供石油加工产品。建成了集油、输油、储油、注水、供电、机修、通信、道路等八大系统工程，建成了年产原油500万吨的石油生产基地。在三年中，大庆油田共完成财政上缴10.6亿元，相当于同期国家对大庆油田投资的149.3%，除回收投资外，为国家积累资金3.5亿元，从根本上改变了中国石油工业落后的面貌。1963年12月，周恩来总理在第二届全国人大第四次会议上宣布：“由于大

庆油田的建成，我国经济建设、国防建设和人民需要的石油，过去大部分依靠进口，现在不管是在数量上或者在品种上，都已经基本自给了。”三年里，广大石油人坚持以毛泽东思想为指引，斗志昂扬、精神焕发、干劲冲天，敢于同前进道路上一切困难作斗争，越是困难干劲越足，越是困难越要胜利。正如余秋里、康世恩所说的那样，“大庆石油会战，是打了一个政治仗，打了一个志气仗，打了一个科学技术仗。”“大庆油田的勘探和开发，完全是我们中国人自己搞起来的，没有半个洋人插手。事实证明，我们国家完全能够依靠自己，自力更生，高速度、高水平地勘探大油田，开发大油田，而且比过去照抄别人搞得更快、更好。”①

（二）实现稳产再高产

大庆油田1959年发现、1960年开发，主要经历了四个发展阶段：第一阶段，石油会战阶段（1960—1963年）。1959年9月26日，国庆十周年庆典前夕，以松基三井喜喷工业油流为标志，发现了大庆油田。以“铁人”王进喜为代表的老一辈石油人，在极其困难的条件下，自力更生、艰苦奋斗，仅用三年时间就拿下大油田，一举甩掉了我国“贫油”的帽子。第二阶段，快速上产阶段（1964—1975年）。1963年底，大庆油田结束试验性开发，进入全面开发建设。先后开发了萨尔图、杏树岗和喇嘛甸三大主力油田，以平均年产油300万吨的速度快速上产，并勘探准备了一批可开发的新油田，为1976年产油跨上5000万吨奠定了坚实基础。第三阶段，高产稳产阶段（1976—2002年）。“文革”结束后，我国进入新的发展时期，大庆油田也从此迈入“年产5000万（吨）”的高产稳产阶段。1976年至2002年，实现年产原油5000万吨以上连续27年高产稳产。第四阶段，可持续发展阶段（2003年至今）。进入21世纪，由于大庆油田经过长期高速高效开发，各种矛盾和问题日益凸显，油田综合含水率达到90%以上，可采储量采出程度达到80%以上，可持续发展面临严峻挑战。为确保为国家持续作出高水平贡献，大庆油田对原油产量进行了战略性调整，进入了在4000万吨台阶上持续稳产的新阶段。

① 中共中央：《石油工业部关于大庆石油会战情况的报告》，1964年2月5日，第11页。

（三）百年基业续辉煌

2006年8月10日，温家宝总理来到大庆油田，着重研究大庆油田可持续发展问题，提出了大庆可持续发展的基本思路，即“立足当前、着眼长远、加强勘探、合理开发、调整结构、多元发展、企地结合、共建和谐”[①]的32字方针。这一方针对大庆油田创建百年油田具有深远的战略指导意义。经过认真调研，广泛征求意见，2010年7月，《大庆油田可持续发展纲要》正式出台，确立了“珍惜荣誉、高举旗帜、开创未来、永续辉煌”的发展战略定位。

2016年是“十三五”规划开局之年，但大庆油田的开局并不理想。大庆油田经过60多年的开发建设，资源禀赋逐步变差，传统优势开始减弱，出现历史上第一次整体性亏损。2016年3月7日，习近平总书记参加十二届全国人大四次会议黑龙江代表团审议时指出：“大庆就是全国的标杆和旗帜，大庆精神激励着工业战线广大干部群众奋发有为。”[②]“只要精神不滑坡，办法总比困难多。我们从来都是在压力和挑战中前进的，也一定能继续在压力和挑战中不断前进。”[③]习近平总书记的深情嘱托和殷切期望，让正处于发展“寒冬”中的大庆石油人倍感振奋，也让大庆油田即将开启的全新征程受到世人瞩目。

2019年9月26日，习近平总书记致信祝贺大庆油田发现60周年。总书记指出：“站在新的历史起点上，希望大庆油田全体干部职工不忘初心、牢记使命，大力弘扬大庆精神、铁人精神，不断改革创新，推动高质量发展，肩负起当好标杆旗帜、建设百年油田的重大责任，为实现‘两个一百年’奋斗目标、实现中华民族伟大复兴的中国梦作出新的更大的贡献!”[④]“当好标杆旗帜、建设百年油田”，既是习近平总书记对大庆油田的关怀和嘱托，也是党和国家的政治要求，为大庆油田树立了前行标尺、指明了前进方向。

在集团公司党组的战略部署和指导下，大庆油田围绕贯彻落实总书记重要

---

① 《红色审计基因永流传——中国共产党领导下的审计工作史》，《中国审计》2001年第17期。

② 《大庆油田牢记总书记嘱托推进高质量发展综述》，中国石油新闻中心，2022年3月9日。

③ 《大庆油田："双超""双降"为什么能实现》，《经济日报》2020年9月23日。

④ 习近平：《习近平致大庆油田发现60周年的贺信》，《中国青年报》2019年9月27日，第2版。

讲话精神，先后制定并实施了《大庆油田振兴发展纲要》《关于贯彻落实习近平总书记贺信重要指示精神　当好标杆旗帜　建设百年油田的实施方案》《大庆油田及其地区“十四五”高质量发展专项规划》《新时代大庆油田当好标杆旗帜建设百年油田发展规划》，确立了“当好标杆旗帜，建设百年油田”的奋斗目标和战略使命。

中共大庆油田第八次党员代表大会上的报告，聚焦“三新一高”要求，统筹把握宏观形势、行业趋势与企业规律，理性思考历史、现在与未来，对“百年油田”进行了具体阐述。

百年油田，首先是时间概念，追求能源主业的升级发展，建设一个基业长青的百年油田。大庆油田建设的百年油田要基业长青，永葆活力、长盛不衰。大力发展油气经济，加快发展新能源经济，积极发展新产业新业态，围绕“油气热电氢”战略发展目标，加快建设现代能源生产与供给体系，持续提升资源接替能力，为国家提供源源不断的能源保障，始终保持我国重要能源生产基地地位。

百年油田，其次是空间拓展，追求发展舞台的开辟和延伸，建设一个走向世界的百年油田。视野决定格局，格局决定命运。大庆油田要建设的百年油田更注重空间拓展。立足大庆、放眼世界，实施“筑巢引凤”，重塑创新版图，重构产业布局，不断开拓企业发展的更广空间、更大舞台，打造我国能源领域的人才高地、创新高地、产业高地，让大庆油田走向全国、走向世界、走向未来。

百年油田，最后是精神赓续，追求红色基因传承和弘扬，建设一个旗帜高扬的百年油田。企业的百年发展，取决于文化的生生不息。大庆油田靠精神而站立，因精神而恒久。作为中国共产党人精神谱系的重要组成部分，以“爱国、创业、求实、奉献”为核心的大庆精神已经深深融入中华民族的血脉和灵魂。把大庆油田建设成为中国共产党人的精神高地，让大庆精神发扬光大，让大庆红旗更加鲜艳，成为百年油田的显著标志和动力之源。

在大庆油田公司六届三次职代会暨2024年工作会议上，油田党委书记、公司执行董事朱国文所作的题为《高擎标杆旗帜　上扬“第二曲线”全力奋进世界一流现代化百年油田新征程》的主题报告，从使命愿景的角度，专门讲到“当好五个标杆，建设五个百年油田”，即“当好保障能源安全的标杆，建设供给高效的百年油田”“当好绿色低碳转型的标杆，建设环境友好的百年油田”“当好高水平科技自立自强的标杆，建设创新引领的百年油田”“当好深化改革开放的标杆，建设治理现代化的百年油田”“当好赓续精神血脉的标杆，建设旗帜高扬的百年油田”。

新时代大庆要建设的百年油田，不仅包括产业升级、空间拓展，也包括精神文化传承，是一个以生活更加幸福美好为目标，以能源产业为主体，以新领域、新业态为补充，以技术、人才、文化为支撑，具有强劲成长力、生命力的世界一流现代化综合性能源强企。

二、大庆精神体现了解放思想与实事求是

大庆精神产生于解放思想、大干快上的年代，又作用于解放思想、与时俱进的各个历史时期，并始终立足于实事求是，立足于尊重客观规律，立足于着眼长远可持续发展，具有独特的精神品质。

（一）实事求是的态度

实事求是的科学态度，就是坚持实践第一的观点，不唯上、不唯书，立足油田地下实际，重视第一手资料，一切经过试验，用数据说话，以事实服人，坚持实践是检验真理的唯一标准，严格按照自然规律和经济规律办事。从一定意义上讲，大庆石油会战是一场人与自然的斗争。会战初期，各项工作一上手，会战主要领导带领大家认真总结了 1958 年大跃进有些急于求成的教训，注重如何把人们的积极性引导到坚持辩证唯物主义的立场上来，既要有冲天的革命干劲，又要有严肃的科学态度，按地下规律和工程规律办事，这是搞好石油会战首先要解决的问题。针对这种情况，会战领导小组在组织召开了全油田第一次技术座谈会之后，余秋里提出，要搞好石油会战，就必须坚持辩证唯物论的思想方法，重点讲了我国石油工业发展的历史经验教训。他说，十多年来，我们勘探只讲进尺，忽视取全取准资料，吃了很大的亏。在玉门提出过

"钻透祁连山，快马进军吐鲁番"的口号，但前面打完井，后面连井窟窿都找不到了。在克拉玛依开发时，因地下情况没搞清，出现了二进莫斯科调整方案的情况，造成很大损失。在川中石油会战，也因情况还没搞清就急忙下结论，也吃了大亏。以往的经验教训说明，搞石油勘探和开发，都要立足地下，首先把地下情况搞得清清楚楚。要把这一问题提高到思想建设的高度来认识，这不是一般的技术方法问题，而是对党对人民的事业负不负责任的问题，是坚持不坚持唯物主义的实事求是的思想方法问题。随后，引导各级干部和技术人员开展了大讨论。在讨论中，无论是原松辽局的，还是玉门、新疆等地来参加会战的；无论是搞地质技术的，还是搞工程、机械的，都受到了教育。大家回顾搞油多年，始终没有解决好的一个问题，就是以油田地下为中心的问题。许多时候，都是地质、工程、机械"三足鼎立"，各自为政。打井的只重进尺，忽视取全取准资料；采油的只重视地面工程，靠主观意志办事。这样的教训太多了，再不重视起来，大庆石油会战就会重蹈覆辙，油田勘探、开发就会走弯路，从客观上讲就是对党对人民的犯罪。通过讨论大家明确了，要搞好大会战，首先要端正思想方法，即树立"搞油的人必须实事求是的思想""搞油的人，岗位在地下，斗争对象是油层的思想"。无论是勘探、钻井、试油，或者油田开发、测试，都要取全取准第一性资料的数据，都要把实事求是贯穿始终。这一思想观点的贯彻落实为以后科学精准有效开发油田打下了坚实的思想基础。

图 5-1　余秋里同志指挥石油大会战期间使用过的地球仪

（二）一分为二的观点

从1960年开始会战到1963年，大庆油田不仅探明了油田面积，拿到了几十亿吨储量，而且形成了500万吨生产能力，已累计生产原油1000多万吨，财政上缴累计10亿多元，同时还依靠自己的力量建成了一座大型炼油厂。特别是在毛泽东主席、党中央、国务院都表扬了大庆时，有些领导干部开始头脑发热了，看成绩多、看缺点少，看有利条件多、看不利条件少，还有个别人感到，应该苦尽甜来了，生活上开始追求高标准。1964年初，生产质量上就出现了一些不好的苗头，炼油厂还建造了一个比较高级的礼堂。会战工委敏锐地认识到，“摆在我们面前一个突出的问题，就是在胜利的时候，在受到表扬的时候，能不能谦虚谨慎，继续前进，这是一个很大的考验。”正在这时，毛泽东主席关于加强相互学习，克服固步自封、骄傲自满的指示传达到油田，会战工委首先组织各级领导干部认真学习，提高认识、联系实际，用“两分法”坚持一分为二地检查工作，检查自己。还派人到5个基层队蹲点，总结和学习工作经验，一个队一个队地进行分析。同时派出3个学习团组到沈阳军区和解放军政治学院学习取经。会战工委带头对照解放军和先进部门找出18条差距，印发给职工讨论。会战工委以及领导以身作则，带动油田上下“从高标准着眼，从大量的、常见的低标准、老毛病入手”开展了一个大找差距活动。仅仅两个多月，全油田从人到物，从日常工作到思想作风，从确保施工质量到执行规章制度共找出了存在的120万个问题。这些问题，在领导干部和职工群众中引起了很大震动，从而认识到，“我们在领导思想、领导作风、领导方法上，还存在许多问题。主要是工作上不够扎实，对日常生产中的具体问题，要求不够严，工作不够细。”在提高思想认识的基础上，广大干部职工知耻而后勇，深挖问题、狠抓整改。会战工委根据广大干部职工的愿望，提出了“项项工作质量全优，事事做到规格化，人人做出事情过得硬”的三条要求，并树立了一批样板工程和先进单位。“严细成风”的三矿四队，思想、作风、技术“三过硬”的32139钻井队，就是这时涌现出来的典型。广大职工群众在实践中还形成了一整套用“两分法”总结工作的制度和做法。比如，完井整训，阶段整训，单项工程总结，年终全面检查总结评比等。群众说：“脑子里有了‘两分法’，取得成绩喜不倒，有了困难吓不倒，碰见钉子弯不了。我们是靠‘两论’起家，又是靠‘两分法’前进的。”

（三）思想认识的突破

大庆油田勘探刚开始，就面临着“陆相沉积盆地能不能生成大油田”的争论。在疑问和争论面前，油田广大职工解放思想、破除迷信，经过反复实践，终于在大庆长垣背斜上打出了第一口油井，又用一年多时间拿下了大油田，从而颠覆了“唯海相才能形成大油田”的说法，以后围绕“大型整装砂岩油田开发”“保持长期稳产”等重大课题，大庆油田始终发扬积极进取、不断探索、勇于开拓的精神，敢为天下先，敢于走前人没有走过的道路，敢于向世界先进水平挑战，并通过艰苦努力，取得了显著成就。从1981年开始，油田开采进入了高含水期，开发形势发生了很大变化。为了继续保持稳产，开展了“大庆油田长期高产稳产注水开发技术”联合攻关，保证了原油产量稳中有升，全面实现了“十年稳产”目标，开发技术达到了世界先进水平，于1986年获得国家科技进步奖特等奖。“七五”末期，大庆油田全面进入了高含水后期开采阶段，继续保持稳产又面临着一系列新的矛盾和困难。为了找出一条既能保持稳产又经济可行的油田开发新路子，油田广大干部职工认真研究了国内外大型油

图5-2 2008年大庆油田高科技新会战誓师大会会场

田注水开发的资料，系统总结了“六五”“七五”期间大庆油田持续高产稳产的经验，并有针对性地开展了30多个开发现场实验及大量科学研究工作，从中获得了一个极其重要的认识：喇萨杏油田储量虽已全面投入开发，但还存在动用不好和未动用的油层；厚油层虽已全面进入高含水开采阶段，但还存在高含油饱和度的部位；全油田综合含水率虽已很高，但还存在相对含水率较低的地区和井点。广大职工从辩证唯物主义认识论出发，从劣势中找优势，从困难中找希望，从差异中找潜力，从而既夯实了高含水后期持续稳产的重要物质基础，也奠定了使“稳油”与“控水”这对对立着的事物统一起来的思想基础。有了这样的认识上的突破，在油田广大科技人员的共同努力下，提出了“稳油控水”系统工程。全油田以“攻三难，过三关，一推进，保稳产”为龙头，使科研及技术创新工作得以向纵深方向发展，特别是在油田开发综合技术上，油藏、采油、钻井、测井和地面工程各专业系统协同作战，联合攻关，取得了524项科研成果，高速优质地拿下了以高分辨率地震分析，以及精细地质研究为主体的油藏描述与评价技术9大技术系列。提出了高含水期“稳油控水”开发新模式；提出并形成了具有中国特色的高含水期开发结构调整新概念、新方法及新技术；在0.2米以上薄差层开采上，形成了地质、油藏、钻井、测井和采油工程综合配套技术，并具有规模化生产能力。这些技术均属世界首创。其中，“稳油控水”系统工程位列1995年全国十大科技成就之一。

正是由于思想认识不断突破，井下研究所的技术人员进行了1018次试验，试制成功了多级水力封隔器，解决了分层控制油层的重大技术难题，获得国家重大革新奖，并为推行具有油田自身特色的独创的分层采油、分层注水、分层测试、分层改造的采油新工艺提供了条件。油田1962年完成的“萨尔图油田开发、设计方案的初步研究”，1963年完成的“碎屑沉积油藏注水开发油层研究”，1964年完成的“利用平面物理模型研究油水运动规律”“水层动态分析方法研究”，都达到了国际水平或国内同类研究的先进水平。

正是由于思想认识的不断突破，广大职工结合岗位实际，切实提出了一系列新理念，比如，钻井系统提出的“用铁人精神钻进每一天”，采油系统提出的“油田采收率最高，管理水平最好”，作业系统提出的“留下作业人的真诚，带走采油工的烦恼”，测试系统提出的“测试的是油井，检验的是人品”，科研系统提出的“解放思想无止境，挑战极限无禁区”，后勤服务系统提出的

“一人像百人，百人像一人”等理念。这些创新理念鲜活生动，来自实践，言简意赅，易于接受，很快为广大干部职工所理解、所接受、所践行，产生了良好的效果。

三、大庆精神体现了革命精神与科学态度

大庆精神从最初萌芽催生直到发展完善的过程中，始终秉持着革命精神与科学态度，教育引领了一代又一代大庆石油人。

（一）把方向摆正，路子走对

办好社会主义企业，最根本的是方向问题。只有坚持“两论”起家基本功，用马克思列宁主义、毛泽东思想武装广大干部职工，才能把方向摆正，路子走对。这既是企业思想政治工作的首要任务，也是培养过硬职工队伍，搞好社会主义企业的根本保证。20世纪50年代末期，石油工业部党组就提出办好社会主义企业要把方向摆正，路子走对。1964年，石油工业部党组在总结石油会战的基本经验时认为，石油企业办得好不好，“最根本的问题，是方向对不对，路子走得对不对”。同年，余秋里、康世恩同志在《关于大庆油田会战情况的报告》中总结的九条基本经验里，第一章就讲“社会主义的现代化企业，必须革命化”“坚持正确的政治方向”“社会主义现代化企业，如果不实行革命化，就有蜕化变质的危险”。1979年，“要社会主义现代化，不要资产阶级自由化”大讨论的“七个必须”和“八条结论”，突出强调的是办好社会主义企业的方向性问题。1980年，在大庆石油会战二十周年工作回顾中总结的坚持四项基本原则，坚持“两论”起家，坚持艰苦创业，坚持实行革命精神和科学态度相结合，坚持走中国自己石油发展道路的五条经验中，无一不是围绕坚定办好社会主义企业的正确方向这个主题。

60多年来，油田党委始终注重加强职工思想政治工作，坚持广泛深入地进行马克思列宁主义、毛泽东思想教育，进行热爱党、热爱祖国、热爱社会主

义、热爱石油事业教育，进行继承发扬大庆光荣传统教育，自石油会战初期树立了“王、马、段、薛、朱”“五面红旗”以后，全油田深入持久地进行“学雷锋、树新风，学铁人、立新功”活动，坚持开展总结评比，树立先进集体和先进个人典型。同时，在各个时期，都坚持有针对性地开展职工日常思想教育，注意做好后进职工转化工作，使很多后进同志变为先进，成为生产业务骨干和基层干部。由于从会战工委到大庆油田党委都始终坚持在加强职工队伍建设上下功夫，从而使大庆石油工人队伍经受住了会战初期艰难困苦的考验；经受住了“文革”的考验，顶住了林彪、江青反革命集团“不为错误路线生产”的压力，坚持“大干社会主义有理，大干社会主义有功，大干社会主义光荣，大干了还要大干”，原油产量在1976年登上了5000万吨的高峰；经受住了改革开放的考验，旗帜鲜明地坚持四项基本原则。1979年，大庆深入开展“要社会主义现代化，不要资产阶级自由化”大讨论；1983年，组织职工群众脱产轮训，学习马克思列宁主义理论；1985年，深入进行“三中全会路线好”教育；1987年，召开纪念毛泽东《矛盾论》《实践论》发表五十周年大会，组织干部职工学习马克思列宁主义，并在干部中进行系统化、正规化的马克思列宁主义理论教育。多年来，大庆石油人从理论与实践的结合上明确了在社会主义中国，爱国与爱社会主义在本质上是一致的，“没有共产党，就没有新中国”，只有社会主义才能救中国，只有社会主义才能发展中国，马克思列宁主义、毛泽东思想永远是指导我们思想的理论基础等根本性问题，从而顶住了各种错误思潮冲击，使油田生产建设始终沿着社会主义道路前进。

（二）20项资料、72个数据

大庆石油会战初期召开了第一次技术座谈会。在这次会议上，有一个硬性规定，就是每打一口井都要取全取准20项资料、72个数据，一个不能少，一点不能错。为实现这一目标，还配套制定了“四全四准”要求，即每口探井都要做到录井资料全、测井资料全、岩芯资料全、分析化验资料全，同时做到各种仪表校准、压力测准、油气量准、各种资料准。会战职工特别是广大地质技术人员，认真执行这一技术规范，取得了大量可靠的第一性资料。石油会战的三年间，共钻井取岩芯1304米，井壁取岩芯14500颗。每口井都电测15～18

图5-3 1966—1976年，大庆油田在外围打探井的岩芯标本

条曲线，共测线2万多条，长2万多公里，测压力4万多次。对这些原始资料做过55万个岩样分析，165万次分析化验，1744万次地层对比。通过这些艰苦、细致、扎实的工作，认真掌握了油田地下动态变化及油层的各种情况，为作出正确的决策部署，提供了齐全、准确、可靠的第一性资料。当时广为流传的“方永华班捞岩芯”的故事，就充分反映了石油工人对取全取准第一性资料的求实态度和工作作风。3249钻井队方永华班，从井下取岩芯时，6米多长的岩芯有一截掉到井底，没有取出来，岩芯收获率没有达到要求，班长急得掉了泪。工人们说：“没完成任务，就不离开岗位，非把岩芯全部取上来不可。”他们连续几次起钻、下钻，一气干了26个小时。队长劝他们休息一下，他们不肯。指导员亲自给他们送来馒头、饺子，让他们吃，他们不肯吃。工人们说：“岩芯取不上来，吃什么也不香。”他们一直干到把岩芯全部取了上来。大庆油田开发60多年来，重视第一性资料已形成风气。

（三）敢于藐视一切困难

大庆石油会战是在比较困难的时候、比较困难的地区、比较困难的条件下展开的一场史无前例的大会战。石油会战初期，在生活上，一无房屋，二无床铺，三无炉灶，连油盐酱醋、锅碗瓢盆都难以买到；在生产上，器材不齐全，设备不配套，汽车、吊车不足，草原上还没有修公路，运到火车站的几十万吨器材和整套的钻井设备，有些要靠人拉肩扛的办法从火车上卸下来。在偌大的东北荒原上，一下子从祖国的四面八方汇聚来几万人、几千台设备，面对这样多的人员、设备，面对陌生的环境，面对毫无经验的工作领域，如果没有共同理想、统一意志、统一步调，便会打“乱仗”，便会“没有章法”。会战工委认识到，眼前的各种困难和矛盾都是暂时的、局部的，而国家缺油才是全局性的困难，国家需要石油才是主要矛盾。在这种情况下要藐视困难、战胜困难，一鼓作气把会战打上去，把油田拿下来，首先要解决的就是思想统一的问题，用马克思列宁主义、毛泽东思想武装职工头脑，提高人们的革命觉悟，使人们确立正确的立场、观点，使几万人有一个共同的理想，并为之奋斗。在这个过程中，会战工委组织广大职工认真学习《实践论》《矛盾论》《人的正确思想是从哪里来的?》等重要著作，提高人们认识世界、改造世界的能力。组织广大职工学习《为人民服务》《纪念白求恩》《愚公移山》等主要著作，确立革命的人生观，树立不为名、不为利、不怕苦、不怕死，一心为会战、一心为革命的指导思想。正是在这种思想的指导下，在“铁人”王进喜“有条件要上，没有条件创造条件也要上”的英雄气概鼓舞下，广大会战职工没有房子就自己动手搭草棚、挖地窝子；运输设备不够，就人拉肩扛运机器保证打井。到1960年底，黑龙江省粮食储备到了警戒线以下，加上供应渠道不畅，有些时候就要“五两保三餐”（即用五两粮食保证一日三餐）。即便这样，会战职工照样坚持工作，照样奋发大干，在较短时间内拿下了大油田。

（四）第一次技术座谈会

为了以科学的态度和方法进一步搞清油田地下情况，1960年4月9日至11日，余秋里和康世恩在安达铁路工人俱乐部，主持召开了大会战的第一次五级三结合会议。所谓五级，是指部、局、指挥部、大队、基层；三结合是指干部、技术人员、工人。参加会议的有部、局领导，专家教授，工程技术人员，基层干部和工人代表，共180余人。技术座谈会的内容，主要是讨论如何做好钻井、试油、试采工作，如何取好地质资料，如何搞清地下情况等问题。与会者认真总结了过去油田勘探和开发工作的经验教训。大家认识到，搞好油田勘

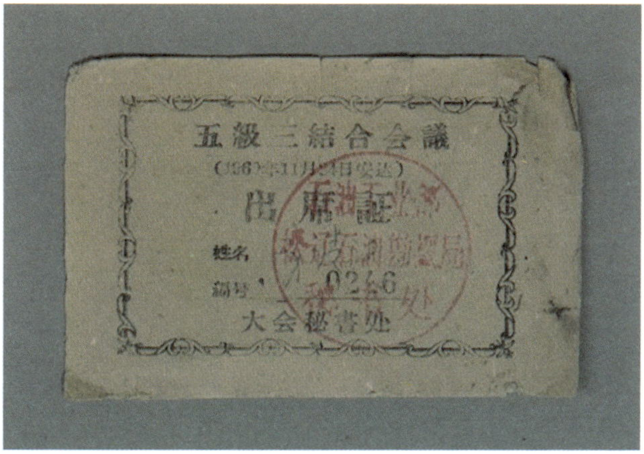

图5-4 1960年11月24日五级三结合会议出席证

探、开发，首要的是搞清油田的情况。而要搞清油田情况，必须从地下入手，掌握充分的地质资料。重视还是不重视第一性资料，是尊重或不尊重科学的分界线；工作有没有把握，首先取决于是不是认识了客观事物的本来面目，是不是掌握了客观事物的基本规律。经过石油工业部党组批准，形成了地质技术规范。党组要求，在勘探和开发过程中，必须取全取准20项资料、72个数据，做到一个不能少、一点不能错。会议还对录取资料确定了“四全四准”要求，即录井资料全、测井资料全、岩芯资料全、分析化验资料全；各种仪表校准，压力测准，油气量准，各种资料取准。从此以后，这个会议每年召开一次，一直延续至今（1967—1970年因“文化大革命”曾一度中断），并形成了制度。一般在年底或第二年初召开，以油田专业技术干部为主。同时，还有领导干部和部分基层干部或工人参加，主要研究本专业的技术政策、发展规划和科研重点等。座谈会还交流大量的技术工作经验和新的理论成果，对于推进油田技术进步起到了重要的助力作用。很多重大决策都是经技术座谈会后确定的。比如，1964年提出的“四定三稳迟见水”，1965年提出的“六分四清”，1975年提出的“高产五千万（吨），稳产上十年”，1980年提出的高含水期油田开发技术的“三个转变”等。近几年来，随着开发工作的深入，需要研讨的技术问题日趋复杂，每年的技术座谈会已经按石油勘探、油田开发、采油工艺、钻井、地面建设、机械加工等不同专业分别举行。其中最重要的勘探和开发专业座谈会，每年举行两次。

大庆石油会战第一次技术座谈会，在油田开发建设中具有重要意义。关于这次会议，余秋里曾经评价说，会议“明确了油田勘探、开发的对象和根本任务；明确了油田勘探、开发工作必须从取全取准第一性地质资料入手。这对于搞好会战期间及以后的油田勘探、开发工作具有重大的意义”[①]。

（五）进行技术民主决策

实行技术民主决策，通过多种形式开展全员参与技术研讨、技术决策和技术管理，调动各方面的积极性，共同研究解决技术难题，是大庆油田的优良传统，也是油田一直坚持的行之有效的管理方法之一。从会战初期的三结合技术座谈会到现在的各级各类专业技术座谈会，以及各级科技人员参加的技术交流会、论证会、分析会等，都是技术民主的好形式。实践证明，通过技术民主，可以进一步了解真实信息，理清研究思路，体现了科研与生产、地质与工程、领导干部与科技人员的互动结合，为科学和系统地决策提供了保证。比如，“八五”期间“稳油控水”开发方针的确定、“攻三难、过三关、一推进、保稳产”核心技术攻关方向的明确，“九五”期间“高水平、高效益，可持续发展”方针的确定、聚驱工业化推广应用核心技术攻关方向的明确，“十五”期间“持续有效发展，创建百年油田”方针的确定、“三元复合驱油”“两三结合优化部署”“外围三低油田有效开发”等核心技术攻关试验方向的明确等，都是在发扬技术民主、上下结合、反复论证、广泛征求意见的基础上作出的科学决策。这些决策汇聚了油田各级领导、专家、技术人员的集体智慧，在油田上下取得了广泛的共识，为科技兴油、技术强企奠定了重要基础。

（六）既出产品，又出人才

1960年初，在大庆石油会战即将打响的时刻，石油工业部机关党委经过认真研究认为，在当时国内经济十分困难、国际环境非常严峻的情况下，组织开展石油大会战，高速度、高水平地拿下大油田，这实质上打的是一个政治

① 余秋里：《余秋里回忆录》，人民出版社，2011，第584-585页。

图5-5 1959年10月，出席全国工交群英会石油系统先进经验交流会的王进喜（左二）和钻井队长孙德福（左一）、钻井队长孙玉亭（右三）、克拉玛依矿务局钻井处副处长张云清（右二）、克拉玛依三八钻井队钻井员卡一霞（右一）一起交流

仗、一个志气仗、一个科学技术仗。打好这“三个仗”的核心，是建设一支用马克思列宁主义、毛泽东思想武装起来的，富有革命理想、严格纪律、创业精神，并掌握了先进科学技术的会战队伍。有了这样一支过硬的岗位工人队伍、科技干部队伍、机关工作人员队伍和职工家属队伍，依靠他们的苦干、实干和巧干，才能夺取会战全胜，开发建设好大庆油田。基于这种认识，在会战初期，会战工委就明确提出了“出油，出人，出精神”的油田开发建设思想，把石油生产和队伍建设牢牢地捆在一起，其目的和任务就是：在大庆石油会战的实践中，建设一支又红又专，不为名、不为利，不怕苦、不怕死，一心为石油会战的革命化队伍；依靠这支队伍的崇高理想、革命志气、过硬本领、严格纪律，保证石油会战各项任务胜利完成。油田在出人才方面，主要坚持三个观点：一是实践第一的观点，坚持在实践中培养人才。二是又红又专的观点，也就是德才兼备的观点。评价一个人，既看有无革命理想、革命精神、革命觉悟，又看有无运用科学技术知识解决生产难题的本领，把人的全面发展作为企业的一贯追求。三是“加速企业的现代化必须从人的现代化抓起”的观点，认

为在油田生产的自然条件逐步恶化的情况下，保持长期高产稳产，主要靠技术进步，靠掌握现代科学技术的有理想、有道德、有文化、有纪律的石油职工队伍。60多年来，油田不但出了物质产品，给国家生产原油25亿吨，而且在勘探、开发、建设的具体实践中，锻炼和培养出一大批优秀人才，向全国各油田陆续输送干部、技术人员和岗位工人88200多人。

党的十一届三中全会后，大庆油田还适时提出了“发展的企业为人才的发展提供广阔的平台，发展的人才为企业的发展创造无限的空间”的人才理念，形成了“人才是企业可持续发展的不竭资源”的人才观。大庆石油人切实认识到，油田的地下油气资源总有枯竭的时候，而油田的人才资源则是无穷无尽的，面对开放的全球市场，拥有了人才也就拥有了无限的资源。当今时代，在企业赖以生存发展的自然资源、资本资源、人力资源、技术资源、信息资源、管理资源六大资源中，人才是企业的第一资源。只有牢牢抓住人才、技术、产品和市场这四个关键，特别是只有占领人才这一制高点，紧紧抓住人才这一关键要素，才能在激烈的市场竞争中立于不败之地。

四、大庆精神体现了阶级基础与力量源泉

形成大庆精神的主体是工人阶级，在建党一百多年的历程中，工人阶级始终是党最可依靠和信赖的力量，是“中国力量”的重要组成部分。

（一）全面落实依靠方针

以毛泽东同志为主要代表的中国共产党人把历史唯物主义的群众观点运用于领导工作，创造性地提出“一切为了群众，一切依靠群众”和“从群众中来，到群众中去”的党的群众路线。这是实现党的思想路线、政治路线、组织路线的根本工作路线，是党的优良传统和政治优势。

大庆石油会战60多年来，大庆油田继承和发扬了党的这一优良传统和政治优势，无论在什么时候、什么情况下，都始终坚持全心全意依靠工人阶级的

宗旨不变，坚持从群众中来到群众中去的原则不变，使在会战实践中产生的优良传统和工作作风不断得到丰富发展与逐步完善。从某种意义上说，“爱国、创业、求实、奉献”的大庆精神就是一切依靠群众、发动群众、团结群众，坚决贯彻执行党的路线方针政策的结晶。首先，大庆精神是坚持紧紧依靠职工群众的结果。一切依靠群众，必须相信群众，尊重和支持群众的革命首创精神。大庆油田开发建设是一场关系国计民生的大仗、硬仗，是党和国家利益的需要，也是广大会战职工的共同理想。所以，归根结底要使广大职工群众充分认识到自己的责任与使命、价值与取向，凝聚起来、团结一致，为拿下大油田而不懈奋斗。从这一指导思想出发，60多年来，油田在生产建设和各项工作中，一直把包括各级干部、工程技术人员、专业管理人员和岗位工人在内的广大职工群众作为企业的主体，各项工作都建立在广大职工群众高度思想觉悟和组织纪律性之上。在思想政治上，教育职工全面认清自己的主人翁地位和作用；在生产管理上，建立以岗位责任制为中心的一整套管理制度，使职工群众明确职责、自觉从严；在民主管理上，实行政治、生产技术、经济“三大民主”；在财务管理上，严格各级经济核算，靠广大职工当家理财；在工程质量上，坚持自检、互检和专职检查相结合，靠职工群众把好质量关；在生活管理上，了解群众疾苦，帮助他们解决实际困难；在领导机关作风上，坚持“三个面向”“五到现场”；在开展教育上，建立职工教育和学校教育两个体系，切实提高职工文化技术素质；在干部选拔上，注重从优秀的工人中选拔基层干部；在思想作风上，坚持培养职工队伍“三老四严”的

图5-6 1960年参加石油会战的工人从祖国四面八方来到大庆油田

优良作风。由于石油会战时期油田各级领导注重坚持党的群众路线这一优良传统，紧紧依靠职工群众办企业，终于在比较困难的条件下，打胜了大庆石油会战这场硬仗，为国民经济恢复和发展作出了重要贡献。其次，大庆精神是坚持“从群众中来，到群众中去”的结果。毛泽东说：“从群众中集中起来又到群众中坚持下去，以形成正确的领导意见，这是基本的领导方法”。这一领导方法，是马克思主义认识论在领导工人投身具体实践中的创造性运用。认识来源于实践，实践的主体是人民群众。只有千百万人民群众的革命实践，才是检验真理的尺度。所以，“从群众中来，到群众中去”的领导方法同“从实践中来，到实践中去”的认识过程是完全一致的。大庆精神是在会战领导者反复倡导和精心培养下，通过具体岗位、实际工作的磨炼与催生、萌芽与发展，逐渐在职工队伍中孕育形成的。它的产生过程充分体现了“从群众中来，到群众中去”和“从实践中来，到实践中去”这一马克思主义认识论。会战一开始，针对石油工业地下作业多、隐蔽工程多、间接获取资料多，以及大兵团、多工种、作业分散等实际情况，对各方面都提出了严格的要求。但由于油田开发初期生产和建设规模迅速扩大，管理工作一时跟不上去，矛盾越来越尖锐。1962年5月8日，中一注水站因管理不善，发生了一场火灾。会战工委立即抓住这起事故不放，发动群众围绕“一把火烧出的问题”展开大讨论。讨论中，北二注水站发动职工对照中一注水站事故，聚焦查找自己的问题，把全站每个岗位、每样东西、每件事情，由谁管、怎样管、负什么责任、怎么负责任等都落实到每个岗位和每一名职工身上，做到了事事有人管、人人有专责。会战工委及时总结和推广这个站的实践经验，在全油田建立了岗位责任制度，并狠抓全员落实、基层落实、岗位落实，有力地增强了广大职工的主人翁意识和组织纪律观念，确保了勘探开发等各项工作持续不断地向前发展。

人民群众是历史的创造者，是社会实践的主体。相信群众、依靠群众是历史唯物主义的基本观点，是我们党的优良传统和政治优势。油田在开发建设过程中，始终把坚持党的群众路线、全心全意依靠工人阶级办好社会主义企业作为一条根本指导思想，并在实践中培育和形成了相信群众、依靠群众、为了群众的许多好传统、好作风，持续激发广大职工群众爱党、爱国、爱企业的情怀，为会战出力、为石油大干、为油田负责一辈子的主人翁精神在油田蔚然成风。

（二）充分发扬“三大民主”

1961年，大庆油田通过学习解放军民主生活的经验，提出企业的一切工作必须走群众路线，没有充分的群众路线，就不可能办好企业。企业群众路线的主要内容就是放手发动群众，发扬政治、生产技术和经济“三大民主”。政治民主，就是要保证每个职工都有向一切歪风邪气、一切违反党和国家政策法令的现象作斗争的权利，保证每个职工有在任何会议上批评干部的权利。生产技术民主，就是广泛吸收职工群众参加生产管理，把群众管理与专业管理结合起来，制度管理和全员管理结合起来，广泛发动群众认真讨论解决重大生产技术问题的办法，制定、修改相关规章制度，为油田稳油上产、强化管理、科技进步等提出合理的意见和建议等。经济民主，就是组织群众参加企业经济管理、伙食管理和农副业收入管理，注重改善职工生活，并与一切浪费国家资财的现象作斗争。实行“三大民主”的主要做法是：① 健全基层单位日常民主生活会制度，如每旬一次班组会，每月一次职工大会等。② 定期召开各级职工代表大会，由主要领导向职工代表报告工作，代表们对干部及机关提出批评与建议，并讨论完成今后任务的工作措施。③ 下达生产任务，要向群众交底，发动群众献计献策。④ 在所有重要工作环节上，实行干部、技术人员和工人三结合。⑤ 一个时期重要任务的提出，重大生产技术问题的讨论，工作经验的总结等，都要召开各级技术座谈会，发扬民主，畅所欲言，各抒己见，提出建议，由领导作出决定。⑥ 每年冬季整训或年终总结时，用一个阶段发动群众，大学习、大讨论、大总结，以提高觉悟、理顺关系，解决职工中存在的思想问题。

“三大民主”是在大庆油田党组织的集中领导下开展的。为切实保证职工群众享有充分的民主权利，会战工委明确规定了职工群众在政治、生产技术和经济方面各项民主权利的具体内容。

政治民主的“五项权利”：① 有向一切违反党和国家路线、方针、政策的行为和歪风邪气作斗争的权利。② 有检查领导机关革命化、领导干部执行“约法三章”情况的权利。③ 有在任何会议上批评干部的权利。④ 有听取、讨论领导干部工作报告的权利。⑤ 有民主评选基层干部的权利。

生产技术民主的“五项职权”：① 有权拒绝执行离开生产岗位的命令。② 有权拒绝无合格证的人员操作设备。③ 有权拒绝操作超期运转的设备。④ 发现生产上有隐患，要立即报告上级，如上级既不指示，又不处理，发展到危险程度时，岗位工人有权自行停止操作。⑤ 在没有操作规程、质量标准、安全措施的情况下，有权拒绝生产。

生产技术民主的“五不施工”：① 任务不清、施工图纸不清不施工。② 质量、规格、标准和技术措施不清不施工。③ 施工必需的材料没有准备好不施工。④ 施工设备不完好不施工。⑤ 上道工序质量不合格，下道工序不施工。

经济民主的“四项权利”：① 有向一切铺张浪费现象作斗争的权利。② 有参加企业经济核算的权利。③ 有参加食堂管理和检查食堂账目的权利。④ 有参加农副业生产分配的权利。

通过充分发扬政治民主、生产技术民主和经济民主，调动了油田全体职工群众的积极性、主动性与创造性，使各项工作不断创出新水平、创出高效益。

（三）保障四项基本权益

职工群众是企业的主体，是企业不断发展壮大的主力军。60多年来，大庆油田始终坚持全心全意依靠工人阶级办企业的方针不动摇，尊重职工群众的主人翁地位，通过不断激发广大职工群众的积极性、主动性和创造性，在为油田创造巨大物质财富的同时，也培育了一支铁人式的职工队伍，促进了职工群众的全面发展和进步。多年来，大庆油田先后被评为全国厂务公开民主管理先进单位和全国和谐劳动关系企业，2006年被中国企业联合会和中国企业家协会评为和谐劳动关系优秀企业，2007年获得中国工业大奖。

全心全意依靠职工群众，基本前提是让职工群众在参政议政中享有充分的政治权益。会战初期，油田实行“干部参加劳动、工人参加管理”，开展“群众性的地下分析”“群众性的岗位责任制大检查”等活动，并年年召开五级三结合会议，发动职工群众议大事、想大事、干大事，依靠广大职工群众的智慧和力量谋划油田发展。60多年来，油田各级组织始终把维护职工群众的政治权益，促进参政议政，强化民主管理，畅通参与渠道，不断扩大知情权、参与权，当作一项重要工作目标和企业发展的依靠来抓。坚持职工代表大会制度

——实现政治权益的主渠道。自1980年以来，油田每年都召开职代会，对企业改革发展稳定中的重大问题和关系职工群众切身利益的事项，广泛征求职工群众的意见和建议，并严格规范决策程序，形成了应经过专业技术机构论证而没有进行论证的不决策、应进行可行性分析而没有分析报告的不决策、应经过班子成员集体讨论而没有讨论的不决策的“三不决策”机制，确保了企业决策的民主性、科学性和针对性。油田在坚持把职代会作为民主管理主渠道的基础上，大胆尝试、努力创新，不断丰富和充实实践形式，通过在企业网、《大庆油田报》等新闻媒体上开辟民主管理信箱、“职工心里话”等专栏，开展了民主联系人、民主恳谈会等日常民主管理活动，有效拓宽了职工民主管理渠道，提高了企业民主管理的多样性、灵活性、经常性和实效性。

全心全意依靠职工群众，关键环节是让职工群众在推进企业发展中享有充分的经济权益。多年来，油田本着要让职工群众合理的利益诉求得到基本满足、生产生活环境得到有效改善、后顾之忧得到基本解决的“三个基本”的原则，着力解决好职工群众最关心、最直接、最现实的问题。这既是落实油田党组织的指示精神的必然要求，也是确保原油稳产、维护队伍稳定、创建百年油田的内在需要。近些年，油田各级党组织坚持激励在职职工，体贴下岗同志，照顾离退休人员，关心退养家属，帮扶特困家庭，搞好矿区建设，把企业改革发展的成果惠及方方面面，得到了职工群众的普遍拥护和欢迎。全力让在职职工享有充分的经济权益。坚持在企业经济效益增长的同时，不断提高收入和待遇水平，2000年以来职工人均年收入增长达12%以上。同时还实行了带薪休假、健康体检、疗养保健等制度，为广大职工群众创造了良好的生产生活条件。油田还通过市场化用工、聘用临时合同工和外输用工等方式，使一大批待业子女有岗可上、有事可做、有业可就；认真落实离退休人员政治和生活两项待遇，补充了医疗保险，新建和改造了一批活动场所，开办老年大学，开展丰富的文化体育活动，使离退休老同志老有所养、老有所学、老有所为、老有所乐；实施“安居工程”，在四川成都、江苏太仓、山东乳山等地建设经济适用房，为员工群众特别是离退休人员创造了更加舒适的居住环境；实施“送温暖工程”，建立了《送温暖工程基金管理办法》和职工互助储金制度，开辟特困职工医疗“绿色通道”，开展金秋助学和青年志愿者活动，开展重大节日走访慰问活动，提高各群体节日慰问标准，帮助特困家庭和特困人员解决了大量生活中的实际困难，坚持“三做到、五必访”，即“做到进家门、知家事、解家难，重大节日必访、生病住院必访、婚丧嫁娶必访、有困难必访、有思想问题必访”，使他们切实感受到党组织的关怀和温暖。实施“民心工程”和“群众满意工程”，建广场、搞绿化、修道路、平改坡、重民生，使职工群众生活环境更加优美舒适。同时，近些年企业每年都投入大量资金，支持物业、医疗、公交、民用燃气等业务的发展，不断提升职工群众的生活质量。通过以上这些实实在在的举措，促进了区域社会和谐。

此外，在职工群众共享企业改革发展经济成果的同时，油田还着力加强安全文明型、资源节约型、环境友好型企业建设，进一步为职工群众创造和谐生产生活环境。在强化安全管理上，始终把安全工作当作第一责任，当作最大的政治，当作科学发展、协调发展、高质量发展的重要任务来抓。油田企业经营业务都属于高危行业，安全工作的点项多、压力大、责任重，不能有任何疏忽闪失。多年来，各级组织通过深入贯彻《中华人民共和国安全生产法》《中华人民共和国环境保护法》等一系列法律法规，牢固树立“安全第一、环保优先、以人为本”的理念，落实安全生产责任制，建立健全各项规章制度，加强安全技能培训，深入治理安全隐患，大力推行HSE体系建设，杜绝了各类重特大事故发生，确保了企业安全平稳运行。在加强环境保护方面，先后完成了城市污水处理、医疗污水改造、污染源达标治理等一系列污染治理工程，广泛开展了“绿色作业示范”和创建“绿色单位”活动，保护生态环境，搞好生态湖建设、退耕还林等工作，实现了安全发展、节约发展、清洁发展、文明发展。

全心全意依靠职工群众，根本保障是让职工群众在自我价值实现中享有充分的发展权益。油田在60多年的开发建设实践中，始终注重把实现职工群众的自我价值，把在企业发展的基础上实现个人的进步与发展，当作关心爱护和依靠职工群众的根本。在会战初期，油田干部职工以“宁肯少活二十年，拼命也要拿下大油田”作为价值取向，自力更生、艰苦创业，通过采取大竞赛、大比武、技术表演、生产运动会等形式，有力地提高了队伍的技术素质和实践能力，并培养了过硬的工作作风。充分享有发展权益就是要提升自身素质。在油田持续成长壮大过程中，油田党委始终注重围绕提升职工的素质能力，坚持做到群众性的地下分析活动坚持不断，群众性的岗位练兵活动坚持不断，群众性的技术座谈会坚持不断，搭建职工群众施展才能和抱负的舞台，在油田发展的不同时期，面临不同的形势和任务，广大职工群众都得到了相应的锻炼，实现与企业共同成长、共同进步。充分享有发展权益就是要搭建广阔平台。进入新的历史时期，油田各级党组织围绕实现职工群众的自我价值，促使其不断成长进步，进行了不懈地探索实践，取得了良好效果。在经营管理人才队伍建设上，重点完善了以业绩为中心的人才选用及评价机制。建立并形成了管理人员竞聘上岗、能上能下的机制，为干部成长创造了公开、公平、公正的良好环境。在专业技术人才队伍建设上，确立了高级技术专家、技术专家、技术拔尖人才、技术骨干四个层次培养建设目标，完善了专业技术岗位等级体系，为专业技术人员提供了一个独立的职务升迁体系和发展平台。在技能操作人才队伍建设上，树立了“岗岗可以成才，行行可以建功”的鲜明导向，完善了技师、高级技师评聘办法，拓宽生产操作人员职称评聘渠道，为生产操作人员成长进步创造了有利的政策条件和成长环境。

（四）全面关心职工生活

在石油会战刚刚开始之际，会战工委就注重把解决思想问题与解决实际问题结合起来，把耐心教育与热情服务结合起来，提出了“一手抓生产，一手抓生活”的基本原则，既关心生产和工作条件，又关注广大职工的衣食住行、生老病死；既关心职工，又关注家属子女；既关心在岗位工作的职工的生活，又关注离退休和下岗职工的生活；既关心职工的物质生活，又关注职工的精神生活；既关心弱势群体，又关注低收入家庭，大力推进矿区环境建设，着力改善生产生活条件，让企业发展成果充分惠及各方。在会战过程中，虽然广大职工工作很紧张，劳动强度也很大，但是，职工的精力一直很充沛，情绪始终很饱满。这除了体现广大职工具有高度的政治觉悟外，也体现石油会战中领导始终注重全面地关心职工生活、解决后顾之忧所产生的良好效果。在整个石油会战中，各级领导对职工的吃、穿、住、用、休息、看病、文化生活以及职工家属的生活都要关心，都要管好，这主要表现在：组织职工大搞农副业生产，集体开荒种地；加强食堂和集体宿舍管理；把职工家属组织起来，走生产自给的道路。比如，1960年10月，油田专门成立蔬菜指挥部，负责职工冬菜的储运。1961年开始组织职工开荒种地，搞农副业生产。1960年9月，石油工业部和会战指挥部提出各级党委要抓好职工生活规划，做到“人进屋，菜进窖，粮进仓，设备进库，牲畜进圈”。

工人日报

WORKERS' DAILY

2022年4月5日 星期二

壬寅年三月初五 第21065期 今日八版

抚今追昔，于党史

——清明节中国共产

大庆油田全心全意依靠职工推动高质量发展——

建设百年油田的新时代答卷

图5-7 《工人日报》刊登文章《建设百年油田的新时代答卷》

60多年来，油田还不断加大矿区建设力度，努力做到高标准规划、高质量建设、高效率推进、高水平管理，持续改善职工的生产生活条件。相继启动了安居工程、民生工程，职工群众的生产生活条件得到持续改善，不断巩固了和谐稳定的大局。

第六章 06

大庆精神的历史作用

大庆精神的历史作用主要分为四个方面，具体为导向作用、凝聚作用、激励作用和规范作用。

一、大庆精神具有导向作用

大庆精神，作为一种具有鲜明的地域和行业特色的先进群体意识和价值诉求，对于油田的发展起到了巨大的推动作用。

大庆精神成为指导油田职工群众行为和是非评判的准则，具有导向作用，指导和规范职工群众目标同向、步调一致地去完成组织下达的各项任务。大庆精神、“两论”起家基本功、“三老四严”等优良传统和作风，一方面，使企业能够始终保持正确的发展方向；另一方面，使广大职工群众明确应该坚持什么、提倡什么，批评什么、反对什么，坚持树立正确的世界观、人生观和价值观，把个人的理想和奋斗目标统一到油田发展建设上来，朝着一个共同的方向前进，并把自身人生价值的实现融入油田的整体奋斗目标之中。60多年来，在大庆精神的引导下，大庆石油人胸怀全局，自觉加压，提出并实现了一个又一个新的奋斗目标，使大庆油田开发建设不断迈上新的台阶，生产力水平不断提高。

（一）积极发展生产力

在石油会战中，广大石油人对生产力有了全新的认识。他们始终认为，在党的领导和指引下，必须不断地解放思想。思想必须反复地解放，不是一次就能全部解决问题。只有在不断解放思想过程中，才能不断激发创造，不断解放和发展生产力。

当年，刘少奇同志在听取石油工业部工作汇报时指出：“速度的提高，是为了生产能力充分发挥。能力是原来就有的，只是没有解放出来。过去有些思想原因，束缚了生产力，去年劲一鼓，人们的思想提高了，打破了一些不合理的规章制度，生产力得到解放。生产力不是天上掉下来的，而是原来就有的。打井无非是三件事，人、机器、石头（指地层）三者的关系。机器、石头是客观存在。规章制度等这些上层建筑物，有时会束缚生产力的，搞得不好就会损害了基础。你们部长们有时发一顿脾气，人就会不高兴了，生产能力就会下降；鼓励一下，和他们一起吃饭，共同劳动几天，生产能力就上来了。生产力是解放不完的。你们的生产力也没有解放完吧！”[①]刘少奇同志的这段话，使会战职工懂得了：

第一，生产力是不断发展的，因此人们的思想必须不断地解放。而由于思想的反复解放，就可以推动规章制度改革和科学技术发展，就可以不断地解放生产力。

第二，人的思想只能解放生产力，而不能代替生产力。一切工作，只有在充分认识客观实际生产能力的基础上鼓足干劲才能办到。如果脱离实际情况，不加以客观分析，就是盲目干，这是必然要失败的。

第三，持保守思想的人，并不懂得什么是客观的实际生产能力，也不懂得怎样解放生产能力，所以才陷于保守的境地。“采油厂的某些同志，就是没有客观地分析油田的实际生产能力，而是把油井一时的表面现象罗列在一起，既未进行全面的科学分析，也没有鼓足干劲。”[②]从此以后，全面保护生产力，积极发展生产力，调动激发生产力，成为油田上下的广泛共识，为推进油田各个时期的高产稳产、快速发展发挥了重要作用。

（二）始终明确大方向

明确方向就是坚持进行奋斗目标教育，激励广大职工群众不断攀登新高峰。从一定意义上讲，奋斗目标就是企业发展前进的方向和动力。60多年来，大庆油田始终根据国家对石油工业、对确保国家能源安全的要求，从油田实际出发，在各个时期都提出了自己的奋斗目标，教育和激励职工群众始终明确大方向，始终明确奋斗目标，不断为国家作出新的贡献。石油会战初期，提出了“高速度、高水平地拿下大油田”。1975年，提出“高产五千（万吨），稳产十年”的奋斗目标。1982年，提出“解放思想，再找一个大庆油田，使原油产量逐年增长”的奋斗目标。1987年，根据党的十三大确定的经济发展

---

① 本书编写组编《首任石油部长李聚奎》，石油工业出版社，2015，第20页。

② 康世恩：《康世恩论中国石油工业》，石油工业出版社，1995，第69页。

图6-1　1960年“铁人”王进喜率领1205钻井队，仅用5天零4小时就钻完大庆油田第一口生产井

战略，又制定了“解放思想，加快和深化改革，加强勘探，再找一个大庆油田，原油五千万吨稳产再十年，并努力延长稳产期，加快发展替代产业，为夺取两个文明建设的新胜利作出新贡献”的奋斗目标。进入二次创业新的历史时期，根据国家的战略部署又分别提出了《1234指导方针》《1678总体工作部署》《大庆油田4000万吨稳产规划》《大庆油田振兴发展纲要》《新时代大庆油田当好标杆旗帜建设百年油田发展规划》等规划目标、发展愿景。为了使这些规划目标、发展愿景深入人心，各级党组织广泛发动群众，大讲石油工业在国民经济中的重要地位和突出作用，使广大职工更加认清自己肩负的历史重任；大讲实现奋斗目标的有利条件和不利因素，使广大职工更加强化克服困难、实现目标的信心和勇气；大讲做好本职工作同实现本单位目标和油田奋斗目标之间的关系，使广大职工更加自觉地把做好本职工作同实现油田奋斗目标结合起来；大讲为实现奋斗目标忘我劳动、无私奉献的先进事迹，树立学习榜样，激励广大职工更加埋头苦干、多作贡献。通过大张旗鼓的宣传，使油田上下都知道实现上述目标，是建设社会主义现代化强国，实现中华民族伟大复兴中国梦在油田的具体体现，是油田“当好标杆旗帜，建设百年油田”的根本方向，也是全体职工群众的根本利益所在。通过目标教育，激发了广大职工群众的责任

感、使命感。围绕这个目标愿景，层层制订工作计划，把责任落实到每一个基层单位，落实到每名职工、每一个岗位，共同为之努力奋斗。

（三）国家利益最根本

大庆精神之所以历久弥新、生机勃勃，其核心与本质是大庆精神表现为新中国成立以后，中国工人阶级当家作主的自豪感、荣誉感、责任感和紧迫感，是发自心底的主人翁意识的觉醒。广大会战职工充分认识到自己的责任和使命，认识到国家需要，认识到自己的准确定位，从而把个人利益与集体利益和国家利益紧密地联系在一起，切实把国家的困难当作自己的困难，把民族的振兴当作自己的职责，把建设社会主义现代化强国作为自己的事业。这种把自己与国家、民族、时代联系在一起的主人翁责任感，使大庆精神在社会主义建设事业的进程中不断与时俱进、不断充实完善、不断引领发展，闪耀着中国特色社会主义的时代光辉。

自从开展石油会战至今，60多年来，广大石油人一直把党和国家的利益放在第一位，把国民经济的需要作为自己的奋斗目标，始终保持着创业时期那股为国争光、为国分忧的劲头，以忘我的劳动和艰苦细致的工作，把爱国主义精神和献身精神体现到各项工作中去，为国家创造了巨大的物质财富。“铁人”王进喜曾经激情满怀地说，“宁肯少活二十年，拼命也要拿下大油田”“社会主义是干出来的，不干半点马列主义都没有”，这些发自心底的豪迈誓言，也是那一时期广大石油人家国情怀的真实写照。

一切为了油，一切为了国家。不管条件多么艰苦，无论环境多么恶劣，哪里有油就奔向哪里，国家什么时候需要就什么时候冲上去。在当年会战时期，广大石油人就是一群不穿军装的解放军战士，在石油工业领域冲锋陷阵、抢产夺油、争作贡献。在长垣主力油田成功开发后，油田又陆续开发了采油八、九、十厂三个新油田。新油田开发建设需要人，大家争着报名，很快就有9800多名老职工和职工子弟离开老区，到条件艰苦的新区参加会战。青年女工张莲在采油一厂当采油工时所管的4口油井，有3口在儿童公园里，还有1口是参观井，工作环境令人羡慕。可她还是耐心说服了父母，主动要求到新区参加会战，又动员爱人和弟弟一起来到新区参加会战，被誉为“不恋老区花园井，志在新区创新业”的好青年。采油八厂在组建初期，几百人的队伍住的是四面透风的露营房，喝的是又黄又涩的土井水，没有食堂就露天就餐，赶上风雨雪天，车辆出不去，不仅工人们一两个星期回不了家，就连粮食、蔬菜也运不进来。在生产、生活十分艰苦的情况下，职工们发扬优良传统，始终坚守生产岗位，保证了新区开发建设的顺利进行。

1989年，36名平均年龄不足30岁的大庆石油人来到巴基斯坦某电站工地，他们将承建这里的3座2.7万立方米的储油大罐。其中的2号罐，外方要求3月1日动工、9月1日交工，并规定：工期提前1天，奖励2.5万卢比；延期1天，罚款5.7万卢比。但是，由于巴方提供的施工材料迟迟不到，直到5月才开始动工，整整延误了2个月的时间。工期要不要延期？要不要讲客观条件？大庆人的回答是：“我们一诺千金，一定按原定期限交工！”于是，一场与时间赛跑，与困苦拼搏，与同行的比拼开始了。巴基斯坦的夏季，地表温度高达68 ℃，太阳毒得几乎能点燃空气。然而，为了祖国的荣誉，这36名大庆石油人“宁流血不流泪”。大庆“老石油”的儿子王志友，这个只有26岁的青年因为阑尾炎发作，不得不住进医院治疗。但是做完手术后仅仅几天，他就悄悄回到工地。他负责切割钢板，每块钢板都需要用撬杠掀。一次，他在掀钢板时由于用力过猛，一下子撕裂了刚刚缝合的刀口，鲜血顺着腹部直往下流。队友们让他回医院，他说什么也不肯回去，贴上一块大胶布，又继续大干。年仅20

图6-2　20世纪90年代大庆油田队伍在国外施工

岁的女焊工阎桂花，脚被焊花烫伤后，她用绷带缠着已经化脓的脚，照样天天爬平台。在整个施工过程中，她共焊接焊道400延长米，合格率达到100%。在施工最繁忙时期，巴方又通知，由于种种原因无法提供叉车设备，大庆石油人就自己动手，用大绳、撬棍以及场地上可以利用的设施，靠人拉肩扛，把100多块重达1吨的钢板从100米远处拖进现场。80天后，一座2.7万立方米的大罐在中国石油人的手中宣告完成，并且一次进油投产。而由日本人施工的同样一座大罐，在中方之前开工，却在中方项目竣工1个月之后完工。大庆石油人为国家、为油田争得了荣誉。

60多年来，广大石油工人始终坚持国家至上，始终保持为油献身的光荣传统，毫无怨言地为油田开发建设、为石油事业奉献自己的一切。在油田当了一辈子钻井工，当了一辈子采油工，当了一辈子修理工，修了一辈子井，开了一辈子车，做了一辈子饭的“老石油”比比皆是。

二、大庆精神具有凝聚作用

大庆精神具有凝聚作用，激发了职工群众众志成城的群体意识，使职工群众的思想、感情、行为与企业的整体目标紧紧联系在一起，发挥了巨大的能动作用和整体效应。60多年来，大庆精神就是强力黏合剂，始终把广大干部群众的思想和行为凝聚在同一目标和同一方向；形成了良好的协作意识、团队意识，深厚了彼此感情，密切了人际关系，使来自四面八方的会战队伍很快就形成一个强有力的整体，队伍的战斗力得到了充分的发挥。1960年，油田第一次政工会议，直接把当时职工群众的精神面貌概括为“三要十不”，这也充分地说明了大庆精神对广大职工群众的凝聚作用。

（一）天南海北来会战

1959年9月，松基三井喷出工业油流，经过扩大勘探，在其南部基本探明了葡萄花油田的含油面积，为开展石油会战创造了有利条件。1960年1月，石油工业部党组召开扩大会议，经过反复研究和讨论，准备采取集中优势兵力打歼灭战的方法，组织石油大会战，以进一步加快大庆油田勘探和开发，并于同年2月13日向中共中央上报了《关于东北松辽地区石油勘探情况和今后工作部署问题的报告》。1960年2月20日，经中共中央批准，大庆石油会战由此正式开始。1960年2月21日，石油工业部在黑龙江省哈尔滨市召开了大庆石油会战第一次筹备会议。会上，确定全国石油系统37个局、厂矿、院校，由其主要领导干部带队，组织精兵强将，并自带设备到大庆参加石油会战。石油会战期间的组织领导工作，由石油工业部部长余秋里到第一线主持，并组成松辽石油会战领导小组，由康世恩、唐克、吴星峰等13人组成，康世恩任组长。

图6-3　1960年大庆石油会战所需的各类物资，源源不断运抵大庆

石油会战以石油工业部、地质部为主，农垦、机械、冶金、电力、建工、铁道、林业、商业等部门提供支援。在第一次筹备会议期间，党中央又作出决定，动员从沈阳、南京、济南军区的退伍战士、转业军官参加这场大会战，以解决人力不足的问题。其中，沈阳军区15000人、南京军区10000人、济南军区5000人。紧接着，国家经委作出决定，动员全国支援大会战。黑龙江省委也作出决定，动员全省人民做好大会战的后勤保障工作。

筹备会结束后，参加石油会战的各路队伍于3月和4月相继抵达大庆地区，包括玉门和新疆两个石油管理局局长，新疆、青海两个石油管理局的总工程师；各科研部门、石油院校的工程师、地质师、大学教授等各类技术干部

1000多人；从各石油厂矿抽调的技术工人1万余人，其中有钻井标杆队20个。当年退伍的3万名解放军战士和3000名转业军官，也分别从沈阳军区、南京军区和济南军区来到大庆参加石油会战。国务院各部门和黑龙江省支援石油会战的干部和工人，也陆续到达大庆地区。4月上旬，石油工业部机关党委、各司局领导干部和松辽石油勘探局（以下简称松辽局）相继搬迁到黑龙江省安达县，组成了石油会战指挥机关。此时，参加石油会战的人员已达4万多人。同时，从全国各地运抵大庆的各种器材、设备已有几十万吨。从国家作出正式批复到聚集70多个钻井队、4万余人的会战队伍，在不到两个月内各项准备工作基本就绪。从此，松辽盆地从南到北，在纵贯四个县的广大区域上，摆开了石油大会战的战场。

为了尽快开展各项工作，石油会战领导小组进行了总布局，当时的分工是：把大庆长垣划分为三个探区。一探区负责大庆长垣南部（葡萄花、高台子、太平屯、敖包塔等构造），队伍是原松辽局的职工。二探区负责杏树岗构造，队伍是四川石油管理局和青海石油管理局职工。三探区负责萨尔图和喇嘛甸构造，队伍是新疆石油管理局和玉门石油管理局的职工。1960年4月29日，大庆石油会战指挥部召开了万人誓师大会，会上发布了第一战役战斗令，拉开了气吞山河的石油大会战序幕。

（二）“三要十不”不一般

1960年5月27日，油田会战工委召开的第一次政治工作会议，概括了广大职工群众的崇高理想和革命精神，第一次提出“三要十不”，并写进了《大庆石油会战情况的报告》中。“三要”：一要甩掉中国“贫油”的帽子；二要高速度、高水平拿下大油田；三要在会战中勇夺世界冠军，争取集体荣誉。“十不”：第一，不讲条件。有条件上，没有条件也创造条件上。第二，不讲时间。特别是工作紧张时，大家要不分白天黑夜地干。第三，不讲报酬。会战是为革命，而不是为个人物质报酬而劳动。第四，不分级别。有工作大家一起干。第五，不分职务高低。不管是局长还是队长，都一齐来、一同干。第六，不分你我，互相支援，互相帮助。第七，不分南北东西，就是不分玉门来的，四川来的，还是新疆来的，为了会战，大家一齐上。第八，不管有无命令，只要是该干的活就抢着干。第九，不分部门，大家同心协力干。第十，不分男女老少，能干就干，什么需要就干什么。就像打仗一样，到了时候，卫生队、担架队、伙夫都要上。“三要十不”是广大石油人面对形势任务、面对重重困难所表现出的精神状态，所喊出的豪言壮语。它反映了石油人藐视困难、无所畏惧、敢于斗争、敢于胜利、敢夺世界冠军的大无畏气概和革命英雄主义精神；它反映了广大石油人把国家和人民的利益放在第一位，不讲条件、不论时间、不计报酬的共产主义道德风尚和高贵的思想品质。

“三要十不”精神鼓舞着广大职工群众刻苦钻研、奋力攻关、科研兴油。勘探开发研究院时任副总地质师王启民多年来一直坚持在现场搞试验，探索油田开发工艺技术。在艰苦的环境下，他患了严重的类风湿关节炎和脊椎炎，有时痛得直不起腰来，但他以惊人的毅力战胜疾病，硬是十年没有离开试验现场。在这十年间，他与技术员和工人们共分析、研究了1000多万个数据资料，摸索出一整套“细层开采、分层调整、接替稳产”的开发措施和方法，为实现第一个年产原油5000万吨稳产十年目标提供了科学依据。采油工艺研究所潘时景结合工作实际，努力钻研油田地质、采油工艺、油田物理等有关业务知识，猛攻薄油层采油技术难关，在研制成功深井压裂管柱和二次密封喷砂器的基础上，又经过反复试验攻关，取得了限流法压裂的成功。这项技术在691口井使用后，5年间增加原油产量379.5万吨，获得国家发明奖一等奖。

（三）始终具有感召力

石油会战以来，不管政治风云如何变幻、外部环境怎样变化，油田广大职工群众始终认准了一条，就是任何时候都要搞好原油生产、确保原油稳产，为国家多作贡献。会战时困难那么多，条件那样苦，可广大会战职工认为“这困难，那困难，国家缺油才是最大的困难”，以“宁肯少活二十年，拼命也要拿下大油田”的雄心壮志把中国“贫油”的帽子甩进了太平洋。“文化大革命”期间，油田广大职工群众排除干扰，理直气壮地坚持油田生产，坚持推进发展，开发建设了喇嘛甸油田，并于1975年使原油产量上升到了5000万吨，有力地支援了国家经济建设。改革开放以来，油田进入了高含水期，稳产难度越来越大，但是油田广大职工群众却以“宁肯把心血熬干，也要让油田稳产再高产”的拼搏精神，攻克一道道科技难关，战胜重重困难，使年产5000万吨以上一直持续稳产27年。在新的历史时期，油田广大职工群众以确保国家石油战略安全为己任，奉献能源，创造和谐，发挥科技第一生产力的作用，大打科技进攻仗，大打上产夺油仗，使原油年产量4000万吨持续稳产12年，创造了世界同类油田开发史上的奇迹。在大庆油田广大职工群众的心目中，确保原油持续稳产，不断为党为国家作出高水平贡献，始终是高于一切、大于一切的，始终是奋进的方向，不可动摇的。这种感召力已经深深地融入广大职工群众的血脉，并已经升华为一种坚定的理想信念和行为准则。

三、大庆精神具有激励作用

大庆精神把广大职工群众心里企盼但又有些模糊、诠释不清的思想、意愿、诉求等明确地表达出来，作为全体石油人共同的奋斗目标。这就为广大职工群众勾勒出了一个既辉煌灿烂又具体可感的前景，从而唤起人们为实现共同目标而努力奋斗的持久热情。它鼓舞了职工群众的士气，无论什么时候、什么情况下都能够保持旺盛的战斗力。当年会战职工的“三股气”就说明了职工群众的昂扬精神状态，人们以苦为乐、以苦为荣，表现出高尚的思想品格和无私奉献精神。特别是“铁人”王进喜的“宁肯少活二十年，拼命也要拿下大油田”“石油工人一声吼，地球也要抖三抖”等豪言壮语，掷地有声、催人奋进，令人心潮澎湃，激励了一代又一代职工群众扎根一线、艰苦奋斗。勘探系统职工面对长

图6-4　1960年“铁人”王进喜在工作

年野外工作的艰苦环境，喊出了“我们不吃苦，石油怎么能找到”。钻井工人豪迈地发出了“我们的理想在大地与蓝天之间”“让理想在钻台上闪光”的铮铮誓言。

（一）不枯竭的创造力

2000年，站在世纪的交汇点，着眼可持续发展，油田制定并实施“持续有效发展，创建百年油田”的发展战略，努力把大庆油田建设成为高科技、综合性、现代化，具有国际竞争力的一流企业和具有强劲竞争力、成长力、生命力的百年企业。在这个战略目标的指引和激励下，科技自主创新被摆上了重要位置，进一步激发了全油田的创造力。

一是研发多找油的技术，提高资源探明率。面对油田资源紧张的局面，大胆创新勘探思路、地质理论、勘探技术，大打勘探进攻仗，发展并形成断陷盆地断块群油气藏勘探地质理论，完善了盆地评价、圈闭评价、油气藏描述评价等三项现代勘探评价方法，发展了二维和三维高分辨地震勘探技术、近平衡和欠平衡钻井技术、复杂地层测井油气水层识别技术、气相色谱录井油气水层识别技术、储层压裂改造技术、试油技术等6项勘探配套技术。通过这些新技术，积极寻求油气勘探新领域、新目标和新突破，稳定增加储量后备区，持续扩大探明储量，到2004年已形成4个亿吨级储量后备区、4个3000万~5000万吨级储量后备区和5个甩开勘探区。2005年，又有葡萄花油层首次整装提交预测储量1亿吨，海拉尔盆地提交继续扩大探明储量1亿吨。

二是研发多采油的技术，提高油田采收率。立足于提高水驱采收率，通过在老区开展三类薄差油层井网加密及提高采收率试验等，提高采收率1~10个百分点；立足于提高外围难采储量动用率，开展裂缝不发育特低渗透扶杨油层有效开发试验等，使外围难采储量的动用率达到90%以上，外围油田年产量连续6年保持在400万吨以上；立足于提高聚驱及聚驱后采收率，开展三次采油试验，使油田采收率提高到60%以上。目前，油田主力油层采收率已突破50%，比国内外同类油田高出10~15个百分点。

三是研发多找天然气的技术，提高天然气转化率。在油田找气田，是几代大庆石油人的梦想。近几年，油田不断加大对天然气勘探开发研究力度，形成了室内勘探目标识别、钻井过程中减少气层污染、试气工艺措施等配套技术，对松辽盆地北部的深层天然气勘探取得重大突破。

图6–5　2002年6月19日，大庆油田徐深一井“一气冲天”

四是依靠核心优势技术，提高市场核心竞争力。当今世界，科技制胜已成为国际竞争的主流。一个企业的科技创新能力和核心技术水平，直接决定其市场竞争能力。目前，大庆油田工程技术服务已进入国际市场，聚合物驱油技术在哈萨克斯坦肯吉亚克岩上油田的试验取得了成功。试验区综合含水率下降54.7%，日产油112吨，较试验前的13.1吨增加了98.9吨，提高采收率10%以上，为滨里海地区类似油田经济有效开发提供了有力的技术支持。印尼国家石油公司考察团两次来到大庆油田调研，对油田三次采油技术给予充分肯定，并决定合作开展印尼TAP油田聚驱可行性研究项目。

大庆油田是中国石油天然气股份有限公司第一专利大户，被评为全国专利工作先进单位。2003年，“桥式偏心分层开采及挖潜配套技术研究”获国家技术发明奖二等奖；2004年，“阵列式阻抗产液剖面测井技术研究及应用”获国家科技进步奖二等奖；2005年，“泡沫复合驱油技术”获国家技术发明奖二等奖，“螺杆泵采油配套技术”获国家科技进步奖二等奖。雄厚的技术实力，为油田的高质量发展奠定了坚实基础。

（二）自带的“三股气”

1964年，在中发1964［78］号文件所批转的《石油工业部关于大庆石油会战情况的报告》中，专门讲到了“三股气”：对于一个国家来讲，就要有民气；对于一个队伍来讲，就要有士气；对于一个人来讲，就要有志气。这句话来自油田会战实践，也是发自广大石油人的心声。

图6-6　1959年，“铁人”王进喜在第一次全国群英会上发言

民气，主要指民族自尊心和自强心。一个国家有了民气，就能傲视和排除各种困难，不屈服于来自各方面的压力，自力更生、奋发图强，挺立于世界民族之林。士气，主要指群体的斗志和信念。一个队伍有了士气，就能在极其险恶的条件下完成艰巨任务，成为拖不烂、打不垮的坚强集体。志气，主要指一个人的理想、意志和奋斗精神。一个人有了志气，就能爆发出极大的主动性、创造性，为国为民作出应有的贡献。当年，“铁人”王进喜刚来到油田参加石油大会战时，就斩钉截铁地说：“我是带着一股气来的。”“铁人”所说的“气”，就是作为一个中国人，一个要把“贫油”的帽子彻底甩掉的中国石油人，所应具有的那种民气、士气和志气。有了这“三股气”，就能始终保持饱满的工作热情，始终保持高涨的积极性、自觉的主动性、机敏的创造性，就凝

聚了艰苦创业的巨大力量，就会表现出惊人的创造力，取得卓越的成就。在随后展开的石油会战中，广大石油工人正是依靠这“三股气”，三年便拿下了大油田，创造了彪炳史册的奇迹。1965年2月，毛泽东主席在听取石油工业发展情况汇报时指出：“看来发展石油工业，还得革命加拼命。”油田广大职工在开发建设中，遵照毛泽东主席的这一指示，发扬革命加拼命精神，为发展我国的石油工业作出了重大贡献。1977年3月22日，《解放军报》以《革命加拼命精神》为题发表文章，高度评价了大庆石油人的这种壮志豪情和献身精神，在全国产生广泛反响。

（三）迸发的“四个大干”

1974年8月，大庆油田召开了劳动模范表彰大会。在这次表彰大会上提出了一个响亮的口号，就是“四个大干”——大干社会主义有理，大干社会主义有功，大干社会主义光荣，大干了还要大干。“四个大干”口号是大庆石油人为抵制“四人帮”利用“批林批孔”运动对生产进行干扰破坏而提出的。

图6–7　1974年“四个大干”标语

1973年，油田根据国务院、国家计委的决定和燃料化学工业部的通知，开始开发和建设喇嘛甸油田，组织了喇嘛甸油田会战。1974年，正当石油会战如火如荼的时候，“批林批孔”运动开始了。“四人帮”大肆鼓吹“不为错误路线生产”“踢开党委闹革命”“停产闹革命”等谬论，一时间无政府主义泛滥，油田的生产建设受到严重影响。为了排除干扰，油田党委发动广大职工群众开展了一场明辨是非大辩论：是煽动停产闹革命、吃社会主义有理，还是大干社会主义有理？是到处搞串联、拉山头、破坏社会主义建设有功，还是大干社会主义有功？是不上班、不劳动、搞邪门歪道光荣，还是一心为公、大干社会主义光荣？大干多年了，是该歇歇脚了，还是大干了还要大干？经过大辩论，广大职工群众进一步明辨了是非，提高了觉悟，激发了干劲。许多职工说，只有大干社会主义才能推动历史车轮前进，大干符合历史的发展规律，有理；大干不是图个人私利，而是为国家多产油，为改造落后面貌出力，有功；大干是为建设社会主义大厦添砖加瓦，光荣；社会主义现代化不是短时期可实现的，大干了还要大干。于是，1974年8月，在油田召开的劳动模范表彰大会上，“四个大干”作为响亮的口号正式提出，并写成标语，张贴在街口、井场、车间等地方广为宣传，在全油田形成了思想引领。在这次会议上还树立了周占鳌、屈清华、吴全清、徐淑英等一批排除干扰、坚持大干的先进典型，并让这些模范人物披红戴花，坐彩车走遍油田，20多万名职工和家属夹道欢迎。油田营造了向大干社会主义的先进人物学习、大干社会主义光荣的浓厚氛围。通过树立正气，“四个大干”的口号深入人心，全油田掀起了大干社会主义的热潮，1974年的原油产量比上年增长了40%。这一口号，深刻地反映了大庆石油人高度的社会主义觉悟和敢于抗争、不断进取的奋斗精神。

（四）鲜明的“三超精神”

“三超精神”是大庆油田科技人员挑战三次采油禁区、勇攀高峰的生动写照，其具体内容是“超越权威、超越前人、超越自我”。20世纪80年代，正值国外三次采油纷纷下马之时，油田科技人员顶住压力，坚持进行聚驱技术研究，最终打破了外国专家长期以来认为聚驱只能比水驱提高采收率2～5个百分点、油田特高含水期不能注聚合物的传统说法，实现聚驱比水驱提高采收率10个百分点以上，取得了理论上的突破和实践上的飞跃。20世纪90年代，面对三次采油主要配方之一——表面活性剂——需要进口、费用昂贵的实际，科研人员立下了“外国人能够做到的我们也能够做到，而且一定要做得更好”的

图6-8 20世纪90年代大庆油田科技人员进行驱油技术攻关

誓言。经过5600多次反复实验，终于成功研制出国产化表面活性剂，彻底摆脱了大庆油田三次采油技术发展对国外的依赖。随后，又针对强碱表面活性剂在二类油层无法发挥作用这一难题，戮力攻关，成功研发出了弱碱化表面活性剂。从此以后，“三超精神”成为激励油田广大科技人员在科研攻关中不断取得新突破的精神动力。2009年6月26日，胡锦涛总书记在大庆油田勘探开发研究院采收率实验楼考察过程中高兴地说，你们提出的超越权威、超越前人、超越自我的口号很有气魄，要继续弘扬这种精神，瞄准更高目标，攻克更多难关，使大庆油田不断焕发新的生机，为确保我国能源安全发挥更大作用。

四、大庆精神具有规范作用

大庆精神体现了广大职工群众的共同意志和行为准则，对每个人都有明显的规范作用，有一种内在的约束力。这种约束力是一种无形的力量，主要通过外部的舆论力量和内在的信念力量，来约束和规范广大职工群众的思想和行为。比如，“三老四严”“四个一样”“为油田负责一辈子”的工作作风，油建十一中队“好字当头，严细成风”的精神，运输十三车队的“硬骨头”精神等，就是一种高度的主人翁责任感、自律精神和求实态度的集中体现，对于规范职工群众的思想和行为发挥了重要作用。石油会战中，涌现出的“蔡升万里测温”“父女井场相会”“五毫米见精神”等感人故事，都是大庆精神内化为职工群众自觉行动、始终为油田负责、坚持科学求实的工作作风和习惯养成的具体反映。

（一）内在的约束力

石油会战初期形成的以岗位责任心为核心的岗位责任制保证了油田正常生产运行。60多年来，大庆油田一直坚持按照标准化、科学化、制度化的要求，努力提高基础工作管理水平，使油田的各项工作乃至各个具体岗位都形成了系统的网络，确保任何时候都畅通无阻。职工们在实际工作中，人人负责，环环相扣，平稳有序，连体升级，从而保证了资料准确和可靠。随着油田的发展和进步，这种精神不仅没有丢失，而且在深度和广度上有了新的发展。据统计，全油田采油系统的职工每天要采集11个数据，每年监测点达26万井次，为油田制定科学的开发决策奠定了基础。

改革开放以来，大庆油田继续在强化管理上下功夫，按照发展社会主义商品经济的要求，结合油田实际，建立了以油气勘探开发为中心的生产运行机制，以服务和服从于油田勘探开发需求为基准的运行机制，以发展生产、挖掘潜力、提高效益为目的的激励机制，全面推行目标管理，有力地促进了高产稳产和各项工作协调有序发展。

图6-9　20世纪60年代“铁人”王进喜强调要坚持原则，从严从实

在强化运行机制方面，主要表现在“严、细、实、高”四个方面。

“严”，就是按制度办事，严格要求。职工们一致感到，如果没有严肃的态度和严明的纪律，工作就会马虎凑合，就会出问题，小则导致资料产生误差，大则导致决策依据不准，所以必须坚持处处从严。采油一厂老工人余保章，人称“黑包公”，他连续上了11年小班，录取资料722700

个，无一差错，人们称他“老准确”。他带出的徒弟也个个从严。再如，老工人党太保，主动要求干又苦又累的夜巡工，无论严寒酷暑，每天都巡回检查78个点，步行30多公里，在七年夜巡工作中累计行驶43700多公里。他凭着严格的工作态度，没漏过一个点，没缺过一天勤。他共发现并处理生产上的大小问题870多个，使全队108口油水井没出过一起大小事故。

“细”，就是细致认真，事事出手过得硬，在日常生产或工作中一丝不苟。1989年8月的一天，采油九厂齐一联合站青年女工李春英发现自己在验的外输原油含水量与油库返回的资料不符，差了0.8吨油。为了核实这个数据，她两次搭车到30里外的油库调查，但没有结果。为了彻底查清原因，她回队反复做样验证后，带上汽油，第三次来到油库现场化验，终于证实了自己的化验结果是正确的，产生误差的原因是油库的化验汽油标号不对。油库对小李的严细作风和工作态度十分钦佩。在她的影响和带动下，联合站投产以来，十几万个资料数据无一差错。

“实”，就是无论在什么工作岗位上，都尽心尽力地务实功、求实效，把功夫下在钻研技术、强化业务上。采油八厂工程师隋铁勇看到冬季油井取样一直是油田生产管理中的难题，就潜心钻研防冻取样器，仅用半年时间就研制出了防冻取样器，获得了国家专利。为了适应外围油田安全生产的需要，他在采油井口防冻取样器上增设了防盗功能，获得了国家实用新型发明专利。

“高”，就是坚持高标准，人人把自己的工作看成为国家建设献智出力、添砖加瓦。所以，高标准无疑成为广大职工事业心和责任感的强烈意愿和重要标志。供电公司星火一次变电所，自1981年投产以来，主要担负两个采油厂的供电任务。全所职工处处坚持高标准，精益求精，使各项管理指标创出了好成绩。全所52人，有15人达到了35万字记录无涂改，有10人实现千次倒闸无差错。全所累计倒闸操作35000多次，次次准确无误；记录数据50多万个，准确率达100%。建所以来累计为油田供电35.04亿千瓦·时，被评为东北地区标准化变电所。

由于全油田职工的积极性和创造性得到了发挥，因此保证了油田各项生产的正常运行，使油气勘探和开发建设走上良性循环轨道，促进了油田地下形势稳定，为油田持续稳产创造了条件。实践证明，大庆精神的效应是巨大的，“热爱石油、献身石油、为了石油”“艰苦创业、以苦为乐、以苦为荣”的基本职业规范的影响是深远的。正是由于这种精神、这一规范很好地转化为内在约束力，因此规范着、激励着、驱动着大庆石油人不断作出新的贡献。

（二）高度的自觉性

石油会战初期，各项工作刚刚展开，会战工委就十分注重广大职工群众投身会战、开发油田的自觉性、坚定性的调动与激发。在塑造和培育自觉性的过程中主要抓了三个环节。**一是开展形势任务教育。**油田各级党组织，组织引导职工群众结合石油行业发展，认真开展形势任务教育，并进行社会调查，分析油田持续稳产所面临的矛盾问题、机遇挑战，使广大职工群众认识到，国家生产力水平、科技水平、工业水平等还不够高，甚至有的还有较大的差距，只有坚持长期艰苦奋斗才能赶上发达国家水平。特别是油田已进入高含水开采阶段，生产建设的外部条件日趋复杂，稳产难度越来越大。只有振奋精神，艰苦奋斗，才能战胜困难，不断加快油田生产建设的步伐。**二是开展石油行业特点教育。**通过教育，使职工群众认识到，石油生产特定的自然环境，决定了绝大多数工种需要常年在野外比较艰苦的条件下进行，没有艰苦的思想就搞不了石油。**三是开展针对性教育。**随着生产生活条件改善，职工队伍中不愿艰苦奋斗的情绪有所增长，有的老职工艰苦奋斗观念有所淡薄，有的青年工人不安心守在艰苦岗位。社会上也有人指责油田在会战中提出的“先生产，后生活”原则和人拉肩扛精神、干打垒精神、缝补厂精神等艰苦创业精神是“美化甚至神话落后的生产力”，“不但要丢掉，而且要远远地甩到太平洋里去”。针对这些现象，油田各级党组织不断进行艰苦奋斗的思想教育，分层次组织职工开展“搞社会主义现代化还要不要艰苦奋斗”的大讨论，使广大职工明确，艰苦奋斗是我们的传家宝，过去开发油田靠的是艰苦奋斗，今后实现新的奋斗目标仍然需要艰苦奋斗。即使生产发展了，条件变化了，生活改善了，艰苦奋斗的精神永远不能丢掉。

（三）由养成到规范

企业精神的形成和发扬，关键在养成。在由养成到规范的过程中，油田党委首先注意抓好企业精神灌输。针对职工队伍不断更新，新成分、新成员越来越多的实际，从新工人一入厂，就通过参观大庆石油会战第一口油井，“铁人”事迹展览，请“四老”忆队史、厂史、油田发展史，讲会战优良传统等形式，进行企业精神教育和灌输。石油会战以来，每年都结合总结评比活动，对职工进行大庆精神及优良传统教育。中共中央［1981］47号文件对大庆精神作了充分肯定。油田党委利用半年时间，组织职工学习领会贯彻落实文件精神，集中进行大庆精神再学习、再教育。这些年来，各级党组织注重发挥老工人、老标兵、老党员、老干部的“传帮带”作用，通过师带徒、老带新、父带子，开展“学雷锋、树新风，学铁人、立新功”等活动，使好传统、好作风在青年工人中逐步扎根。“铁人”王进喜生前带过的1205钻井队，现在全队43名职工，没有一个人见过老队长，但铁人精神却一直传承了下来。共产党员张宝巨为疏通泥浆管线，跳进齐腰深的泥浆里，身上烧出许多水泡，但一天也没休息。他左臂因工伤两处骨折，出院后仍坚持在井台工作。同时，油田党委坚持从日常、大量、细小的事情抓起，从一点一滴入手，在实践中进行企业精神的教育、养成与传承。石油会战以来，全油田已开展了92次岗位责任制大检查，每次检查都坚持高标准、严要求，抓住问题，举一反三。不仅机关检查基层，而且组织基层检查机关，进行双向检查，相互促进，共同提高，坚决克服低标准、老毛病、坏作风。

图6-10　20世纪60年代“铁人”王进喜在向新工人“传帮带”

“抓基层、打基础，强管理、上水平”一直是大庆石油人抓实工作的优良传统和宝贵经验。从一定意义上讲，这些传统和经验所体现的不仅是一种较为先进的管理思想和管理方法，更是一种精神、一种作风、一种操守，有着独特的实用价值和顽强的生命力。随着形势任务不断发展、企业管理不断升级，大庆石油人在夯实根基、强化“三基”上频道不换、主题不变、势头不减，又连续在基础管理的科学规范、基本素质的整体优良、基层业绩的显著提升上实现了新突破，各项工作不断创出新业绩、新水平。通过不懈努力，逐步形成了一个层层负责、权责明确、落实到位的“三基”工作责任体系，打造一批弘扬传统、开拓创新、引领发展的“三基”工作示范基地，构建一个全面覆盖、分级考核、动态管理的“三基”工作达标机制，形成一个科学规范、运行顺畅、执行有力的“三基”工作管理格局。[①]特别是2021年以来，已完善升级新时代“四位一体”岗位责任制综合管理体系，治理体系和治理能力现代化水平进一步提高，初步建成具有自身特色的“油公司”模式，被选树为中国石油对标提升管理标杆企业。

（四）主人翁责任感

大庆精神之所以会产生持久的凝聚力和影响力，是因为大庆油田从会战之初就一直坚持用马克思列宁主义、毛泽东思想去引领职工，用党的优良传统、用中国精神去教育职工，用良好的党风、政风、企风去带动职工，用健康向上的精神生活去陶冶职工。这种精神的力量不仅激发了广大石油人为油拼搏、为油奉献的热情，更增强了他们强烈的主人翁责任感。把对稳产的追求、对油田的热爱、对国家的贡献，当成每一个人的责任、每一个人的使命，从而牢固地树立了兴油报国、兴企爱国的思想，自发自觉地关心企业发展，主动自觉地参与企业管理。这不仅是大庆精神的内在驱动力所在，也是大庆油田各级党政组织全心全意依靠工人阶级办好社会主义企业的必然结果。

大庆油田是一个拥有近20万职工的大型国有企业，下设50多个二级单位，分布在油田几千平方公里的土地上。全局既是“一盘棋”，各单位又有各自的分工和管理范围，看起来似乎较分散，但主人翁意识却是一致的、一以贯之的。

首先，全力以赴保大局，人人树立全局思想。1988年夏天，大庆油田遭受了三十年未遇的特大洪涝灾害袭击，短短几天时间，油田被淹面积就达250平方公里，被淹油井2296口，被淹中转站、计量站313座，使22300多井次不能正常生产，直接影响原油产量25万吨。面对严重的自然灾害，全局干部职工总动员，一手抓防洪排涝，一手抓恢复生产，尽最大努力将损失减小到最低

① 大庆油田：《关于新时期加强“三基”工作指导意见》，内部资料，2011，第2页。

限度。在此期间，油田各单位都迅速组织了抗洪抢险队，日夜战斗在抗灾第一线。有的人因劳累过度病倒了；有的人双腿在泥水中泡得发了炎；还有的不顾自己家中进水被淹，一直坚守在生产岗位上。经过60多天的艰苦奋斗，先后挖排水沟214公里，加固堤坝155公里，修筑渠道113公里，排除油田内部积水9800万立方米，终于战胜了自然灾害。原油产量不仅没有减少，当年还超产20万吨。

其次，把集体利益放在首位，心中时刻装着国家。在长期的艰苦会战中，广大职工群众养成了勤俭节约意识和一分钱掰成两半花的习惯。在外人眼里，大庆油田是个富矿，大庆人是富翁，油田到处是宝、到处是钱，浪费点没什么。可是，油田职工群众却认为，我们国家还不富裕，客观上要求我们勤俭办一切事业，努力为国家积累财富。职工们响亮地提出了“从我做起，为国家节约一度电、一滴油、一颗螺丝钉、一块棉纱”的口号。输油处南一油库老工人赵辉军从20世纪60年代就开始捡废料，一年到头手里总是拎着一个小铁桶，走到哪里就捡到哪里。20多年中，共捡回111个弯头，螺丝钉垫片等6221个，为国家节约资金上万元。在他的影响和带动下，他身边共有30多人常年坚持回收废料。1980年以来，他们共捡回废料5.2吨，拣回棉纱4800多公斤，修复压力表316块，修复利用各种管阀配件211个，节省资金3万多元。

再次，宁肯自己多吃亏，始终坚持企业至上。运输西站十一车队修理工薛怀田，干了一辈子修理工作。他所在的车队是一个拥有8种车型、70多台进口车的大型车队，单车平均行驶里程已达80多万公里。在设备老化、配件严重不足的情况下，他克服困难，坚持修改代制，年年都为单位节约上万元。1979年，队里一部分车辆的电瓶线因长期未换腐蚀严重，导致车辆出现了“趴窝”现象。他看在眼里、急在心上，就骑上自行车到基层单位和废品收购站找料源，最后在一家器材站的废料里发现了旧电缆线。他立即用自己平时积攒的1500元钱买回了150米，又用自己拣的破铜烂铁到废品收购站求人换回了40多斤铅，自己动手制作模型，整整干了一个星期，终于制出了150套电瓶火线、连接线、打铁线，使停驶的车辆全部投入生产运行。

正是人人争当主人翁，人人都是主人翁，才使企业得以不断发展壮大，也更坚定了广大职工群众建设油田、发展油田的决心和信念。

第七章 07

大庆精神的风土人情

大庆精神的风土人情体现在人格化、厚重化、多元化、日常化等四个方面。

一、人格化昭示大庆精神的“旗帜”

创业的年代，是英雄的年代。石油会战的胜利，是以“铁人”王进喜为代表的无数创业者心血、智慧和汗水的结晶。英雄的大庆石油人以行动诠释着人生的价值，擎起了石油工业的钢铁脊梁，展示着石油骄子的时代风采。人们常说的“五面红旗”，喻指大庆石油会战初期涌现的先进榜样王进喜、马德仁、段兴枝、薛国邦、朱洪昌。1960年7月28日，石油工业部机关党委在《关于开展学习“王、马、段、薛、朱”运动的决定》中，称赞他们是全战区的“五面红旗”，是全体职工学习的榜样。当时工人们曾写诗称赞道：“一面红旗红一点，五面红旗红一片。百面红旗迎风飘，红遍松辽大油田。”“英雄铁人打头阵，马段薛朱紧相跟。比学赶帮争上游，铁人头上出钢人。”后来将“王、马、段、薛、朱”称为大庆石油会战初期的“五大标兵”。

（一）王进喜

王进喜，全国著名劳动模范，大庆石油会战初期被誉为“铁人”，“五面红旗”之一。他是大庆石油人的杰出代表，中国工人阶级的先锋战士。1923年9月，王进喜出生于甘肃省玉门县赤金村一个贫农家庭。他6岁时给地主放牛，也曾拉着双目失明的父亲去要饭。15岁时到玉门油矿当童工。新中国成立后，王进喜当上了国营甘肃玉门石油管理局勘探公司三大队的石油工人、副司钻。1956年升任1259钻井队队长，同年加入了中国共

图7-1 1960年“五面红旗”之一王进喜

产党。当时中国的钻井技术还很落后，他提出了“月上千，年上万，钻透祁连山，玉门关上立标杆”的口号。1958年，他带领1259钻井队创造了月进尺5000米的全国纪录，成为中国中型钻机最高标杆单位，被授予“卫星钻井队”“钢铁钻井队”称号。

1959年，王进喜到北京参加群英会，看到北京街头的公共汽车因缺油背着煤气包。作为石油工人的他，心里很不是滋味。1960年3月，王进喜率队从玉门到大庆参加石油大会战，在缺少吊车吊装钻机的情况下，发出“有条件要上，没有条件创造条件也要上”的豪迈誓言，用人拉肩扛的办法卸钻机，用撬杠撬、大绳拉等方法将钻机安装到萨55井。连续苦干三天三夜，王进喜都没离开施工现场。行李放在老乡家，他一次都没去睡过。房东赵大娘见王进喜这样拼命地干，感慨地说：“王队长真是个‘铁人’啊！”要开钻了，但当时萨55井严重缺水。他组织职工用挖土井、到小湖破冰取水、脸盆端水、水桶提水等办法，解决了开钻所需的几十吨水，并创造了5天零4小时完钻一口井的当时钻井纪录。萨55井打完之后，王进喜的腿被滚落的钻杆砸伤。他顾不上住院，拄着拐杖缠着绷带连夜回到井队。打第二口井（2589井）时，发生了井喷，没有重晶石粉，他当机立断用水泥代替。当时由于没有搅拌机，水泥沉在泥浆池底。王进喜便扔掉拐杖，纵身跳进泥浆池，用身体搅拌泥浆。在他的带动下，工友们也纷纷跳进泥浆池。经过三个多小时紧张劳作，井喷被制服，保住了油井和钻机，王进喜身上却被碱性很大的泥浆烧起了大泡。同年4月11日，会战指挥部号召全体会战职工向“铁人”王进喜学习。从此，王铁人这个名字传遍了油田，并通过新闻媒介的宣传响彻了全中国。

在大庆油田，王进喜先后任1205钻井队队长、钻井指挥部装建大队和钻井二大队队长、钻井指挥部指挥、大庆革委会副主任、中共大庆核心小组副组长等职务。1964年10月20日，王进喜当选全国人大代表，在第三届全国人民代表大会第一次会议上作了题为《为实现石油自给，艰苦奋斗不息》的发言，受到与会代表的热烈欢迎。1965年，他任油田钻井指挥部副总指挥。1966年，他领导钻井队创出年进尺10万米的世界钻井纪录。1969年4月，在党的九大上，他以工人代表身份当选为中央委员，受到毛泽东主席和周恩来总理的亲切接见。1970年4月，王进喜在玉门参加石油现场会回到大庆之后，经医生检查确诊是胃癌晚期，11月15日在北京逝世，终年47岁。①

（二）马德仁

图7-2 1960年“五面红旗”之一马德仁

马德仁，大庆会战初期“五面红旗”之一，甘肃省永昌县人，1925年生，1949年参加工作，1955年加入中国共产党。历任钻井队司钻、队长、大队长、副指挥、钻探处处长，大庆生产办副主任，大庆市副市长，大庆石油管理局副局长，大庆石油管理局党委常委、纪律检查委员会书记等职。1960年3月，马德仁带领1202钻井队从玉门到大庆参加石油会战。在极端困难的情况下，他常常几天几夜不离井场，每一口井从搬家、开钻、完钻到再搬家，他寸步不离。在打1598井时，井场离驻地很远，需送饭到井场吃。有时饭少了，他就紧紧腰带，宁肯自己挨饿，也要让工人们先吃饱。为抢钻井进尺，他从未好好休息过，实在累得不行了，就把头伏在膝盖上闭闭眼。在他的带领下，全队创造了月钻井“五开四完”“六开五完”等新纪录，用8个半月打井22口，实现了钻井进尺上双万米。1961年，他带领全队职工用9个月打井28口，实现了钻井进尺31746米，超过了苏联格林尼亚功勋钻井队的纪录，刷新了世界钻井进尺纪录。他的钻井队实现了全年安全生产无事故，每口井质量都合格，全年机械利用率达到99%，创造了全国中型钻机月完钻井数、月进尺、日进尺、班进尺、钻头使用、低成本等21项全国纪录。1963年，他发动职工认真总结经验，不断树立新的奋斗目标，继续扩大战果，向新的高峰奋力攀登，又打出了“三一”优质试验井，创造了钻机月钻井进尺4615米、日进尺1080.26米的全

① 大庆石油管理局党委宣传部：《大庆传统教育简明读本》，内部资料，2008，第47页。

国纪录。他所领导的1202钻井队先后被授予“卫星钻井队”“钢铁钻井队”“永不卷刃的尖刀”等称号。他为大庆油田早期开发建设作出了贡献。1960年7月，他被会战工委树为全战区“五面红旗”之一。1977年，石油工业部授予他“会战初期五位著名老标兵之一”的称号。[①]

（三）段兴枝

图7-3 1960年“五面红旗”之一段兴枝

段兴枝，石油会战初期“五面红旗”之一，陕西省洋县人，1930年生。他1949年参加革命，1955年加入中国共产党，1960年到大庆参加石油会战，历任1206钻井队队长、钻井一大队副大队长、钻井指挥部副指挥、四川石油管理局川中矿区副指挥、江汉石油管理局副局长等职。1960年春，段兴枝带领钻井队从四川来到大庆，和1202钻井队同住一个牛棚，同吃一锅饭。为早日开钻，在没有拉运设备的情况下，组织职工靠人拉肩扛安装钻机、竖起井架，与1202队一起打出了第一口井。他善于把冲天的革命干劲和严谨的科学态度结合起来，当时被人们誉为“智勇双全的钻井队长”。他带领职工大搞技术革新，把大钻机小鼠洞接单根的工艺移植到BY-40钻机上，提高了工作效率。同时首创了冲鼠洞的新工艺，在全油田和全国石油系统推广。石油会战中，由于拉运设备少，完井后等钻机搬迁便成了生产的主要矛盾。他积极响应会战领导机关的号召，带领全队职工反复研究试验，创出“钻机自走”的新方法，缓解了油田拉运设备紧张的矛盾。“钻机自走”的新方法曾在钻井队普遍推广。在生产中，他率领钻井队多次创出优异成绩，被会战指挥部授予“钢铁钻井队”光荣称号。

---

① 大庆石油管理局党委宣传部：《大庆传统教育简明读本》，内部资料，2008，第60页。

他为大庆油田的早期开发建设作出了贡献，1960年被会战工委树为全战区“五面红旗”之一。此后多次被评为五好标兵、劳动模范。1966年5月，他离开大庆到四川参加石油会战，后又转战江汉、中原等油田。[①]

（四）薛国邦

图7-4 1960年“五面红旗”之一薛国邦

薛国邦，石油会战初期“五面红旗”之一，甘肃省酒泉县人。1927年生，1949年参加工作，1954年加入中国共产党，1960年到大庆参加石油会战。历任钻工，修井工，修井队队长，采油队队长，试采大队队长，采油矿矿长，采油指挥部副指挥、副书记、书记，大庆市委常委，大庆市总工会主席，大庆市委副书记，大庆市人大党委会主任等职。薛国邦是大庆油田第一个采油队队长。在艰苦创业的岁月，他经常夜以继日地工作。白天带领工人上井生产，晚上坚持学习和研究工作，半夜还要查铺盖被，给火炉添柴，生怕冻坏了工人，天不亮他又起来帮助炊事员提水做饭。在大庆油田刚出油的日子里，为了尽快把原油运出去，上级决定把第一列车原油输送任务交给他所领导的采油队。他接受任务后，不分白天黑夜地干在油井上，饿了啃口干馒头，困了就打个盹。在低温使原油凝固、输油泵打油受阻的情况下，为了把原油按预定时间运出，他毅然脱掉棉衣，双手抱住高温蒸汽管，第一个跳进油池，用蒸汽加热原油。蒸汽管把他的手烫坏了，他也全然不顾，一直坚持到泵油满罐为止。他在工作上勤勤恳恳、任劳任怨，从不计较个人得失和安危，曾多次冒着生命危险抢救出现事故苗头的油井。有一次供油管线脱扣，他奋不顾身地用胸膛顶住喷着原油的管口，被高压原油的强大压力打得周身麻

① 大庆石油管理局党委宣传部：《大庆传统教育简明读本》，内部资料，2008，第62页。

木，几乎失去知觉；但他以顽强的毅力坚持到底，终于保住了油井。1954年，他在玉门油矿被评为全国石油系统先进生产者。1958年，他光荣地出席了全国社会主义建设积极分子代表大会。1959年，他被评为全国劳动模范，出席甘肃省和全国工业建设群英会。同年，他参加了国庆十周年庆典。1960年，他被大庆石油会战工委树为全战区“五面红旗”之一。1977年，石油工业部授予他“会战初期五位著名老标兵之一”称号。1978年，他被评为黑龙江省劳动英雄。[①]

（五）朱洪昌

图7-5　1960年“五面红旗”之一朱洪昌

朱洪昌，石油会战初期“五面红旗”之一。1933年生，1959年从甘肃到大庆参加石油会战。他历任工段长、副大队长，中国石油天然气总公司管道局局长等职。大庆石油会战初期，朱洪昌所在的三大队负责承建大口径、17.2公里长距离输水管线。当时他担任副大队长职务，为保证任务尽快完成，他和工人一起连续攻克许多难关。一次，拖管机履带板被钢丝绳卡住变形。为了不影响施工，工人们商量采用喷灯加热使钢板变直的办法来解决问题。施工中由于喷灯喷油过多，导致机车四周燃起大火。他不顾危险，甩掉衣服，冲上去奋力扑打，手上和脸上烧起一串串水泡。火被扑灭了，他也被送进了医院。刚刚脱离危险后，他又偷偷跑回工地指挥生产。供水管线通水试压时，他带着伤到各处检查试压情况。当发现有一处焊缝被冻裂漏水时，为了不影响全线试压，他决定带压带水补焊。他不顾身上旧伤未愈，跳进水中，一边用手把焊缝里漏出的水抹干，一边让焊工补焊。飞溅的焊花刺穿了朱洪昌手上缠着的绷带，露出了还未长好的嫩肉。焊工见此情景，

① 大庆石油管理局党委宣传部：《大庆传统教育简明读本》，内部资料，2008，第64页。

马上停止了补焊。朱洪昌却说："全线停水补焊，焊好再试压，那得耽误多少时间！现在前线各部门等水等得嗷嗷叫，不能把工期耽误在我们这儿。今天我就要比一比，是钢铁硬，还是我们共产党员骨头硬。"就这样，他忍着焊花烧手的灼痛，一直坚持着把漏缝焊完。在施工中，老家来信，告诉他孩子病重住院，经抢救无效故去。他强忍悲痛，继续在工地上指挥生产。事后有人问他，"孩子死了，你不想吗?"他说："孩子死了是一家的事，输水管线建不成，打不出油来是国家的大事。"他的事迹一传出，整个战区的干部、工人备受鼓舞，人们称赞他是"钢铁施工队长""永不褪色的红旗"。他所带领的工段连续7次获得油田建设"一级红旗"，并荣获"油田建设标杆队""钢铁突击队"等光荣称号。1958年，他被评为甘肃省先进生产者、青年突击红旗手。1959年，他出席了全国工业建设群英会。1960年，他被会战工委树为全战区"五面红旗"之一。①他曾当选为第三届全国人大代表。

二、厚重化诠释大庆精神的"三馆"

多年来，铁人王进喜纪念馆、大庆油田历史陈列馆、大庆油田科技博物馆不仅是大庆的地标性建筑，更是大庆石油人的精神家园，还成为外地人了解大庆油田的一个窗口、红色旅游的必经之地。

（一）铁人王进喜纪念馆

铁人王进喜纪念馆（以下简称纪念馆）坐落在大庆市让胡路区世纪大道与铁人大道交会处，隶属大庆油田文化集团。纪念馆于2003年10月8日（"铁人"王进喜诞辰80周年）奠基。2006年8月10日，温家宝总理题写馆名；9月26日（大庆油田发现47周年纪念日）正式开馆。馆区占地面积11.6万平方米，主体建筑面积2.15万平方米，高47米，展厅总面积4790平方米。纪念馆

① 大庆石油管理局党委宣传部：《大庆传统教育简明读本》，内部资料，2008，第66页。

图 7-6 铁人王进喜纪念馆

建筑外形为“工人”二字组合，体现出这是一座工人纪念馆；顶部为钻头造型；正门台阶共47级，寓意“铁人”47年不平凡的人生历程。展览以“爱国、创业、求实、奉献——石油魂”为主题，集中展示“铁人”王进喜生平业绩及用终生实践所体现出的大庆精神（铁人精神）。展线总长度917延长米，展出照片494张，展出文物（实物）953件、以照片展示的文物48件、文献184件。纪念馆主题突出，史料翔实，构思巧妙，亮点迭现。宽阔庄严、恢宏大气的展厅，通透开放、引人入胜的场景，富有感染力和震撼力的陈列内容，体现了铁人纪念馆与众不同的特色。馆区互动景观贝乌-40型钻机，是1960年“铁人”王进喜带领1205钻井队到大庆会战时使用的相同型号钻机，参加过大型纪录片《大庆战歌》和电视连续剧《铁人》拍摄，观众可以登上钻台，手扶刹把，感受“铁人”王进喜当年钻井的风采。该纪念馆是国家一级博物馆，被确定为全国青少年教育基地、全国爱国主义教育示范基地、中国石油天然气集团公司企业精神教育基地和中国旅游文化示范基地，被评为中国十大红色旅游景区、国家4A级旅游景点、中国最具特色旅游目的地。[1]

① 大庆石油管理局党委宣传部：《大庆传统教育简明读本》，内部资料，2008，第136页。

（二）大庆油田历史陈列馆

大庆油田历史陈列馆（以下简称陈列馆）隶属第一采油厂，位于大庆石油会战指挥部旧址——“二号院”，是黑龙江省文物保护单位。陈列馆2005年3月开始筹建，大庆油田老领导张轰题写了“大庆石油会战指挥部旧址”。该陈列馆是我国第一个工业题材原址性纪念馆。陈列馆内展览分为“岁月大庆”“松辽惊雷，油出大庆”等9部分，全面回顾大庆油田发展历程，系统展示大庆油田各类英雄群体、宝贵经验、巨大贡献以及126位党和国家领导人对大庆的亲切关怀，突出表现中国共产党领导建设社会主义工业企业成功典范的深刻主题。陈列馆占地面积1.59万平方米，展出面积4200平方米，拥有藏品7400件，陈列展品3055件，容纳史料200多万字、首批国家级文物117件。展馆引进先进展项理念，采用立体空间交叉展示手法，利用声、光、电等现代技术，通过大量照片、文献、实物、音像资料以及绘画、雕塑、场景复原、沙盘等艺术表现形式，融教育功能、展示功能、研究功能、旅游功能于一体，成为展示大庆油田文化、石油员工风采和爱国主义教育的重要基地。2007年，陈列馆荣获全国博物馆十大陈列展览精品奖。2006年6月，被命名为中国石油天然气集团公司企业精神教育基地。该陈列馆是全国工业旅游示范点和国家4A级旅

图7-7 大庆油田历史陈列馆正门

游景区。2009年，被评为全国爱国主义教育示范基地。2008年7月12日，北京奥运会圣火来到大庆，在该陈列馆进行了火炬传递起跑仪式。

（三）大庆油田科技博物馆

大庆油田科技博物馆（以下简称博物馆）位于大庆市让胡路区，隶属勘探开发研究院。其前身是1960年始建的大庆油田开发实验陈列馆（又名地宫），随着大庆油田开发建设而逐步完善和发展起来。1995年9月16日，大庆油田科技博物馆正式对外开放。博物馆展厅面积1330平方米，展出面积6000平方米，现有3个主展厅和5个特展厅，主要展示大庆油田油气勘探和油田开发状况及工艺技术发展状况。馆内设有37个电动模型，各类标本1280块，其他实物展示527件，技术图表282张，大中型电子屏2个，年接待国内外参观者近5万人次。该博物馆是宣传大庆油田勘探开发技术和石油文化的重要窗口，是对广大参观者进行爱国主义教育和石油科普知识宣传教育的重要基地。建馆以来，共接待国内外来宾近67.2万人次，党和国家领导人邓小平、江泽民、李鹏、李瑞环、贾庆林、吴官正等都亲临该馆视察并给予高度评价。1996年7月，国务院总理李鹏来馆视察后，为该馆题写馆名“大庆油田科技博物馆”。该博物馆被命名为全国爱国主义教育基地、中国石油天然气集团公司企业精神

图7-8 大庆油田科技馆

教育基地、大庆市青少年教育基地，还是国家3A级旅游景区、黑龙江省工业旅游示范点。该博物馆先后荣获“黑龙江省社会实践先进集体”“黑龙江省青年文明号”“大庆市旅游先进单位”“大庆市双文明单位”等光荣称号。

三、多维化链接大庆精神的“基地”

岁月的痕迹，记载着大庆艰辛的历史，见证着油田的发展变化，折射着伟大精神的光辉。特别是这些停留在历史深处的“基地”，仍在昭示着大庆精神的时代光芒，昭示着会战优良传统在一代又一代大庆人身上传递和延续。

（一）松基三井：大庆油田发现井

松基三井，即松辽平原第三口基准井，位于大庆市大同区高台子镇西部，于1959年9月26日喷出工业油流，由此发现大庆油田。现在的松基三井纪念碑位于第五采油厂第五油矿，是为纪念大庆油田发现30周年，由中国石油天然气总公司于1989年9月26日建成的。石油工业部老领导、中顾委原常委康

图7-9 松基三井纪念碑

世恩题写碑文“大庆油田发现井——松基三井”。松基三井纪念碑正面朝东，象征着我国石油工业如东方红日蓬勃向上。主碑石重30吨，寓意大庆油田发现30周年；其侧面是油砂体示意图，背面雕刻着井口喷发的油花及由彩灯组成的“1949—1959—1989”双庆图案，顶面是大庆油田长垣示意图。主碑形似卧虎，踞于石，寓意我国石油工人“宁肯少活二十年，拼命也要拿下大油田”的顽强革命精神。1986年，松基三井被确定为黑龙江省文物保护单位；1990年，被大庆市人民政府命名为大庆市青少年教育基地；2001年，被国务院文物局明确为第五批全国重点文物保护单位，成为我国最年轻的文物；2004年4月，被命名为中国石油天然气集团公司企业精神教育基地；2005年6月，被黑龙江省委、黑龙江省人民政府命名为第四批爱国主义教育基地。[①]

（二）萨55井：“铁人”打的第一口油井

第二采油厂第五作业区采油45队萨55井，是“铁人”王进喜1960年4月率1205钻井队到大庆参加石油会战时打的第一口油井。该井位于萨尔图区解放南村，是一口详探井。1960年4月14日，王进喜带领1205钻井队职工，在极其困难的情况下，以“有条件要上，没有条件创造条件也要上”的大无畏革命精神，争分夺秒保开钻。没有吊车，就用人工挖卸车坑，人拉肩扛卸钻机；

图7-10　萨55井

① 大庆石油管理局党委宣传部：《大庆传统教育简明读本》，内部资料，2008，第127页。

开钻没有水，就用铝盔、脸盆到附近的水泡子破冰取水。克服重重困难，经过5天零4小时奋战，于23日正式完钻，当天下午4点32分喷出原油，5月26日开井生产。60多年来，这口井一直是自喷井，已累计产油15万余吨。该井附近现在仍保留着当年的卸车坑、泥浆池、土油池、值班房和工人住过的地窨子等遗址与实物。该井是黑龙江省文物保护单位，还被命名为中国石油天然气集团公司企业精神教育基地，是对广大石油工人进行会战传统教育、弘扬大庆精神（铁人精神）的生动课堂。

（三）1205钻井队：铁人精神发源地

1205钻井队，是中国工人阶级的先锋战士“铁人”王进喜带过的队伍，是铁人精神的发源地。该队于1953年9月在玉门油矿建队，1960年3月到大庆油田参加石油会战。现有职工74人，其中党员26人，团员18人；国内49人，海外25人；本科学历12人，大专学历8人，中级以上专业技术职称5人。该队主要承担油田调整井、中深开发井和特殊工艺井及海外苏丹钻井项目施工任务。

建队以来，1205钻井队怀着为国分忧、为民族争气、“早日把中国‘贫油’的帽子甩到太平洋里去”的雄心壮志，创造了钻井、进尺的高水平，保持世界纪录1项、全国纪录11项。石油会战初期，该钻井队在玉门油田打出了“月上五千，年上双万”两项当时的全国纪录；创造了一个钻头一天钻进1000

图7-11　1205钻井队

米、一天用一个钻头钻完一口井、班进尺721.64米的三项全国纪录；1966年登上年钻井进尺10万米的台阶，超过了当时美国王牌钻井队和苏联功勋钻井队的世界纪录；1971年首创月进尺16201米、年进尺12.7万米两项全国纪录；1982年成为全国第一个累计钻井进尺突破百万米的钻井队；1989年11月，钻井总数在全国率先突破1000口；2004年2月，钻井总进尺在全国率先突破200万米；2006年8月，完成了大庆油田第一口长水平段取芯井的施工任务，首创长水平段取芯总心长336.41米，取芯收获率99.1%，创出全国纪录。多年来，该队涌现出以“铁人”王进喜为代表的众多先进模范人物，荣获各类锦旗、奖杯、奖状等300余面（件）。先后获得全国五一劳动奖状、“全国青年文明号”等荣誉称号；被评为中国石油天然气集团公司“百面红旗”单位；被命名为集团公司企业精神教育基地。毛泽东、周恩来、邓小平、江泽民、温家宝等党和国家领导人都曾接见1205钻井队职工代表或来队视察工作。[①]

（四）1202钻井队：永不卷刃的尖刀

图7-12　1202钻井队

1202钻井队，是1953年3月在玉门油矿以中国人民解放军19军57师转业的一个排为基础组建而成的，1960年到大庆参加石油会战。现有职工49人，其中党员17人、团员23人，大中专学历18人，平均年龄29岁。建队以来，1202钻井队先后转战克拉玛依、四川、辽河、江汉等7个油田，为中国石油工业发展作出了巨大贡献。20世纪50年代，1202钻井队在天山脚下创出进尺“月上千，年上万”的全国纪录，被誉为“天山脚下立标杆”；1961年，仅用9个月便创出进尺31746米的世界纪录；1966年，创出年进尺10万

① 大庆石油管理局党委宣传部：《大庆传统教育简明读本》，内部资料，2008，第68页。

米的世界纪录，超过当时美国王牌钻井队和苏联格林尼亚功勋钻井队；1985年6月11日，累计钻井进尺突破100万米；1991年10月6日，钻井总口数突破1000口大关；2006年，连续完成8口水平井，填补建队史上特殊工艺井施工的空白。1202钻井队已通过了ISO 9002国际认证，取得中国石油天然气集团公司甲级钻井队资格。多年来，该队被石油工业部誉为“永不卷刃的尖刀”，获得“钢铁钻井队”“卫星钻井队”“五好红旗单位标兵”称号。荣获各种（类）锦旗、奖杯、奖状等300余面（件）。先后获得全国五一劳动奖状、“全国青年文明号”等荣誉称号；被评为集团公司“百面红旗”单位；被命名为集团公司企业精神教育基地。刘少奇、周恩来、朱德、董必武、江泽民、李鹏、李瑞环、温家宝等党和国家领导人先后到1202钻井队视察。①

（五）中四采油队：“三老四严”发源地

中四采油队是石油工业部和大庆会战工委命名的标杆单位。1960年3月组建，当时被称为“采油指挥部三矿四队”。管理油水井108口、计量间6座、转油站2座。石油会战初期，该队以强烈的爱国主义精神和高度的主人翁责任感，精心管井、精益求精。曾经在这里发生的“用放大镜检查清蜡钢丝”“血染镐把”“夜守干线炉”“冒雨取油样”等动人故事，在全油田广为流传。该队被石油工业部授予“高度觉悟、严细成风的采油队”“团结的核心、战斗的堡

图7-13 中四采油队

① 大庆石油管理局党委宣传部：《大庆传统教育简明读本》，内部资料，2008，第70页。

垒”“五好红旗单位标兵”等荣誉称号；荣获原中国石油天然气总公司铜牌队、银牌队、金牌队等称号，并实现金牌采油队“三连冠”。该队被命名为中国石油天然气集团公司企业精神教育基地。20世纪70年代，以高产稳产为奋斗目标，在人员少、管理油井逐年增多的情况下，自觉加压，勇挑重担，保证了高产稳产，分别被石油工业部、黑龙江省授予“高产稳产标杆采油队”“英雄集体、模范集体”等称号。进入80年代，面临开采方式变化和生产技术更新，坚持抓好技术培训和岗位练兵，从生产实际出发，先后完成电泵井憋压自动停车装置、高压黄油嘴、液压拉力器、抽油杆断防跑油装置等16项革新成果，始终保持油水井利用率、油水井资料全准率等10项指标为100%的高水平。该队一直坚持发扬“高度觉悟、严细成风”的光荣传统，在队伍建设上坚持传统教育不断线，锤炼了一支自觉从严的过硬队伍，向外单位、外油田输送大量管理干部和技术骨干；在生产管理上，坚持严细作风不走样，资料数据齐全准确，无一差错；在基本功训练上，坚持岗位练兵不停顿，涌现出大量厂级以上技术能手和业务尖子；在完成生产任务上，坚持为油大干不松劲，始终保持油田开发高水平，16项油田开发指标年年达到100%；在党支部建设上，坚持发挥堡垒作用不动摇，年年被评为大庆市（局）先进党支部。1987、1988年夺得全国石油企业同工种基层队劳动竞赛银牌和铜牌。

在石油会战初期，中四采油队因在实践中总结提炼出“三老四严”而闻名油田，“三老四严”成为大庆精神的重要内容之一。周恩来、邓小平等党和国家领导人先后到中四采油队视察，并给予充分肯定和赞扬。60多年来，中四采油队“三老四严”传统作风始终代代相传，以其独有的教育、引导、凝聚、激励功能，影响着一代又一代石油人。

（六）5-65井组：“四个一样”发源地

5-65井组于1961年7月组建，隶属第一采油厂第二油矿北八队。组建初期由11名职工管理3口油井，井组同志坚持以高度的主人翁责任感和严谨的科学态度，认真细致做好每项工作，严格执行岗位责任制不走样，在工作中形成了“四个一样”好作风。1966年5月，5-65井组被会战工委树立为“五好”油井标杆，刘少奇、周恩来等党和国家领导人先后视察5-65井组，对“四个一样”给予充分肯定。60多年来，井组工人换了20茬，井长换了23任，但优良传统一直没有丢，并逐步发扬光大。该井组被命名为中国石油天然气集团公司企业精神教育基地。2007年，该井组被集团公司授予“标杆班组”称号。

图7-14　5-65井组

（七）北二注水站：岗位责任制发源地

北二注水站于1962年4月1日投产，隶属第一采油厂第二油矿北八队。全站共有职工12人，管理3台高压注水泵、2台冷却水泵、2台润滑油泵、2座千方储水罐和2台采暖锅炉，日外输高压水能力1.5万立方米，已累计外输高压水1.7亿余立方米。1962年5月，北二注水站干部职工在总结经验的基础上，

图7-15　北二注水站

建立了以“人人有专责，事事有人管，办事有标准，工作有检查”为基本内容的管理制度，并通过跟班写实、工作效果分析、总结经验等，总结、归纳出岗位专责制、交接班制、巡回检查制、设备维修保养制、质量负责制、岗位练兵制、安全生产制、班组经济核算制等八大制度，统称岗位责任制。大庆会战工委在北二注水站召开岗位责任制总结大会，使其迅速在全油田推广。岗位责任制的灵魂是岗位责任心。60多年来，北二注水站干部职工始终坚持继承发扬大庆精神（铁人精神）和“三老四严”“四个一样”优良传统，做到岗位练兵不敷衍、落实责任不走样、弘扬传统不失真。在实践中又总结出“上标准岗、干标准活、交标准班”的“三标工作法”。1962年6月21日，周恩来总理来站视察，对岗位责任制给予充分肯定。此外，叶剑英、余秋里、康世恩等党和国家及石油工业领导人也先后来站视察。该站先后被命名为中国石油天然气集团公司企业精神教育基地、黑龙江省爱国主义教育基地。2007年，被集团公司授予中国石油“标杆班组”称号；2008年，被黑龙江省总工会授予五一劳动奖状。

（八）中十六联合站：永远做油田精品

中十六联合站1997年11月竣工投产，共有职工74人，其中干部5人，党员14人，团员12人。该站占地面积4.4万平方米，主要是将进站的油、气、水三相混合物进行分离处理，并将合格的原油、天然气外输，合格污水回注地下；设计日处理液量3.5万吨，其中净化油0.7万吨，污水处理量2.8万立方米，天然气12万立方米。该站工艺流程先进，自动化程度高，主要仪器仪表采用美国霍尼威尔、上海光华等国内外一流产品。全站主要生产岗位实现了自动化管理，具有较强的油气集输、污水处理、三次采油处理能力，为油田长期稳产发挥着重要作用。2003年9月，该站被评为中国石油天然气集团公司“百面红旗”单位；2004年5月，被命名为集团公司企业精神教育基地；2006年，被评为大庆油田有限责任公司基层建设“十大标杆”单位，并被命名为“永远做油田精品的联合站”。该站先后荣获全国五一劳动奖状，集团公司“先进集体”“先进党支部”，黑龙江省先进基层党组织，油田公司金牌联合站和功勋集体等荣誉称号。2000年8月24日，江泽民、温家宝、曾庆红等党和国家领导人曾亲临中十六联合站视察。

（九）西水源：处处体现岗位责任心

西水源于1960年4月26日建成投产，是大庆油田第一座水源。西水源主要担负让胡路、萨尔图部分地区生产、生活用水供给任务，共有班组5个，职工59人，其中党员17人。西水源有加压泵房1座，35千伏变电所1座，各种设备123台，深水井31口以及5条总长近12公里的集水干线，日供水能力6万立方米。自建厂以来，西水源累计供水10.5亿余立方米，连续安全运行17800余天，保持了干部无违纪、职工无犯罪的纪录，实现由石油会战“百面红旗”单位到中国石油天然气集团公司“百面红旗”单位的跨越发展。2004年5月，西水源被命名为集团公司企业精神教育基地。2007年2月，被授予大庆石油管理局基层建设“十面红旗”单位称号，并被命名为“处处体现责任心的西水源”。①

（十）运输十三车队：硬骨头车队

图7-16 运输十三车队向新区运送管道

运输十三车队始建于1962年，其前身是大庆油田运输指挥部运输二大队三中队。60多年来，全队干部职工继承和发扬石油会战优良传统，埋头苦干，为油大干，无私奉献，在油田开发建设过程中，努力当先锋、打头阵、拉重载，成为油田运输战线的一面红旗。该队共为油田拉运各种物资2300余万吨，大约可装39万节火车皮；车队集体安全行驶11060万公里，相当于绕地球2700多圈，并创造出宝贵精神财富——硬骨头精神，

① 大庆石油管理局党委宣传部：《大庆传统教育简明读本》，内部资料，2008，第72页。

是大庆精神（铁人精神）在运输战线的具体体现。1964年，该车队被石油工业部命名为“硬骨头车队”；1965年，被石油工业部授予“五好红旗”单位标兵；2006年6月，被命名为中国石油天然气集团公司企业精神教育基地。①

（十一）星火一次变电所：严细成风的变电所

星火一次变电所是大庆石油管理局自建自管的第二座110千伏变电所，于1981年12月22日投产运行，2001年4月28日易地改建为微机综合保护自动化变电所。该所共有职工17人，党员6人，主要担负第一采油厂、第三采油厂部分地区200万吨产能供电任务，日供电量100万千瓦时。2005年，该所建成以“聚是一团火，散是满天星”为主题的团队文化建设展厅。2007年，该所改建为以“严细成风的星火一次变电所”为主题的集培训与传统教育于一体的多功能展厅。2003年9月，该所被评为中国石油天然气集团公司“百面红旗”单位；2006年6月，被命名为集团公司企业精神教育基地。星火一次变电所先后获得中央企业学习型红旗班组、全国能源工业先进集体、黑龙江省先进基层党组织等大庆市、大庆石油管理局以上荣誉称号71个。

图7-17　星火一次变电所

① 大庆石油管理局党委宣传部：《大庆传统教育简明读本》，内部资料，2008，第74页。

（十二）修井107队：英勇善战的修井铁军

修井107队组建于1982年9月，是专门从事油、水、气井大修作业施工的专业队伍。该队先后通过ISO 9001质量管理体系、ISO 14001环境管理体系和HSE管理体系认证，资料全准率100%，施工一次成功率99.1%，用户满意度95%以上，已成为集普修、侧斜、电泵电缆、深取浅取及气井大修等技术于一体，综合技术实力一流的作业铁军。建队以来，该队相继攻克封堵升深2气井等重大施工任务，创出油田大修队伍采用侧钻井技术、实施电泵井打捞、进行气井施工“三个第一”，被誉为油田的“主治医师”。1988—1992年，该队荣获中国石油天然气总公司金牌“五连冠”。多次被评为大庆油田有限责任公司先进党组织、先进集体；2006年，被评为油田公司基层建设“十大标杆”单位；并被命名为“英勇善战的修井铁军”。该队先后有15人次受到中国石油天然气集团公司及大庆市、大庆石油管理局表彰，队长赵传利被油田公司选树为新时期“五面红旗”之一。

（十三）2287地震队：特别能战斗的地震队

2287地震队成立于1978年6月，共有职工207人，各类设备百余台（套），资产近亿元，季节性外雇劳务工1000余人。该队成立以来，转战二连浩特、海拉尔、松辽盆地等探区，累计完成二维地震资料采集任务1000万米、三维地震资料采集任务12亿平方米，成为一支具备在平原、山地、沙漠、沼泽、水域、城区及主力油田区域等各种复杂地表条件下进行多道二维、三维及高分辨率地震施工能力的队伍。该队先后与美国西方地球物理公司、俄罗斯石油公司、同济大学等单位合作，开展“高分辨率三维地震勘探”等14项新技术试验，在国内第一个应用“卫星遥感RTK测量”等13项新技术。该队先后荣获“全国杰出青年文明号暨信用工程建设示范单位”“全国优秀青年学习组织”“黑龙江省劳动模范集体”等荣誉称号。2003年，该队被评为中国石油天然气集团公司“百面红旗”单位。2007年，被授予大庆石油管理局基层建设“十面红旗”单位称号，并被命名为“特别能战斗的2287地震队”。该队曾经两次走进人民大会堂接受党和国家领导人颁奖。

（十四）油建十一中队：自觉从严，好字当头

油建公司十一中队1954年在玉门油矿组建，1960年参加大庆石油会战，共有职工76人，其中党员13人、管理人员16人。该队是一支从事油田地面产能、化工建设的综合性施工队伍，具备承建大型联合站、转油站及系统配套工程、管道安装工程、老站改扩建、各类大型立式储罐及容器安装的综合施工能力。建队初期，油建十一中队被甘肃省玉门市委授予“更高标杆立祁连”荣誉称号，并颁发由朱德同志亲笔题词的锦旗。石油会战时期，该队以“自觉从严，为革命干保险活”闻名油田内外，1965年，被石油工业部命名为“自觉从严、好字当头”标杆队。建队以来，该队相继建成各种泵站236座，敷设管线16400公里，建成省部级优质工程52项、国家级优质工程2项；先后荣获全国五一劳动奖状、国家能源部先进集体等荣誉称号；培养和造就了以“最讲认真的人——周占鳌”等为代表的一大批英雄模范人物。该队党支部曾先后45次被大庆油田评选为先进党支部；2006年，被命名为中国石油天然气集团公司企业精神教育基地；2007年，被授予大庆石油管理局基层建设“十面红旗”单位称号。

图7-18　油建十一中队

从一定意义上讲，这些遍布全油田的大庆精神教育基地，涵盖了采油、钻井、基建、水、电、通信、采暖等各个行业、各个领域，连接起来就是一部鲜活、生动的大庆会战史和精神传承史。①

四、日常化凝结大庆精神的“物件”

在大庆油田随处可见当年石油会战的痕迹，随时可以感受到那扑面而来的红色经典的光芒、感受到以“铁人”王进喜为代表的“铁人”队伍的鲜活气息，其中最为突出的代表就是铁人村、干打垒、地窝子等。

（一）铁人村

铁人村现在叫铁人一村，位于大庆市儿童公园铁人桥附近，原名“杨四屯”。1962年，“铁人”王进喜和他带领的1205钻井队曾经在这里住宿，经常有大庆内部和外省同志到1205钻井队参观。1963年6月，1205钻井队由于打井的需要，迁往新驻地。为了继承和发扬铁人精神，1964年杨四屯更名为“铁人村”。后在此周围，先后建立起3个相互连接的居民生活区，分别命名为铁人一村、铁人二村和铁人三村。铁人一村是最初的铁人村。②

（二）干打垒

干打垒是一种用泥土垒筑的简易房子。1960年初，大庆石油会战上得快、打得猛，到年底已达到5万多人，各种机械设备、车辆上万台（套）。人没有房子住，设备没有库房，是无法度过-40 ℃～-30 ℃的严冬的。面对这种情况，会战领导机关果断决定：会战队伍一定要像解放军在战场上一样坚守阵

① 大庆石油管理局党委宣传部：《大庆传统教育简明读本》，内部资料，2008，第73页。
② 同上书，第134页。

图7-19　1960年“干打垒”施工现场

地，会战现场一支队伍也不许搬走，钻井一刻也不能停，输油管线一寸也不能冻，人一个也不能冻伤。当时，物资缺乏，资金又少，所以只能学习借鉴当地农民盖土房的办法盖干打垒。从1960年8月开始准备，全战区人人动手建造干打垒。经过100天的努力，建完了30万平方米的干打垒，建起了会战指挥部用房和居民点，保证了石油大会战队伍安全度过严冬。此后，随着油田会战速度加快，人员设备不断增加、发展壮大，油田职工始终坚持自己动手盖干打垒住房，一直持续了20年。这种因陋就简、艰苦创业的精神被誉为“干打垒精神”。干打垒也成为当年石油会战以及广大石油人一个标志性的符号。[①]

（三）地窝子

1960年会战一开始，几万名会战职工在短时间内汇聚到空旷的荒原上，吃、住、行都很困难。住地窝子就是当时克服住处困难的措施之一。地窝子指在天然的或人工挖成的半地下式的土坑上面盖上棚，里边再铺些草，无门无窗

① 大庆石油管理局党委宣传部：《大庆传统教育简明读本》，内部资料，2008，第132页。

的地下窝棚，带有原始意味。睡觉时，人的脚先进去，头后进去，十几个人挤在里边。进人的那面用遮挡物挡上，以防冷风和蚊虫。当年，有些钻井队和油建施工队伍曾住了两年多的地窝子。[①]

（四）二号院

二号院是石油会战初期大庆主要领导的办公场所，现位于大庆中七路32号。当年，生活条件十分艰苦，会战职工自己挖地窝子遮风挡寒。当时的领导机关从安达搬到萨尔图后，在萨尔图火车站北面500米处，临时搭起几座帐篷，人们称之为“一号院”。1960年冬，在一号院的东面盖起了一座土坯房的四合院，叫作“二号院”。会战机关的主要领导搬到这里办公，也吃住在这里，成为石油会战的指挥中心。二号院后来曾作为大庆市委、市政府、大庆石油管理局等主要领导办公所在地。[②]

（五）会战大街

会战大街位于萨尔图区，大庆火车站以北，世纪大道以东，因1960年石油会战领导机关设在此地而得名。这里曾是大庆市委、市政府、大庆石油管理局机关所在地，现已成为大庆的经济、交通、文化中心之一。这里集中了大庆火车站、客运总站、大庆百货大楼、新华书店等众多公共场所和商业设施，成为市区主要商业街和繁华地段。

（六）万人广场

万人广场现位于大庆萨尔图区会战大街的大庆市原第23中学操场，是石油会战初期召开全油田职工群众大会专用的临时性简易场所。1960年4月29日的会战誓师大会、1961年5月1日的万人会战动员大会，都是在这里召开

---

① 大庆石油管理局党委宣传部：《大庆传统教育简明读本》，内部资料，2008，第133页。

② 同上书，第129页。

的。这里后来也成为油田进行全员动员、激发斗志，攻坚克难、持续奋发的一个重要标志。[①]

（七）东风接待站

东风接待站现为世纪大道旁的东风9号院宾馆。1964年，毛泽东主席发出“工业学大庆”号召之后，到大庆学习、参观的人数逐年增加，在大庆召开的会议也逐渐增多。为适应接待工作的需要，在大庆火车站东约10公里处组建了接待服务机构——东风接待站。初期设施简单，大多为干打垒住房，另有一部分帐篷。后来，陆续改建为砖木平房，并新建了一批楼房。平房有四号院、六号院、七号院、八号院、九号院。楼房有四栋，形成了楼房四合院，室内及周边设施也较为齐全。东风接待站曾担负大庆市委、市政府、大庆石油管理局的各种重要接待任务，1998年改名为“东风宾馆”。[②]

（八）五两保三餐

1960—1962年，正值国家三年困难时期，也是大庆石油会战的困难时期。曾经有一段时间，每名职工一天只有五两粮食。面对这种情况，会战工委要求各级领导千方百计、想方设法让职工填饱肚子，当时称作“五两保三餐”。为解决粮食不足的问题，各单位发动职工上下班时挖野菜，就近开荒种些菜、豆等农作物。炊事人员想尽办法提高出饭率。早餐用一两玉米面熬野菜糊糊；午餐、晚餐用青菜或野菜攥团滚上玉米面蒸成菜团子，外加一锅野菜汤。由于长期吃野菜，不见油水，很多人出现了脸肿、腿脚肿，不少人还患上了浮肿病。但是，广大会战职工仍然靠着高度的思想政治觉悟，坚持为石油会战拼命大干、忘我拼搏、无私奉献。“五两保三餐”不仅成为石油会战的真实写照，也在一代代大庆石油人中传为佳话，成为立志奋发、锐意进取的动力。[③]

---

① 大庆石油管理局党委宣传部：《大庆传统教育简明读本》，内部资料，2008，第135页。

② 同上书，第139页。

③ 同上书，第130页。

（九）狗皮帽子道道服

石油会战时期，冬季发给职工的劳保工作服包括狗皮帽子、大头鞋、棉手套和一套棉工服。棉袄和棉裤都轧成竖行道道，里子、棉花、面子一道工序轧在一起，上衣共轧48道杠杠，称为“道道服”或“杠杠服”。棉工服不分男女，干部职工都一样。轧道道的目的是使工服结实耐用，不怕刮，即使刮破也不会大面积破开，适合石油工人野外作业。这套装束简洁实用，在石油会战中发挥了重要作用，深受广大职工群众喜爱。①

（十）野菜包子黄花汤

石油会战最困难时期，各单位在“五两保三餐”的基础上，还想方设法每十天为职工改善一次生活，换换口味。野菜包子黄花汤就算当时的美味佳肴了。野菜包子就是用野菜放些调料做馅儿，白面加些玉米面和在一起做皮，包成大馅的包子。黄花汤就是从草甸子采来的新鲜黄花做的汤。当时有一首职工写的诗，从中可见当时的会战情景和精神面貌：“野菜包子黄花汤，吃到嘴里分外香。挥锹舞镐扶刹把，含有伙夫一臂膀。”②

---

① 大庆石油管理局党委宣传部：《大庆传统教育简明读本》，内部资料，2008，第131页。

② 同上书，第130页。

第八章 08

大庆精神传承和弘扬

大庆精神是广大石油人宝贵的精神财富。党和国家几代领导人都曾经对大庆精神给予了充分肯定和高度评价，使一代又一代大庆石油人始终感受到巨大的鞭策和鼓舞，增添了传承的不竭动力。大庆油田作为大庆精神的发源地，传承大庆精神义不容辞、责无旁贷。油田历届领导班子更是十分重视、倍加珍惜，始终把传承和弘扬大庆精神作为神圣的政治责任、历史责任。这些年，尽管油田的管理体制、工作条件和队伍结构发生很大变化，但是各级领导班子始终强化“三个认识”不变：大庆精神是党的政治优势，什么时候都不能削弱；是队伍的共同思想基础，什么时候都不能动摇；是发展的不竭动力，什么时候都不会过时。始终注重硬件设施投入。建设了以“三馆”为核心的近百个企业精神教育基地，这些教育基地连接起来就是一部鲜活、生动的大庆会战史和精神传承史，从而更好地起到了展示形象、提升境界，教育当代、激励后人的作用。始终注重加强机制建设。多年来，油田陆续出台了《大庆精神铁人精神再学习再教育的决定》《新时期加强

“三基”工作指导意见》等一系列文件，始终坚持大庆精神再学习再教育的频道不换、主题不变、势头不减。做到主题鲜明、接力传承、持之以恒，做到政治本色不变、优良传统不丢、奋斗精神不减。

一、联系队伍实际抓传承和弘扬

当前，大庆油田的队伍主体已经由第一代创业者变成第二代、第三代。这些“80后”“90后”对大庆石油会战缺乏亲历感，再加上信息渠道较多、价值取向多元，给职工特别是一些青年工人思想造成了较大的冲击和影响。对此，油田切实采取有效措施，全力抓好大庆精神传承和弘扬。

（一）抓教育，不断线

寻根 中国共产党的伟大精神

弘扬大庆精神 开创科学发展新局面

铁人心愿

取之不尽的精

大庆答卷

图8-1 2011年5月30日《人民日报》刊登文章《弘扬大庆精神 开创科学发展新局面》

进入新的发展时期，随着形势任务、思想观念、价值取向以及队伍成分新老更替等多方面的发展变化，势必对大庆精神传承提出新挑战、新要求。在新形势下，油田党委始终把培育“爱国、创业、求实、奉献”的共同价值观摆在首位，按照明确传统教育主题，形成传统教育机制，建设传统教育阵地，打造传统教育队伍的总体部署，拓展传统教育平台，强化传统教育效果，保持传统教育强势，让职工群众时刻工作和生活在大庆精神的熏陶之中。油田党委主要采取了四个步骤。**第一，建立阵地，专题教育**。成立了由老会战、老劳模、老干部、老工人组成的“四老”宣讲团，坚持把传承优良传统作为职工入厂、入党、入团教育的第一课和必修课。近年来，油田还推出了用身边人讲身边事，靠身边事感动身边人的"铁人大讲堂"等。**第二，灵活机动，巡回教育**。协助集团公司思想政治工作部开展了"石油魂——大庆精神铁人精神"巡回宣讲活动，通过生动再现波澜壮阔的大庆石油会战，全面解读大庆精神（铁人精神）的丰富内涵，掀起了精神传承的热潮。在一年多的时间里，宣讲总队上高原、下井队、到大漠、进课堂，累计宣讲272场次，行程10万多公里，直接受众达20万人次，不仅在大庆油田和集团公司范围内引起思想共鸣，而且在国家机关、社会各界都产生了强烈反响。**第三，激发热情，主题教育**。坚持开展"五好"评比、"学铁人、立新功"主题教育和重温会战优良传统等活动，形成浓厚的学习氛围。组织职工观看电影《创业》等，激发广大职工为油拼搏、献身油田的热情。通过持续教育引导，广大职工对大庆精神有了深刻认识，把弘扬大庆精神变成一种自觉行动和习惯养成。**第四，形成机制，长效教育**。以层层开展宣讲大庆故事、优良传统为有效载体，把大庆精神的教育传承作为职工群众入团入党、干部述职、领导班子考核、职工入厂培训的重要内容。同时，组织编写、持续完善分别针对领导干部、职工群众、社会群体、在校学生等不同群体的教材体系，做到大庆精神进教材、进基层、进岗位、进社区、进学校、进家庭。结合新的创业实践和发展目标，引导百万石油职工把大庆精神有机融入自身文化建设，融入行业管理，引导干部群众把大庆精神内化于心、外化于行、固化于制，使大庆精神在继承中不断发展，在发展中持续创新。

（二）抓示范，重引领

搞好精神传承，领导干部示范和先进典型引领至关重要。长期以来，大庆油田一直注重发挥领导干部的表率作用，要求各级干部既当精神传承的倡导者，又当身体力行的实践者。石油会战时期，形成的"班子行不行，先看前两名""工人身上有多少泥，干部身上就有多少泥""三个面向，五到现场"等优良传统，一直延续至今。进入新时期，油田党委更加注重抓典型、树样板，用典型的榜样示范，推动大庆精神传承，努力打造铁人式职工队伍。一方面，坚

图8-2 新时期“铁人”王启民

图8-3 大庆新“铁人”李新民

持领导干部带头。油田各级领导干部积极适应新形势、新任务、新发展的要求，自觉树立“持续发展带头人、大庆精神传承人、职工群众贴心人”的良好形象，做到“三老四严、德勤绩廉”，成为传承和弘扬大庆精神的“领头雁”。另一方面，坚持用典型来引领。这些年，油田进一步加大了典型的总结和宣传力度，做到典型时时有、典型处处有，成为广大职工学习和传承大庆精神的标杆。特别是，进一步加大了三代铁人的持续宣传教育力度，在新华社等中央主流媒体进行了广泛宣传，进一步扩大了铁人式职工队伍及大庆精神的影响力。

（三）抓载体，强阵地

载体是搞好精神传承的重要渠道。这些年，油田党委主要通过主题活动选准载体，抓实基层岗位稳固载体，开展文化活动丰富载体，使大庆精神更好地进班组、到人头，入脑入心、易于接受，主要包括三个环节。**第一环节，通过主题活动选准载体。**注重抓住油田发现、铁人诞辰、系列庆祝等重要日期和节点，持续开展“珍惜大庆光荣史，再创大庆新辉煌”“学铁人、立新功”“珍惜荣誉，高举旗帜，开创未来”等系列主题教育活动，强化教育效果。**第二环节，抓实基层岗位稳固载体。**通过岗位命名，建立基层班组、小队荣誉室，提供以“铁人”“会战”“创业”为名字的公共设施，让职工群众时刻工作和生活

图8-4 “忆会战，讲传统”活动

在大庆精神的熏陶之中。**第三环节，开展文化活动丰富载体**。在以往建设品牌文化、执行文化、学习文化的基础上，结合岗位和队伍实际，进一步打造岗位文化、班组文化、安全文化、广场文化、社区文化等，不断延伸基层文化建设的触角，丰富基层文化建设的内涵，规范基层文化建设的流程，加强基层文化管理，并注重把大庆精神贯穿于基层文化创建的始终，不断激发基层广大职工群众的创造活力，提高基层建设管理水平。同时，还组织拍摄了电影《创业》、艺术纪录片《大庆战歌》等，演出话剧《初升的太阳》，创作了歌曲《大庆家属闹革命》，广泛宣传大庆精神和会战优良传统，油田上下形成了学“铁人”、做“铁人”的浓厚氛围。

（四）抓创新，赋内涵

创新是最好的继承。近些年来，为适应市场经济和建立现代企业制度的需要，在秉承“爱国、创业、求实、奉献”精神内核的基础上，着力在队伍中培育竞争文化、开放文化、创新文化、诚信文化，不断为优良传统注入与市场经济相适应的品质与内涵。以企业核心价值观为统领，丰富和完善了企业文化的理念体系，主要包括“资源有限，科技无限”的科技理念、“大庆油田，为祖国加油”的社会理念等，有效地引领了企业改革发展实践。油田科研系统在攻关实践中形成了“超越权威，超越前人，超越自我”的“三超精神”，取得了一批重大技术成果，推动了油田新时期高科技新会战。2004年，国务院国资委在大庆油田组织召开了中央企业企业文化建设研讨交流会，大庆油田的企业文化建设经验得到了与会人员的广泛好评。油田坚持以企业核心价值观为统领，丰富和完善了企业文化的理念体系，主要包括“高水平、高效益，可持续发展”的发展理念，“为市场提供最好服务，为企业创造最佳效益”的经营理念，“发展的企业为人才的发展提供广阔的平台，发展的人才为企业的发展创造无限的空间”的人才理念，“付出一万的努力，防止万一的发生”的安全理念等，有效地引领了企业改革发展实践。油田还积极引导职工把“爱国”情怀体现到立足本职、胸怀全局，努力维护国家石油战略安全上；把“创业”激情体现到解放思想、奋发有为，一心一意推进可持续发展上；把“求实”态度体现到严细认真、精益求精，在各项具体工作中争创一流业绩上；把“奉献”精神体现到时刻以国家和企业利益为重，自觉维护改革发展稳定大局上，从而使广大干部职工真正把弘扬大庆精神付诸扎扎实实的具体行动。

二、结合形势任务抓传承和弘扬

大庆油田作为资源采掘型企业，时刻面临形势、任务的发展变化，这种发展变化为大庆精神传承提供了契机。

（一）用大庆精神谋发展

把老一辈石油人开创的事业尽心竭力地传承过来，永续辉煌地发展下去，是传承大庆精神最根本的体现。面对油气资源接替不足、开采难度增大、投资成本上升等日益突出的矛盾，面对中央领导同志提出的殷切希望，社会各界给予的广泛关注，油田上下普遍感到：无论前进道路上有多么大的困难和挑战，一定要胸怀全局、为国分忧，坚决实现原油持续稳产这一目标。为此，在全油田开展了历时两年的“解放思想、谋划发展”主题实践活动。在活动中，结合学习实践科学发展观活动，集中进行了形势任务教育，油田领导班子坚持深入基层调查研究，先后形成了《大庆油田可持续发展纲要》《4000万吨持续稳产规划》《大庆油田振兴发展纲要》《大庆油田“十四五”发展规划》《新时代大庆油田当好标杆旗帜建设百年油田发展规划》，为高质量发展奠定了坚实基础。

（二）用大庆精神保稳产

确保原油持续稳产，是大庆油田基业长青的第一要义，也是搞好精神传承的着眼点和落脚点。当年，“铁人”王进喜以“宁肯少活二十年，拼命也要拿下大油田”的豪迈气概，与战友们一道，高速度、高水平地拿下了大油田，一举改变了我国石油落后的面貌。作为新时期的大庆人，必须以“铁人”为榜样，始终坚持把传承大庆精神具体落实到维护国家石油供给安全上来，确保原油持续稳产。正是基于这种认识，这些年油田上下始终清晰使命愿景、把握实现路径、创建发展形态，在抓好“三件大事”、谱写“四个新篇”中推进“一稳三增两提升”，加速上扬成长“第二曲线”，奋力建设世界一流现代化百年油田，为保障国家能源安全、推进中国式现代化贡献大庆石油力量。

（三）用大庆精神闯市场

对于大庆油田来讲，要实现科学发展、基业长青，必须立足于“两种资源、两个市场”谋发展，切实用大庆精神闯市场，进而在中国石油综合性国际能源公司战略中发挥重要作用。1998年以来，在日趋激烈的市场竞争中，油田不仅靠优势特色技术取胜，更主要的是靠大庆精神、大庆品牌取胜。始终坚持“用大庆精神保证质量，靠‘三老四严’取信用户”。1205钻井队，怀着“铁人”老队长“要把井打到国外去”的夙愿，远赴苏丹打井。他们顶烈日、冒酷暑，17天就交出第一口优质探井，荣获了苏丹年度唯一的“钻井杯”。目前，油田已有165支队伍进入蒙古、苏丹、伊拉克等23个国家和地区，在海外叫响了“铁人”品牌，树起了大庆红旗。

（四）用大庆精神强“三基”

新时期油田始终坚持把传承大庆精神贯穿于“三基”工作始终。油田党委专门召开了“三基”工作推进会，成立“三基”工作委员会，下发《新时期加强“三基”工作指导意见》，对“三基”工作指导思想、工作目标、基本任务等进行明确；深入开展“珍惜 · 感恩 · 回报”主题教育、基层组织建设年、素质提升工程等活动，并在油田主页开通“基层热线”，有力地促进了“三基”工作水平全面提升。

在把大庆精神教育融入基层的生动实践中，油田党委始终注重加强“三基”工作。在党支部建设上，发挥好党支部的整体功能，充分发挥好党员的模范作用，把党支部建设成坚强堡垒。在基础工作上，抓好“生产管理、技术工作、政治工作”三项工作，严格落实好党支部七项制度。在基本功训练上，坚持岗位练兵，干什么、学什么，缺什么、补什么，多层次、多渠道、多形式地对职工进行培训，有效提高企业职工的群体素质和岗位工作能力。物资保管员齐莉莉练就了“活账本”的本领，为了练功，她起早贪黑，冬练三九、夏练三伏，对所管理的7万多种器材的名称、规格、单价、库存等数据对答如流，对所管理的14种机型800多项机部件的性能、用途记得清清楚楚，练就了“摸料”和“活账本”的硬功夫。通过加强“三基”工作，基层战斗力全面提升，队伍面貌发生了深刻变化。在全国创先争优表彰大会上，大庆油田总医院党委、中十六联党支部被评为全国创先争优先进基层党组织。

三、着眼百年征程抓传承和弘扬

立足新的起点，面向百年油田，确保基业长青，这不仅是大庆油田现阶段传承和弘扬大庆精神及优良传统的客观现实，更是一种发展的需要与挑战。为此，新时期大庆石油人以自身的实际行动作出了回答。

(一) 全员“三立”行动

2016年以来，为了有效应对低油价挑战，油田发出了大力推进群众性创新创效活动的号召。2017年2月，油田公司工会、团委积极响应、认真落实职代会的部署要求，联合发起了“三立”（传统立身、勤俭立业、百年立功）全员行动倡议，组织发动广大干部职工，积极投身到群众性创新创效活动中来，取得了重要成果，主要体现在以下几个方面：**一是职工创新热情空前高涨。**“三立”行动开展后，广大职工积极行动、主动参与，利用各种创新平台，围绕解决日常生产中的各种疑难问题，开展了形式多样、成效显著的创新创效活动。在整个活动中，全油田共建立8个国家级和省级技能大师工作室、56个劳模创新工作室、10个青工技能创新示范基地、17个技能专家工作室和110个技能革新工作室。在技能大师、专家、劳模的带动下，基层岗位职工的创新热情空前高涨，创新潜能充分释放，呈现出百舸争流、千帆竞发，全员创新、人人创效的生动局面。其中，既有群众性的小发明、小创造、小革新，也有适应扁平化管理和站场无人值守的大创新、大创造、大手笔。采油二厂刘丽工作室研发的螺杆泵井多功能电缆护管，在全油田推广应用1000多套，消除了安全隐患，延长了电缆使用寿命，提高了工作效率。物资银浪仓储分公司搭建的“创客联盟”平台，吸纳80%以上的员工为“创客”，平台成立以来发布60多个“金点子”，在生产实践中见到了非常好的效果。**二是降本增效取得可喜成果。**在全员创新行动中，油田上下认真落实开源节流、降本增效10个方面30项工作任务，一大批经济适用的创新成果得到推广应用，创造了可观的经济效益。采油一厂六矿技术人员研制的盘根盒、总结的抽油机“243”调平衡法、皮带五级管理法等，为全队节省上百万元的生产成本。采油四厂二矿修旧利废班组，5个人包揽全矿阀门、机泵、仪表等修旧任务，半年修复零件设备400多件，创造价值300余万元。正是由于全员的创新活动、精打细算和点滴积累，才使企业的效益稳中向好、稳步回升。**三是生产管理水平显著提升。**油田各系统、各单位立足推进“三立”行动，自觉同国际先进对标，向一流水平看齐，一些长期困扰和制约生产管理、运行效率的突出问题得到有效解决。**四是生产管理、施工现场的自动化程度大幅提升，用工水平持续提高，劳动强度明显降**

低，岗位操作更为便捷，管理手段更加科学。1205队建立的“精准钻井流程看板”，确立了每个工序的标准施工时间，并坚持持续改进优化，最大限度地节省了生产时间，2019年钻井效率同比提高一半以上，创出月“九开九完”、最短建井周期2.83天的新纪录；采油七厂推进机泵设备数据库管理，维修准备周期大幅缩减，设备故障修复效率显著提高。**五是创新创效环境逐步形成。**各单位各部门高度重视群众性创新创效活动，方方面面全力支持、密切配合，形成了“三立”行动深入推进的合力。油田公司上线了群众性创新创效集成共享信息平台，完善了成果评审、推广应用、奖励提成等配套机制，许多单位都加大了对工作室的资金投入，着力改善创新环境和工作条件，有的单位还专门开辟了试验基地，形成了有利于创新创效的浓厚氛围。采油二厂探索的革新成果“研产用”一体化模式，通过采取专业内集中优势、跨系统强强联合、多工种联合作战，解决了靠少数骨干单打独斗、自我封闭、重复研发的问题，大幅提升了创新成果的质量和效率，营造了全员想创新、处处有创新、人人能创新的良好环境。

（二）回归严实作风

弘扬大庆精神，始终从严从实一直是大庆油田的优良传统。在新时代，油田党委作出抓好“三件大事”的战略部署，其中“一件大事”就是在全油田进一步弘扬严实作风。弘扬严实作风，是新时代大庆油田党委贯彻习近平总书记“三严三实”要求、传承“三老四严”传统作出的重大决定，是油田发展的根本保障。其核心内容是牢牢把握“四条要求”、从严落实“五项措施”。

“四条要求”：要人人体现严和实，事事体现严和实，时时体现严和实，处处体现严和实。这是大庆红旗的底色所在，是对党绝对忠诚的根本体现。**讲“人人”，就是严实作风在主体上的全覆盖。**每个人都是作风建设的主体，谁都不能置身事外，不分干部工人，不分职务高低，只要在油田工作，只要是油田的一员，就要讲求严和实。以严实为绳，以严实为荣，让“不讲严实就不是合格大庆人”的理念深入人心，自觉做“三老四严”的传承人、践行人。**讲“事事”，就是严实作风在对象上的全覆盖。**每项工作都要做到严和实、体现严和实，无论大小主次，无论分内分外，只要是负责的、经手的，哪怕只是一项工作中的一个环节、一个因素，都要怀着“干工作经得起子孙万代检查”的信念去做好，让工作严要求、事事高标准成为一种常态。**讲“时时”，就是严实作风在时间上的全覆盖。**作风建设永远在路上，贯穿每个人、每件事的全过程，不是一下子，也不是一阵子，而是一辈子。要时刻牢记“我当个石油工人多荣耀”，把严实刻在骨子里，把严实的基因融入血脉中，让“三老四严”“四个一样”成为行为自觉，成为本能。**讲“处处”，就是严实作风在空间上的全覆盖。**每个单位、每个岗位都是作风形象的窗口，从机关到基层，从前线到“后线”，从国内到国外，必须全层级参与、全方位参与、全岗位参与，把责任落实到岗位上，把标准体现在工作中，没有特殊、没有例外。让外面人走进大庆，无论到哪里都能感受到严和实；油田人走出大庆，无论到哪里都能展示出严和实。

“五项措施”：开展一场学习，组织一次查摆，剖析一批案例，建立一项制度，完善一项机制。这是促进严实作风的主要抓手，保证严实作风的重要举措。**开展一场学习，**就是紧紧围绕落实岗位责任制，聚焦解决“该做什么”“该怎么做”两个核心问题，达到增强岗位责任心的根本目的。这是一场全员岗位学习运动，各级管理人员学习掌握岗位职责和相关规章制度要求，各类专业技术人员学习掌握岗位职责和专业技术标准，各类技能操作人员学习掌握岗位职责和操作标准。灵活运用各种学习方式，突出学习的全员性、针对性、有效性、持续性，带着任务学、带着问题学、带着目标学，确保人人应知尽知，以学促行，以明责知责促进履责尽责。在学习的基础上，进一步捋清岗位职责，看岗位职责有没有、全不全、管不管用、过没过时。结合油田改革发展新形势新要求，抓紧调整和完善岗位责任制和“两册”（《基层队（站）管理手册》和《基层队（站）岗位标准化操作手册》），查缺补漏，补足短板。从公司领导班子抓起，以上率下，做到人人有职责、岗岗有规范。**组织一次查摆。**把问题作为改进作风的切入点、着力点，借鉴历史经验，以新时代岗位责任制大检查为主要抓手，组织一次全员大查摆大讨论，不断发现问题、解决问题，促进作风建设持续加强。对照会战光荣传统，对照抓好“三件大事”安排部署，对照制度标准，对照行业先进一流，对照巡视巡察反馈问题，采取集中检查、随机抽查与自查讨论相结合的方式，对党的建设、改革发展、提质增效、生产经营、安全环保、队伍建设等各项工作进行全面梳理，做到层层查摆、人人查摆、事事查摆。逐条逐项查摆不严不实情况，列出问题清单，制定整改措施，明确整改时限，落实整改责任，保证整改效果。**剖析一批案例**。对于不严不实的典型现象、事件、案例，采取现场分析会、专项分析会等有效方式，解剖“麻雀”，像当年“用放大镜检查清蜡钢丝”“五毫米见精神”那样，进行深度剖析，透过现象看本质。向“内”挖根源，谈谈思想认识上是怎么看的，操作执行上是怎么干的；向“深”挖根源，找找管理上、制度上存在的短板、漏洞，弄清问题发生的偶然性与必然性；向“上”挖根源，讲讲下面的不严不实是从哪来的、跟谁学的。群众出现问题要从领导找原因，下级出现问题要从上级追责任。切实做到层层剖析，真正触及思想、触及内心、触及痛处，举一反三、触类旁通，引以为戒。力求通过剖析一个案例、整改一类问题、杜绝一种现象、完善一项制度，从而实现一次提升。**建立一项制度**。建立不严不实问题曝光制度，对于在各种检查中发现的、日常工作中表现的不严不实问题，通过简报、通报、会议、检查排名、开设“曝光栏”等方式进行曝光，发现一处、曝光一处、处理一处。对不严不实的“事”揭短亮丑，让不严不实的“人”红脸出汗，达到大警示、大反思的效果。**完善一项机制**。完善追责问责机制，动真格、动真章，不摆“花架子”，不搞“一阵风”，让严实作风落实落地。将岗位责任制落实是否彻底、履行岗位责任是否到位，纳入绩效考核；对于屡禁不止、屡查屡犯的问题，追究相关责任人的管理责任；对于违规违纪违法的，移交纪委、组织部门，依据有关规定给予惩处。①

在当好标杆旗帜、建设百年油田的新的历史时期，油田党委通过“四条要求”“五项措施”“从严从实”，在全油田上下营造弘扬优良传统、回归严实作风的浓厚氛围，一步一步深入抓，一环紧扣一环抓，让作风建设螺丝越拧越紧，让严实作风贯穿于企业管理实践全过程。

（三）“大庆精神+”新业态

为更好地传承和弘扬大庆精神，进一步为“当好标杆旗帜，建设百年油田”提供强大的精神动力，大庆油田在原有战略规划基础上，明确提出了探索

---

① 中共大庆油田委员会：《关于新时代履行岗位责任，弘扬严实作风的“四条要求”“五项措施”的实施意见》。

“大庆精神+”发展模式，并作出一系列安排部署。

就油田来讲，调整改造、转型升级就是按照国家战略和市场经济的方向，对现有业务搞好顶层设计，构筑一体化优势，进一步增强发展活力、提升质量效益，以实现整体价值的最大化。

致力打造传统产业的升级版。作为基础性、战略性核心业务，油气生产一直是油田的传统产业，在构建商业模式的过程中，根据其产业链条衔接紧密、协调性要求高、资金技术密集、投资强度大等特点，以国家推进能源革命、全面振兴东北老工业基地、建设世界科技强国为契机，把“当好标杆旗帜”作为根本指导，大力推进本土油气业务持续有效发展，海外油气业务规模跨越发展，不断优化整体的业务结构、经济结构和价值结构。① 通过加快体制创新，增强发展驱动力。根据国际市场需求结构新调整、产业格局新变化和科技进步新趋势，结合百年油田目标和近期工作部署，进一步健全和完善以市场化、国际化、信息化为标志的现代企业制度，充分发挥生产经营主体作用，着力构建产业发展新体系，激活发展潜力，强化发展驱动，逐步形成全新的产业格局。② 通过持续结构调整，提高产业集中度。从推动产业结构升级出发，进一步解决结构性矛盾，优化资源配置，突出主业、突出效益、突出一体化，实施专业化、规模化、模块化经营，释放生产潜能，增强规模实力，使油田的资源互补性更好、产业关联度更高、业务成长性更强。③ 通过信息化的深度融合，致力整体上水平。立足百年油田，继续抓好物联网、云计算等重点项目建设，建立和完善生产经营决策服务平台、科研攻关资源共享平台、现场施工远程支持平台，实施业务单元的升级再造。

致力打造现代产业的加长版。坚持开放发展、振兴发展不动摇，以新思路、新举措发展更高水平、更高层次的开放型经济。对于市场前景好、科技含量高、发展潜力大的业务，坚持做强做优并形成产业支撑，通过加快技术进步和管理创新，进一步增强核心竞争力，切实加快与国际接轨的步伐，更快速地融入世界经济体系，以实现油田现代产业的领域延伸和空白拓展。领域延伸，就是对产业相近、行业相关、关联程度高的业务，在打破条块分割与分散管理，实施集约化经营的同时，推动相关业务坚定不移地“走出去”。着力统筹市场策略、整合市场资源、优化市场布局，逐步抢占油气市场、扩大服务市场、占领高端市场，实现由产品销售向销售服务一体化转变、分兵协作向整体运作转变、低端进入向高端占有转变，持续不断地延伸触角、扩大领域。空白拓展，就是对社会化、市场化程度较高的业务，立足提高资本运营效率、实现资产保值增值，采取上市融资、股权置换、合资合作、重组整合等方式，吸纳多元资本，探索实行混合所有制，努力培育一批独立经营、自我发展、提档升级的市场主体，发挥现有优势，把空白点变成创效点。

致力打造新兴产业的创新版。利用现有的一体化优势，在新能源、新领域、新业态的创新上寻求突破，不断创新产业和经营模式，把一些新产业、新业态作为振兴发展、高质量发展的增长极。①非常规资源规模开发的增长极。就是强化攻关研究，力争早日使大庆探区丰富的煤层气、泥岩油、页岩油、页岩气等非常规油气资源成为振兴发展、高质量发展的重要潜力接替领域。②新能源高效利用的增长极。就是开发和利用大庆探区较为丰富的铀矿资源，积极推动地热资源工业化利用，探索研究油田土地、生态资源价值提升方案。③新领域新业态有序拓展的增长极。就是探索“大庆精神+”发展模式，依托俄油、俄气和油田储油（气）站库、集输管网，发展油气调控业务；依托油田先进技术、管理经验，以及物联网、云计算等智慧油田建设成果，发展信息咨询业务；依托内部市场容量和海外基地平台，发展物流贸易业务；依托油田教育文化资源，大力发展职业教育，为形成和完善具有油田特色的商业模式积累经验，进而全面融入经济全球化的大背景，融入集团公司国际化的大舞台，融入区域经济合作发展的大格局，融入市场竞争差异化的大趋势，切实增强企业发展活力，真正实现由资源采掘型企业向技术创新型企业转变，由地域性企业向国际化公司转变。

2024年1月30日，大庆油田党委书记、公司执行董事朱国文作题为《高擎标杆旗帜 上扬“第二曲线” 全力奋进世界一流现代化百年油田新征程》的主题报告，明确提出了使命愿景——“当好五个标杆，建设五个百年油田”，实现路径——“两个阶段，四步走”，发展形态——打造“五个高地”领军企业（打造主导资源配置、构筑能源高地的领军企业，打造具有市场影响、构筑产业高地的领军企业，打造引领行业创新、构筑技术高地的领军企业，打造彰显管理特色、构筑治理高地的领军企业，打造传承红色基因、构筑精神高地的领军企业）。此外，还提出了新征程加速上扬成长“第二曲线”的战略部署，从而进一步找准了主攻方向，为全力建设世界一流现代化百年油田找到了战略展开的总抓手，见到了实实在在的效果。

综合上述，就现时段来讲，弘扬大庆精神还需要处理好五个关系：

1. 自有性与民族性的关系

大庆精神是大庆石油人自力更生、艰苦创业、拼搏奋斗的实践结晶和智慧升华，始终蕴含在中国石油工业灿烂辉煌的优良传统中，蕴含在中国石油开发建设的历史进程中，蕴含在中国石油新一代干部职工确保国家石油战略安全的伟大实践中。大庆精神是在特定的时间、特定的地点、特定的人群中逐步孕育、积淀、形成的，并为几代石油人所认同的一种价值观念体系和群体意识，具有自有性的特点。同时，大庆精神充分汲取了党的理论精髓，继承和发扬了中国共产党、中国工人阶级和中国人民解放军的优良传统，汲取了中华民族文化的精华。正因为如此，大庆精神才具有了丰富的思想内涵和鲜明的理论特征。可以说，大庆精神包含在民族精神之中，其产生的历史渊源、文化背景、特殊环境以及丰富发展的价值取向等，都离不开民族精神的哺育和烘托，具有鲜明的民族性特征。所以，在弘扬大庆精神的过程中，必须处理好大庆精神这种自有性与民族性的关系，保持大庆精神特有的自我内涵，并不断从民族精神中汲取更多的营养，通过不断传承和弘扬大庆精神，来更好地传承和发展民族文化。

2. 继承性与创新性的关系

大庆精神本身就是一个开放的思想体系，具有在持续传承的基础上不断改良自身文化基因的理论品质。它既满足了特定时空条件下广大石油人生存与发展的需要，又不断发展了广大石油人在不同历史时期生存与发展的诉求；既是继承和积累的结果，又是不断融汇和发展的产物。继承是发展的前提和基础，没有继承，发展就失去了根基；而没有发展，大庆精神就失去了活力与生机。弘扬大庆精神必须紧紧围绕“爱国、创业、求实、奉献”的核心内涵来进行，并牢牢把握以“三老四严”“四个一样”为代表的优良传统这一主线，这始终是大庆精神的“根脉”。如果抛开大庆精神内在的、优秀的品质和独有的要素，割断与历史的联系来谈发展，就会使大庆精神失去特色，失去鲜活的生命力。大庆精神作为中国石油的企业精神，作为中华民族伟大精神的重要组成部分，只有随着时代的变化而不断创新发展，才能跟上时代的步伐。如果仅有继承，没有创新和发展，大庆精神就会失去现实活力，它的价值和作用就将丧失殆尽。大庆精神要与时俱进，不断吸收时代语境下的新思想、新观念，从而增强它的生命活力。

3. 共有性与特色性的关系

矛盾的普遍性与特殊性是辩证统一的，是相互联系的，没有特殊性就没有普遍性。弘扬大庆精神也有一个共有性和特殊性的问题。共有性是指共同特点，即在人们的思想深处总能唤起一种价值感召，激发一种情结，凝聚一种力量。但同时，从矛盾的特殊性来讲，一个企业就是一个文化共同体，要想长期地生存和发展下去，必须形成并保持自己独特的精神主导和文化特征。文化的价值贵在有个性，个性是一个企业的文化走向成熟的表现，是文化立企、打造优势的内在需要。因此，在弘扬大庆精神过程中，要处理好大庆精神所独有的个性与企业文化共性之间的关系。尤其是在当前经济体制深刻变革、社会结构深刻变动、利益格局深刻调整、思想观念深刻变化的新形势下，在思想大活跃、观念大碰撞、文化大交融的时代背景下，要通过赋予大庆精神更多的、当今社会共同遵循的核心价值体系要素，最大限度地形成社会共识，更广泛地凝聚人心、激发活力，从而进一步增强大庆精神的吸引力和凝聚力。在这一过程中，既要体现社会主义核心价值观、新时代中国精神的时代性和创造性，又要保持其文化基因的连贯性和稳定性；既个性鲜明，又遵循企业文化建设的共同规律，体现普遍的共性特征。

4. 认同性与践行性的关系

实践证明，一种精神、一种文化的传承与发展离不开两个方面。一方面，只有广大职工群众的认知、认可、认同、广泛参与，共识、共谋、共创、上下努力，企业文化建设事业才能取得成功；另一方面，企业文化不是做给外人看的，而是重在解决实际问题。传承企业精神、建设企业文化的过程，就是企业发现问题、解决问题的过程。企业文化建设的重心就是转变不适应企业发展的思想观念，解决影响企业发展的实际问题。在干部职工中达成企业要发展、企业能发展、企业快发展的高度共识及行为自觉，进而着眼企业现实为我所用，为解决实际问题发挥作用，形成精神感召彰显效用。大庆精神来源于大庆石油会战的火热实践，是在油田长期的生产经营实践中自觉形成，经过广大职工群众认同和信守的理想目标、价值追求、意志品质和行为准则，在一定程度上已经具有了生产力的内涵，成为中国石油提高市场竞争力的重要因素，并在实践中得到检验和发展。因此，在弘扬大庆精神的过程中，必须正确处理好大庆精神的价值认同与具体实践的辩证关系，通过“实践——认识——再实践——再认识”多次循环往复的螺旋上升过程，使大庆精神更加与中国石油发展同步、与时代要求合拍，成为中国石油创建一流、高质量发展的动力之源。当前，尤其要不断加深对大庆精神深刻内涵的认识和理解，切实把大庆精神融入企业改革发展、创新发展、加快发展的实践中，使其成为推进石油工业持续发展、高质量发展的强大精神动力。

5. 政治性与文化性的关系

就大庆精神而言，它首先表现为突出的政治属性，是在中国共产党的领导下，坚持“两论”起家、“两分法”前进，继承和发扬了我党、我军和我国工人阶级的优良传统和作风，经过大庆石油人的大力实践而形成的。因此，其具有很深厚的政治基础和思想基础。长期以来，大庆精神一直是大庆油田开展思想政治工作的重要内容和有力武器，产生了巨大的社会效应。与此同时，大庆精神又具有非常突出的文化属性，是一种先进的文化。思想政治工作与企业文化既有个性又有共性，两者既非平行并列也非包容从属，而是相互补充、相互促进、相互彰显的关系。而使思想政治工作与企业文化真正“搭界”“联姻”的就是价值观塑造，可以说价值观塑造是思想政治工作与企业文化的终极诉求。从这个意义上讲，思想政治教育实质上就是文化传播、整合的过程。马克思主义认为，社会存在决定社会意识，而文化意识形态和价值观念对社会存在具有能动的反作用。意识形态往往与国家政权结合在一起，靠国家政权来维护与传播。同时，也为国家政权提供合法性的文化基础。所以说，在传承和弘扬大庆精神的过程中，既要保持大庆精神的政治属性，发挥其政治优势，又要充分挖掘和发挥其巨大的文化功能，不断固化并升华其文化属性，更好地发挥其作为石油行业企业精神的价值引领和文化养成的双重功能，使其合法性的制度维护功能得以有效发挥，使大庆精神理论品质要素真正内化为广大职工群众处世、行世、立世的实际行动，为国家主流意识形态建设提供强有力的内在动力。

第九章 09

大庆精神的突出成就

大庆石油人不仅为国家作出了巨大的物质贡献，为国家创造了宝贵的精神财富，形成了大庆精神，而且创造出了一些知名品牌。

一、为国家作出了巨大贡献

60多年拼搏奉献，60多年砥砺奋进。大庆油田开发建设以来，累计生产原油25亿吨、天然气1500亿立方米，实现年产原油5000万吨以上连续27年高产稳产，年产原油4000万吨以上连续12年持续稳产，目前原油产量仍然保持在3000万吨以上，上缴税费及各种资金3万多亿元，为国家作出了高水平贡

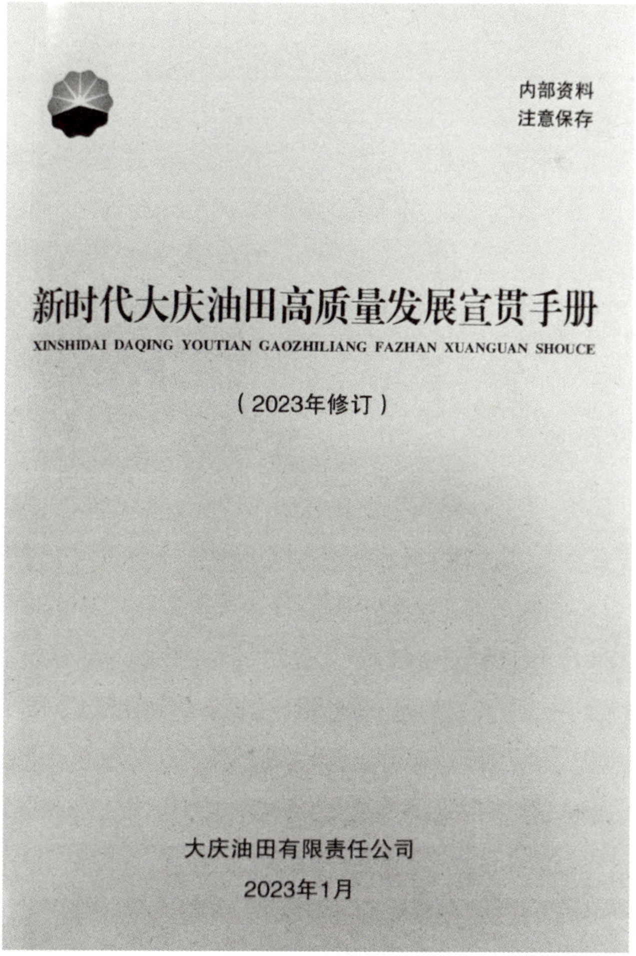

图9-1 《新时代大庆油田高质量发展宣贯手册》

献；取得国家自然科学奖一等奖、国家科技进步奖特等奖等科技成果1.1万项，主力油田采收率达到53%以上，比国内外同类油田高出10~15个百分点，创造了领跑世界的陆相砂岩油田开发技术；孕育了大庆精神（铁人精神），以及“三老四严”“四个一样”等优良传统和作风，打造了一支过硬的铁人式职工队伍；建成了功能配套、环境优美的绿色矿区，在茫茫荒原上催生了一座现代化油城，促进了地区经济社会繁荣发展，走出了一条党领导社会主义工业企业建设的成功之路。

60多年来，油田始终坚持听党话、跟党走，永葆大庆红旗的政治本色。从石油会战时期“坚持党对企业的政治领导”，创造形成“两论”起家基本功，用马克思主义的立场、观点和方法指导实践，到深入学习贯彻习近平新时代中国特色社会主义思想和党的十九大、二十大精神，全面落实习近平总书记重要讲话和指示批示精神，立足当好标杆旗帜、建设百年油田，编制实施《新时代大庆油田高质量发展宣贯手册》，始终坚持党的领导、加强党的建设，把方向、管大局、保落实，统筹推进油田改革发展，攻克了一个又一个难关，取得了一个又一个胜利，充分彰显了中国特色社会主义的鲜活生命力，大庆红旗始终在祖国大地上高高飘扬。

60多年来，油田始终坚持为油拼搏、为油奉献，高唱《我为祖国献石油》的主旋律。无论是会战时期仅用三年时间甩掉我国“贫油”的帽子，高产稳产时期不断冲击老油田开发极限，实现年产原油5000万吨以上稳产十年再十年，还是这些年来大力实施稳油增气、内外并举，业务领域实现从石油到天然气、国内到国外的稳步发展，大庆石油人始终把胸怀全局、为国分忧作为责任、使命与不懈追求。现在，大庆石油探明储量从会战初期的22.6亿吨增长到64.8亿吨，本土原油产量保持3000万吨以上。大庆油田始终是维护和保障国家油气能源安全的坚强柱石。

60多年来，油田始终坚持弘扬传统、锤炼作风，继承和发扬大庆精神。以“爱国、创业、求实、奉献”为主要内涵的大庆精神，形成于艰苦的会战年代，已经融入大庆石油人的血脉，成为队伍之魂、红色基因，成为中华民族精神和中国共产党人精神谱系的重要组成部分。正是有了这种精神，大庆石油人才勇于脚踏荒原、战天斗地，以“宁肯少活二十年”的英雄气概拿下了大油田；正是有了这种精神，才不断超越权威、超越前人、超越自我，始终领跑世界油田开发技术水平；正是有了这种精神，才有了“三步走”“把井打到国外去”，实现了海外开发的跨越式发展。大庆精神，永远是大庆石油人的独特政治优势和力量源泉。

60多年来，油田始终坚持自力更生、自主创新，发挥科技第一生产力作用。在油田勘探开发的不同时期，从常规油气、致密油气到页岩油，从水驱采油、聚驱采油到三元复合驱油，大庆油田坚持“一切经过试验”，创新发展了以“六分四清”“稳油控水”“精准开发”等为主要内容的配套技术系列，引领和支撑了主营业务的持续稳健发展。今天的大庆，建成了全球最大的三次采油基地，使我国成为世界上唯一大规模工业化应用三元复合驱油技术的国家，重大关键技术攻关步伐不断加快，非常规油气正在成为建设百年油田的重要战略资源基础，进一步展示了老油田蓬勃发展的美好前景。

60多年来，油田始终坚持深化改革、加强管理，积极探索符合油田实际、具有自身特点的管理模式。自大庆会战时期，就总结和形成了“岗位责任制”、“三基”工作、“三个面向”、“五到现场”、思想政治工作“两抓”等基本经验，为发展中国特色石油工业提供了重要的实践基础和经验，油田荣获首届中国工业大奖。随着全面深化改革不断向纵深推进，大庆油田坚持传统管理与现代管理相结合，创新专业化、标准化、信息化“三化”管理模式，继承和发展新时代岗位责任制“两册”管理，探索建立“油公司”新模式，构建红色网格治理模式，积极推进绿色油田建设，在高质量发展道路上迈出了坚实步伐。

60多年来，油田始终坚持以人为本、植根基层，践行党的宗旨和群众路线。油田开发建设以来，五级三结合、“三大民主”、“厂务公开”、职代会等民主管理制度的建立和实行，劳模精神、劳动精神、工匠精神的传承和弘扬，以王进喜、王启民、李新民等三代“铁人”为代表的铁人式队伍不断成长壮大，充分体现了全心全意依靠工人阶级办企业的根本方针。几代石油人前赴后继、艰苦奋斗，爱岗敬业、履职尽责，在平凡岗位上创造出了不平凡的业绩，所表现出来的强烈主人翁责任感，汇聚成推动中国石油事业发展的强大力量。

（一）实现原油稳产

新中国成立之初，我国石油工业的基础十分薄弱，仅有甘肃玉门老君庙、新疆独山子、陕西延长等几个小规模油田，年产量不足12万吨，国内消费的石油基本上依靠进口。那时候，西方国家一些专家学者都认为，中国是一个贫油国家。

1958年2月，党中央作出石油勘探战略东移的重大决策。广大石油、地质工作者满怀发展和壮大国家石油事业的壮志豪情，从祖国四面八方来到广袤的松嫩平原，开展艰苦卓绝、全面细致的地质勘探，终于在新中国成立十周年前夕发现了大庆油田。

大庆油田的发现，翻开了中国石油开发史上具有历史转折意义的一页，由此开启了我国石油工业的跨越式发展。在极其困难的条件下，大庆石油人以“宁肯少活二十年，拼命也要拿下大油田”的忘我精神，自力更生、艰苦奋斗，仅用三年时间就建成了年生产能力500万吨的原油生产基地，累计生产原油1166.2万吨，占同期全国原油产量的51.3%，改变了我国石油工业的落后面貌，实现了石油基本上自给。

从1964年开始，大庆油田以平均每年350万吨以上的速度上产。1975年，大庆油田实现年产原油5000万吨的新突破，并连续27年保持5000万吨以上稳产高产，创造了世界同类油田开发史上的奇迹，撑起了我国现代石油工业体系的半壁江山。从2003年到2014年，大庆油田实现年产4000万吨以上持续稳产12年。

实现原油持续稳产，是党和国家的重托，也是大庆油田自诞生之日起就被赋予的第一位的、义不容辞的责任。走过60多年的发展历程，大庆主力油田已进入特高含水、特高采出程度的“双特高”开采阶段，后备资源接替不足、开发难度不断增大、投资成本刚性增长、稳产效益面临挑战等诸多矛盾日益突出，坚持以经济效益为中心，着力把握储量与产量、规模与效益、投资与成本、开发与节约、近期与长远等重大关键问题，扎实推进高效益、可持续、有保障的原油持续稳产。确立“优质储量更多一些，勘探进度更快一些，总量规模更大一些，发现成本再低一些”的指导思想，针对老油田开发面临的产量、规模、投资、成本等诸多矛盾，牢固树立“靠精细水驱挖潜保稳产，而不是靠多打井多建产能保稳产”的思想，坚持“突出长垣、突出水驱、突出效益”，对稳产规划方案进行调整，增加低成本的长垣水驱产量占比，控制高成本的化学驱和外围低效产量规模，优化调整开发部署，合理匹配产量关系。开辟油田开发综合治理示范区，大力推进精细油藏描述、精细高效注水、精细措施挖潜和精细生产管理“四个精细”，油田总体开发形势持续向好。2011年底，全油田水驱自然递减率由7.98%控制到5.63%，综合递减率由5.38%控制到3.0%，长垣水驱产油量递减，由年均148万吨控制到7万吨，油田开发主要指标创“十一五”以来最好水平。探索了一条符合科学发展观要求，适应大庆油田特点的持续稳产之路。

2021年，在国际经济衰退等冲击之下，大庆油田标杆坚挺，旗帜高扬。油气产量当量继续保持4300万吨以上持续稳产。其中，生产原油3000万吨以上，实现了高水平、高质量、高效益稳产；天然气年产量连续11年稳定增长并跨上50亿立方米新台阶，为端稳端好中国能源“饭碗”作出了巨大贡献。

（二）作出经济贡献

20个世纪60年代初，大庆石油人头上青天一顶、脚下荒原一片，在极其困难的时期、困难的地点、困难的条件下，展开了波澜壮阔的石油大会战，一举拿下了大油田，支持了积贫积弱、百废待兴的新中国。“文革”期间，大庆石油人排除干扰，坚持生产，使年产量以28%的速度递增，有力支撑了国民经济建设。据统计，1976年大庆油田原油产量跨上5030万吨台阶，石油工业上缴国家财政112亿元，占当年全国工业财政总收入的32.8%。石油还成为这一时期的出口创汇大户。最多的一年，出口量达到3775万吨，创汇额占全国出口创汇总额的26.8%。大庆油田成倍增长的原油产量为国家换回了大量外汇，最高年份全国每100元外汇额就有大庆石油人创造的14元。而这些外汇又用来进口设备、技术等新中国经济建设所急需的物资。1975年，邓小平在谈到需要出口换外汇时说：“我首先想到的就是石油。”大庆油田快速增长的石油产量，成为了当时新中国经济大厦的重要支柱。改革开放以来，大庆石油人攻克瓶颈，实现了年产原油5000万吨以上27年高产稳产，满足了国民经济快速发展对能源的需求。进入新时期，大庆油田适应形势任务需求，对油田开发作出重大战略调整，加快转变经济发展方式，统筹把握产量与效益、生产与和谐、当前与长远等关系，实现产量、效益、投资、成本良性循环，探索了老油田精细高效开发的有效途径，进一步巩固和加强了中国石油在保障国家能源安全中的主体地位。

大庆油田的开发建设，发挥了强大的辐射拉动作用，在曾经贫瘠的盐碱地上，边生产边生活，与地方政府一起“发展共谋、责任共担、稳定共抓、环境共建”，一步步建立了高楼林立、道路四通八达、生活舒适便利、设施功能齐全的中国石油最大的现代化油城，有力地带动了地方经济社会繁荣发展。

在黑龙江西部地区，逐渐形成了以大庆油田为中心，从哈尔滨到齐齐哈尔，覆盖黑龙江中西部地区的油气经济圈，形成了完备的油化产业链条，并以此带动交通、仓储、能源以及服务等领域的良性发展，形成具有造血功能的经济综合体。在大庆油田积极支持和参与下，大广高速、漠大线管道、大庆飞机场、火车站等大型公共设施和输油管线快速建成，拓展了油气经济圈辐射力。在保持油气经济稳步发展的同时，带动下游产业和相关产业发展，激发了龙江经济社会发展动力，成为龙江经济的中流砥柱。2000年以来，油田每年为地方提供300亿元以上的产品和服务市场，累计向黑龙江省、大庆市上缴各种税费1000多亿元，油田上缴税费占省财政收入的65%，占大庆市税收的85%以上，极大地推动了周边市县财政收入的快速增长，为肇东、双城、安达、肇源、肇州、杜蒙等成为“财政强县”提供了强力支撑，为促进区域经济社会的发展进步作出了积极贡献。在对区域产业的拉动上，油田是龙头企业，大庆油田的持续稳产，使石化、炼化有了充足的原料，有力地推进了大庆建设百万吨乙烯、百万吨聚丙烯、百万吨复合肥和千万吨炼油项目，打造橡胶、树脂、纤维三大复合材料生产基地的进程。同时，还与地方合资合作开发21个外围油田，注册成立9个属地纳税的分公司，累计在肇东、双城、安达等周边8个市县上缴税费近200亿元，逐步形成了辐射黑龙江中西部地区的油气经济圈。在对城市建设的拉动上，几年来，油田承担和参与了世纪大道、大广高速等100多项城市基础设施和城市绿化工程建设，使这座绿色油化之都、天然百湖之城繁荣昌盛，欣欣向荣。

（三）构建业务体系

大庆油田开发建设60多年来，在为国家作出重大贡献的同时，也积累了许多深层次的结构性矛盾，主要包括非油气业务种类较多，产业集中度不高，整体创效能力不强，发展质量效益有待提高。对此，油田本着“有进有退、有所为有所不为”的原则，从优化资源配置、推动产业升级出发，统筹推进产量、业务、投资、成本、资产、市场、组织、队伍、分配“九个结构”深化调整，力求使油田的资源互补性更好、产业关联性更高、业务成长性更强。

优化产量结构。为缓解原油稳产与开发效益的矛盾日益突出的问题，油田上下积极转变开发理念，调整开发模式，坚持稳产是硬任务、效益是硬指标，牢固树立“靠精细水驱挖潜保稳产，而不是靠多打井多建产能保稳产”的思想，坚持“突出长垣、突出水驱、突出效益”，加大低成本水驱产量在原油稳产中的比例，控制高成本化学驱和外围产量规模，做到“没有效益的井一口不打，没有效益的产量一吨不要”，切实处理好原油稳产与开发效益的关系，努力实现“高效益、可持续、有保障”的原油稳产。通过推进水驱精细挖潜，积极探索老油田精细高效开发的有效途径。据统计，仅从2010年至2012年，在保持4000万吨稳产的前提下，少钻井8715口，少建产能362.6万吨，节省聚合物干粉7.59万吨，节约投资238亿元，实现了产量、效益、投资、成本的良性循环。

优化业务结构。采取归、划、并、转等措施，整合钻探业务，压缩物探、钻修井等过剩产能和队伍规模，进一步提高了专业化水平；整合工程建设业务，进一步完善产业链条，增强了综合实力和EPC总承包能力；整合装备制造业务，进一步加快了产品结构优化升级步伐。通过上述举措，进一步改善了业务布局，提升了创效能力。

优化市场结构。立足“两种资源、两个市场”谋发展，不断拓展开放的广度和深度，初步构建了“立足国内、做大亚太、发展中东、推进中亚、加强非洲、扩大美洲”的海外市场开发格局。确立了统一品牌形象、统一组织管理、统一项目运作，整合市场开发资源的“三统一、一整合”工作思路，组建中东、苏丹、印尼海外分公司，以及海外技术支持中心和海外物资保障中心，充分发挥大庆特色技术和品牌优势，着力打造勘探开发一体化，工程技术、工程建设和生产运行维护一体化，产品制造、销售、服务一体化的运营模式，努力提高企业的综合竞争实力和市场创效能力。2012年，外部市场实现收入229亿元，占未上市业务总收入的三分之一；海外市场收入93亿元，比2009年增长173%。特别是开发技术在印尼市场取得历史性突破，签署了Limau油田KSO合同，开创了国际油气一体化合作的新局面。

优化队伍结构。针对职工总量大、结构性缺员的矛盾，探索实施“三联动”“两条线”“一优化”用工管理模式，实现新增劳动用工、清退外雇工与工资总额三方面挂钩联动，对用工单位人员进出实行两条线管理、统一调控，大力开展跨单位、跨系统、跨上市未上市人力资源优化配置，累计进行余缺调剂1.8万人，充分发挥了大庆油田一体化管理的优势。此外，坚持优化调整与精细挖潜相结合，传统管理与现代管理相结合，按照规范化、精细化、专业化管理的要求，持续优化投资结构、成本结构、资产结构、组织结构、分配结构，走上了健康发展的轨道。

新时期，油田积极融入经济全球化大背景，融入集团公司国际化的大舞台，融入区域经济发展合作化的大格局，融入市场竞争差异化的大趋势，进一步打造自身优势、增强发展活力，加快实施“走出去”战略，努力在市场竞争中开辟新的更大发展空间。2000年以来，哈里伯顿、EOG、BP、雪佛龙、斯伦贝谢、埃克森美孚等众多国际石油行业的巨头纷纷把目光投向大庆油田，与大庆油田开展了广泛的交流与合作。2011年6月，世界闻名的壳牌石油公司董事会和执行委员会成员一行专程到大庆油田考察访问，对大庆油田开发建设所取得的成就给予高度评价，并表示要借鉴大庆油田在企业发展中好的经验和做法，推动双方共同发展。

（四）明确发展道路

走过60多年的发展道路，面对新形势新任务，大庆油田坚持前瞻性思考、全局性谋划，应时应势创新求变，统筹推进“五大业务”，加快构建产业发展新格局。

大力发展油气业务。坚定发展油气主业不动摇。**一是大打资源勘探进攻战。**全力推进古龙陆相页岩油国家级示范区建设，加大富油凹陷常规油、川渝、塔东等重点领域勘探，以及“四新”领域风险勘探力度，积极寻求大突破大发现，推动形成储量增长新高峰。**二是大打效益开发进攻战。**持续深化精准开发，强化一体化生产组织，实施全方位降本增效，不断提升油田开发水平和经济效益。**三是大打天然气上产进攻战。**筑牢做强松辽稳产、川渝上产、塔东突破和储备调峰“四大支撑”，提升天然气生产、储备和调节能力。

协同发展服务业务。全面深化未上市业务改革创新，坚定走高质量健康发

人民日报
RENMIN RIBAO
人民网网址：http://www.people.com.cn
2021年8月
23
星期一
人民日报社出版
代号1-1
大力弘扬大庆精神
——论中国共产党人的精神谱系之十一
本报评论员
广大干部新征
——各地激励干

图9-2 2021年8月23日《人民日报》刊发评论员文章《大力弘扬大庆精神》

展之路。一是**“抽丝剥茧”强业务**。主要以资本为纽带，把优势业务、优质单元、名优产品抽取出来，依靠“市场+资本”赋予的生命力，做强做优一批市场化优势企业。二是**“聚沙成塔”强业务**。主要以专业为纽带，加大同质化、上下游业务优化整合力度，坚决退出亏损低效业务，实现产业集中规模化发展。三是**“深度链接”强业务**。主要以协作为纽带，打造“平台+生态”模式，积极探索专项业务整体运维等内部产业生态模式，以及构建战略联盟、开放合作、技术并购等外部产业生态，实现产业链价值链深度链接。

图9-3 大庆油田收购蒙古国塔木察格盆地油气勘探开发项目

加快发展新能源业务。着力打造新能源增长极，推动大庆油田绿色低碳可持续发展示范基地建设。**一是优先发展风光与多能互补发电。**发挥“源、网、荷、储”优势，采取一体化设计布局，建设风电、光电、燃气发电等多能互补项目，积极推进井间微光伏现场应用。**二是效益开发工业余热及地热资源利用。**采用工业余热利用技术节约站场天然气消耗，推进实施地热能清洁替代。**三是加快CCUS技术应用实施。**探索完善碳捕集、碳封存的技术与效益路径，开展二氧化碳驱油先导性实验和工业化示范，实现效益开发与碳减排双赢。

积极发展“走出去”业务。主动融入“一带一路”战略，强化市场观念、营销意识，大力开拓外部市场，坚定不移面向市场谋发展，使企业真正成为具有核心竞争力的市场主体。**一是加快获取海外优质油气项目。**充分发挥油田完整业务链条和特色技术优势，持续深化与中油国际战略合作，高效运作已有项目，密切跟踪重点国家和地区目标市场，寻求更多合作机会，确保海外权益产量稳定增长。**二是加快拓展海外重点油服市场。**聚焦国际市场“四大战略区域”，以优势业务带动一体化发展，建立产业集群，探索风险作业，不断提升“走出去”的水平和影响力。**三是加快扩大国内市场份额。**围绕国内市场“五大前沿阵地”，完善市场营销体系，抢抓机遇做大项目群，拓展一体化产业链条，强化成熟市场滚动开发，大力拓展社会市场，不断提高外部市场占有率。

图9-4　1205钻井队实现了老队长“要把井打到国外去”的夙愿

特色发展新产业新业态。研究把握科技革命和产业变革的大趋势，充分发挥油田特色优势，积极培育新产业新业态。**一是培育“大庆精神+”产业孵化平台。**充分挖掘大庆精神（铁人精神）的无形资产价值，形成以精神和文化为内核的培训、职教、融媒体、文创、旅游等新产业新业态。**二是培育绿色生态环保产业孵化平台。**打造“绿色有机+低碳生态”产业链条，建设生态治理示范区、农业产业园区，推进水资源综合开发利用，积极发展水气土检测、含油污泥治理等新兴环保业务，创新发展生物天然气、生物化工等新经济形态。**三是培育数字经济产业孵化平台。**把握数字化转型、智能化发展之机，以产业数字化为基础，以数字产业化为延伸，做强做大数字产业主体，集群发展数字化建设运维、网络安全、新基建、智能产品、新媒体等业务，发挥数字技术对经济发展的放大、叠加、倍增作用。

二、形成一批特色领先技术

大庆油田的发展史，就是一部科技进步史。60多年来，大庆石油人始终以大庆精神为动力，发扬“三超精神”，敢于超越权威、超越前人、超越自我，坚持“生产一代、开发一代、研究一代、储备一代”的科技发展战略，建

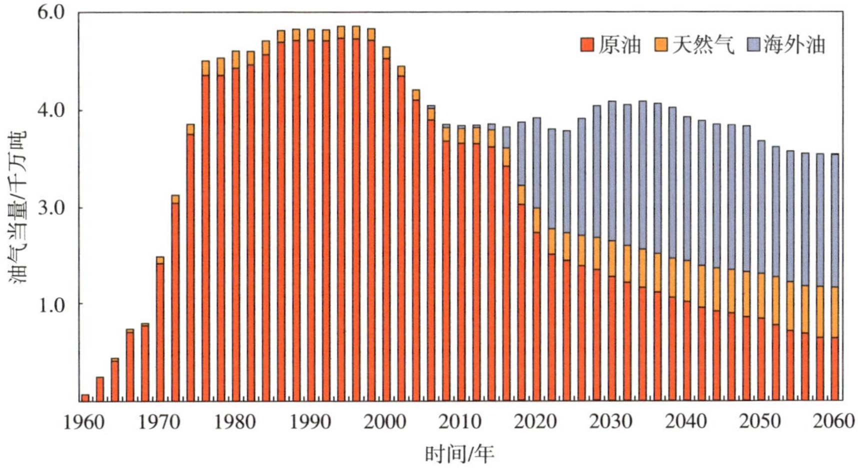

图9-5 百年油田油气产量构成示意图

立了决策管理、研究开发和成果转化三级科技创新体系，建设了具有国际水平的高含水油田水驱技术、三次采油技术、深层火山岩勘探开发技术等5个研发基地，固井综合、岩石物理等15个重点实验室，物探、钻井、测井、石油装备制造四大特色试验基地，逐步形成了一整套以水驱、聚驱、复合驱等提高采收率技术为代表的核心技术系列。其中，火山岩勘探、早期注水、分层开采、加密调整、三次采油等系列技术处于国际领先水平。三次采油产量连续17年保持1000万吨以上，建成了全球最大的三次采油基地；主力油田采收率已达53.11%，比世界同类油田高10~15个百分点。荣获国家级科技成果104项，省部级科技成果985项，获国家专利4273项。其中，大庆油田长期高产稳产注水开发技术、大庆油田高含水期“稳油控水”系统工程和大庆油田高含水后期4000吨以上持续稳产高效勘探开发技术分别于1985、1996和2011年荣获国家科技进步奖特等奖。大庆油田勘探开发成果，与“两弹一星”共同载入我国科技发展史册，有力地支撑了各项业务的高质量发展，展示了大庆油田生机勃勃的美好前景。

（一）地震勘探技术

大地“CT”——三维高分辨率地震勘探技术。我国是世界上陆相盆地面积最大的国家，在大庆油田被发现以前，世界石油界一直奉行海相生油，以李四光为代表的老一辈石油地质学家首创的陆相生油理论填补了世界石油史的空白，从而找到了大庆油田。大油田虽然找到了，但也不是随便打个窟窿就冒油。其实，不是哪个区块、哪个层位都有油，大庆石油人先后采用了常规地震勘探技术、二维高分辨率地震勘探技术和三维高分辨率地震勘探技术进行找油。尤其是“十五”以来，围绕地震资料采集、处理和解释三个环节，高分辨率三维地震勘探技术研究取得了多项重大创新成果，形成了一套具有国内领先水平的适合松辽盆地北部中浅层沉积特点的三维高分辨率地震采集、处理及解释技术，由给大地做X光、做B超，发展为给地层做高清晰CT、做加密核磁共振检测，进一步提高了地震资料的分辨率和保真度。

（二）油藏描述技术

地下“雷达”——精细油藏描述技术。石油是从看不见的千米地下采出来的，而地下情况极其特殊，通常有100多个含油的砂岩油层，最薄的油层仅有0.2米，储藏石油的岩石孔隙比头发还要细，在这看不见、摸不着的“黑箱”里找油谈何容易。20世纪80年代以来，大庆油田开展了精细油藏描述技术研究，通过丰富的钻井、测井、开发地震、开发动态等多种资料的综合研究来探查地层结构和油水分布。经过几十年攻关，形成了一整套具有大庆特色的现代精细油藏描述技术，实现了剩余油描述从定性到定量的质的飞跃，提高了各项调整措施的针对性和有效性，油田开发状况得到改善，大庆长垣水驱含水上升率由“十五”初期的1%下降到0.8%，自然递减率控制在10%以内。

（三）测井解释技术

“透视眼”——水淹层测井及解释技术。由于长期注水开发，使大庆油田地下储层中油、水运移和分布状况非常复杂，油层水淹状况较为严重，怎样能准确分辨油水层，看清千米地下的复杂情况呢？大庆油田利用水淹层测井技术就能把地下情况看个清楚。

随着油田注水开发的不断深入与地层条件的不断变化，大庆油田针对不同时期的油层水淹状况，不间断地研究适应地层条件变化的新的测井技术，使大庆油田水淹层测井技术跻身于国内先进行列。1997年以后，又相继研究和开发了中后期薄差层水淹层测井技术、厚油层细分精细解释测井技术、外围低渗透水淹层测井技术，厚层水淹层测井解释符合率达85%以上，薄、差层水淹层测井解释符合率达75%以上，0.5米以下超薄层层数划准率达90%以上，其中，厚油层细分精细水淹层解释和薄差层水淹层解释方法获1997年中国石油天然气总公司科技进步一等奖，为大庆油田持续高产稳产作出了应有的贡献。

（四）细分开采技术

注水“驱”油——水驱细分开采技术。大庆油田属多层非均质砂岩油田，油层多，不均匀，层间、平面、层内矛盾突出，在实施注水开发时，不是把水注进去，油就能被“挤”出来，所以，大庆油田又研究了水驱细分开采技术，就是对油层分类管理，把水合理地注入各层段，对渗透性好、吸水能力强的层控制注水，对渗透性差、吸水能力弱的层加强注水，使各类油层均衡受效。

根据油田特点，大庆石油人研究、发展了以“六分四清”为主要内容的分层开采技术。油田进入高含水期开采阶段，面对主力油层大面积水淹，分层开采工艺难以完全解决层间矛盾的问题，大庆油田以细分层系为重点，对油田进行加密调整，用独立井网和完整的注采系统，开采动用差油层。其间，实施了一次加密和二次加密调整，发展和完善了薄差层分层注水工艺技术，使大庆油田保持长期高产稳产。2000年以来，油田进入高含水后期开采阶段后，广大石油科技工作者又进一步开展了提高采收率的精细挖潜工艺技术研究。通过实施水驱细分开采技术，“十五”以来，大庆油田自然递减率控制在9%左右，含水上升率控制在0.6%左右，剩余可采储量采油速度达到9%，地层压力始终保持在合理范围之内。

（五）三次采油技术

化学剂“洗”油——三次采油技术。知道地下有油，还必须有好办法采出来。提高采收率是考验石油企业科技含量的重要指标。大庆油田自开发初期就开展了三次采油提高采收率的研究。一次采油技术，是靠地层自身压力把油“顶”出来；二次采油技术，是向地下注水把油“挤”出来；三次采油技术，是靠化学剂把油“洗”出来。

大庆油田三次采油技术经过几十年持续攻关，开展了大量的室内研究和近百项矿场试验，发展了化学驱理论，形成了具有大庆特色的聚合物驱、三元复合驱、泡沫复合驱等配套技术。聚合物驱油1996年实现工业化生产，比水驱

图9-6 大庆油田三次采油技术

提高采收率10个百分点以上，建成了世界上技术领先、规模最大的化学驱三次采油生产基地。大庆油田在三次采油过程中，主要采用聚合物驱技术。截至2021年12月8日，大庆油田的三次采油年产量再次突破千万吨，连续20年产量超千万吨，累计生产原油2.86亿吨。具体到聚合物驱技术的应用情况，一类油层聚合物驱工业化区块达到72个，累计产油1.60亿吨；二类油层聚合物驱工业化区块达到46个，累计产油0.70亿吨。大庆油田聚合物驱油技术获国家科技进步奖一等奖。目前这项技术已在国内全面推广，并已走向国外；三元复合驱是以表面活性剂、聚合物、碱三种化学剂为驱替体系的三次采油方法，该技术可在水驱基础上提高采收率20个百分点以上，采收率达到60%以上。目前，已研制了具有自主知识产权的表面活性剂系列产品，形成了表面活性剂工业化生产的4项配套技术，获国家发明专利8项。泡沫复合驱油技术是20世纪90年代初开始研究的，在注入三元体系的同时，加入天然气，在油层中产生一种类似于洗衣服时的泡沫，把藏在砂岩中的油“洗”出来。实验结果表明，泡沫复合驱可比水驱提高采收率30个以上百分点。该技术2005年获国家技术发明奖二等奖，并已在美国、英国、俄罗斯、加拿大和印度尼西亚等国获得了授权发明专利。

三、创出一批独特知名品牌

随着市场经济的发展，大庆人一直注重用大庆精神树形象、铸品牌，制定了“一体两翼”品牌培育体系，形成了大庆钻探、大庆建设等多个工程技术服务品牌和大庆、铁人等多个产品品牌，切实提升了企业知名度和美誉度，使大庆精神由政治优势、精神优势转化为促进企业生存和发展的竞争优势、发展优势、品牌优势。2000年以来，已有300多支队伍进入28个国家和地区，以及国内29个省、市、自治区，打造出一批“金牌工程”，涌现出了“免检钻井队”“最信得过固井队”“标准化施工队”等一大批标杆队。

（一）大庆钻探：美国打井扬国威

美国新奥尔良时间2006年1月12日凌晨1时（北京时间1月12日下午3时），GW85钻井队（即享誉中外的1205钻井队）在美国打的第一口井开钻了。在开钻前的技术交底会上，甲方监督带着挑衅的口气说：“我们美国钻井队在这个区块15天就能打一口3300米深的井，你们行吗?”队员们郑重地告诉他，“别人能做到的，我们也一定能够做到。”为了赶超美国人创造的高指标，全队的每名职工都憋足了一股劲，暗下决心，不达目标绝不罢休。在第一口井施工时，尽管付出了艰辛的努力，可还是用了20天才打完。这时甲方监督又来到这个队说：“你们20天能够打完一口井就已经很不错了。”职工们听了以后心里很不是滋味，“铁人”的队伍走到哪里都永不言败，大庆红旗就是要永不褪色！经过顽强拼搏，第二口井仅用12天就打完了3200米的进尺。但职工们并没有满足，而是像当年“铁人”那样，一门心思创造新纪录。他们再接再厉、一鼓作气，再创佳绩。第三口井仅用8天13小时打完，创造了同区块钻进周期最短的新纪录，令美国同行刮目相看。长城公司美国项目部和甲方分别以书面形式对GW85队进行了表彰，甲方钻井经理在一次美方协作公司代表参加的钻前动员会上，郑重向协作方举荐GW85队，从而在美国高端市场一举叫响了大庆品牌，实现了当年“铁人”老队长“要把井打到国外去”的夙愿，使大庆精神的旗帜在外部市场高高飘扬。

（二）大庆井下：远征虎林创佳绩

井下作业分公司压裂一队的前身是20世纪60和70年代享誉油田的“红八号”车组。2009年3月1日，他们远征位于虎林盆地的第一口探井——虎1井。这口井担负着大庆外围勘探的重任，关系着油田的可持续发展。为了打好这一仗，压裂一队出动了最好的设备，维修工、汽车电工全天候保驾护航。由于路途遥远，单程近1000公里，压裂用料要一次带足，仅仅拉液罐车就有17辆。行进路上，大雪纷飞，两车间距在400米开外，大大小小39辆车组成了长达15公里的队伍。在虎林崎岖的山路上，队长孙玉刚站在风雪中指挥车队一辆辆通过，一次就是2个小时。就在这次出征前6天，孙玉刚的父亲因癌症去世了。亲人离别的痛苦，风雪刺骨的寒冷，都没有让这位硬汉皱一下眉头。施工中他们遇到了重重困难。时逢春雪融化，进车难，摆车更难，他们必须赶在拂晓之前把设备全部就位。液罐出口冻上了，必须随时用蒸汽刺开，锅炉每隔20分钟就得烧一次。做压前测试的时候，压力一直上不来，大家十分着急。56岁的老师傅刁云飞不顾天冷、年纪大，一头钻进车底，躺在泥水中查找原因。经过大家的共同努力，发现是压裂车的阀门冻上了，只有通过扒泵才能解决问题。他们带来的进口压裂车部件都很精细，人戴着手套根本拆卸不了。刁云飞又冲上前去，和几名队员一起连扒了4个泵，手磨破了也毫不在乎。看着恢复了功能的设备，老刁笑着自语道：“扒到退休没问题！”虎1井在构造上是三煤互层，地下含煤砂层裂缝很难控制，技术人员只能减小排量，目不转睛地盯着仪表，小心翼翼地控制着压力。队员们连续奋战，吃在车中。工程师关玉龙打电话向自己虎林老家的亲人问路，却不肯回家看一眼。压裂一队此次行军施工6昼夜，往返2000多公里，成功地将270立方米压裂液、34立方米陶粒和粉砂注入了2300米的地下，胜利地完成了任务。

（三）大庆测试：雪夜测井战严寒

2008年11月30日一大早，大庆测试队伍就接到塔22-8井的测井通知，要求12月2日凌晨3:00到井。由于路途很远，加上雪后的茫茫草原上没有一点参照物，行车只能靠手中的GPS定位系统引领。那天当地刚下过雪，大部分路都被覆盖了，测试队伍于12月1日午饭后就立即出发了，按照GPS定位系统指示的方向摸索前行。完全分不清道路时，为防止压坏草原，他们就下车步行探路，这样走走停停，150公里的路走了14个小时，到达井场时已经是凌晨两点多，离最佳测井时间只差几十分钟。职工们马上联系井队进行施工。当时气温已是零下35 ℃，在七八米高的平台上，风一吹，棉衣马上就被打透，羊皮袄也被冻硬了，手脚都不听使唤了。就是在这种情况下，他们仍然严格按标准操作，经过两个多小时的努力才将仪器下到井内。测井时电缆带上来的泥浆刚一露头就被冻硬了，始终要有人在井口盯着，防止冻住滑轮引起跳槽，每隔几十分钟就换一个人看守。大庆测试队伍就是在这样的艰苦环境下，克服了种种困难，圆满地完成了测试任务，为甲方提供了及时、准确的测试资料，赢得了甲方的高度赞誉。

（四）大庆建设：西气东输铸铁军

西气东输14B标段全长48.9公里，管线穿越陕西省靖边和子长两个县境内的梁峁沟壑和河谷川台。区段内共有冲沟31处、峁26座，连续峁达8个。梁峁沟壑连绵不断，是西气东输全线难度最大、造价最高的标段。2002年3月，14B标段如期开工。为了高质量、高速度地打赢这场攻坚战，建设集团管道公司项目经理毛立平每天带领技术人员、生产人员爬峁过壑，实地勘察了解情况，精心设计施工方案，并加派2个主力机组奔赴施工现场。在子长县高家沟DD029-031段，管线要从一座坡度近70°、坡长180米的山脊翻过去。面对作业带狭窄、设备上不去的困难，项目部把流水作业大机组分解成4个小班组，沿线排开，用绞车拖管上山，并采取在班与班之间开展劳动对手赛的方式激发干劲。就这样，经过全体参战队员11个月的艰苦鏖战，14B标段提前一个月完成了施工任务，并创出了山区施工1天1.5公里的新纪录。甲方感慨地说：“大庆管道人真有绝活！”就这样，在西气东输管道工程“三山五越一塬一网”共10个关键地段中，大庆管道公司揽“长江第一穿”（盾构法施工的长江隧道），建“陆上第一洞”（新疆克拉2盐水沟隧道），攻克了黄土塬上西气东输第一难，打造了西气东输工程的多个质量亮点，成为一支“上得去、站得稳、打得赢”的“铁军”。2003年，大庆管道公司荣获国家“西气东输工程先进集体”称号。2004年，大庆管道公司荣获全国五一劳动奖状，铸造了大庆建设品牌。

（五）大庆电力：最信得过的保运队

2004年3月，大庆燃机电厂保运队在为甲方提供技术服务过程中，发现燃机进气滤网压差过高的隐患。当时甲方没有备件，还要赶施工进度，便承诺如果发生故障责任自负。甲方的困难就是自己的困难。保运队12名干部、职工很快就拿出了一个既能保证不停机又能消除隐患的工作方案，并分成3个小组迅速维修，连续工作14小时排除了故障，被甲方誉为“最信得过的保运队”。

（六）大庆供水：为奥运打井树形象

2007年8月13日，一支由20多人组成的队伍分乘4辆工程车从大庆供水公司启程。这是应急电特邀，驱车奔赴北京去修井的供水公司修井队伍。1998年夏天，北京地区大面积干旱，原来可以储存43亿立方米的密云水库，只剩下了6亿多立方米存水。当时，北京市市长亲自指挥，在潮白河等地抢打了上千口应急井。但是，干旱天气竟然持续了5年之久，这些应急井超负荷使用，井下聚焦了较多的矿物质、铁细菌，出水量逐年减少。由于北京没有专业的洗井队伍，2003年他们决定对外公开招标。在4家颇具实力的竞标单位中，大庆供水公司拿到了项目。招标单位负责人说：“这是一项重大的民心工程，不允许有半点儿失误。大庆的报价虽然高一些，但他们提供的施工设计书是最科学、最实用，也是最负责的。因此，我们选中了大庆供水的队伍。”大庆人果然没有辜负甲方的信任，他们连续作战，精益求精，提前10天完成了17口水井清洗任务，洗井后水量恢复率达到94%，远远优于同行业修井水量恢复率60%的平均水平。潮白河水源管理处特意为他们送来了一面绣有“铁人精神铸优质工程，潮白河水源地焕发青春”的锦旗。当潮白河水源地又有19口水井需要进行维修，以保证2008年奥运会水上项目顺利进行时，他们首先想到了大庆供水。这次，他们连招标这一环节都省了，打来电话说：“我们就认大庆供水的队伍！请你们再次给予援助，修井价格任由你们定，我们绝不还价！”大庆供水的干部职工们表示，“支援北京，支援奥运，这是我们的责任和义务。活，我们一定干好！钱，一分也不多要！”这样，就有了开头修井队伍匆匆启程的那一幕。赶到北京后，大庆供水公司的修井工人们顶着北京夏日桑拿天似的高温，忍受蚊虫叮咬，争分夺秒为北京奥运多出一把力、多尽一份责，提前23天圆满完成修井任务。潮白河水源地的领导在庆功会上激动地说：“真是太感谢你们了！以后，无论有多少工程，我们就认准你们大庆供水了！”

（七）大庆力神：白布无尘保质量

大庆力神泵业有限公司电泵制造厂电机班自成立以来，就一直坚持做到工作高标准、产品“零缺陷”。电机轴内腔清洗不便，杂质和脏物容易附在里面，造成电机油品纯度不够。只要产品有缺陷，无论缺陷大小，都会损害力神泵业有限公司的声誉和形象。为了实现产品“零缺陷”，提高油品纯度，电机班班长柏陆贵对电机轴内腔仔细观察，反复思考，凭着多年的工作经验，他把通条前端焊上了小小的“扣”，然后将白布条缠绕在“扣”上，再将白布沾上化锈剂，反复擦洗电机轴内腔，最终达到白布一尘不染才将电机转到下一道工序。为了提高产品质量，电机班人员还用白布将零配件全部擦干净才组装，在工作中真正做到“一洗二吹三擦四净”。2005年第二季度，电机一次交检合格率达到100%，比原定的指标提高了5个百分点。

结束语

新时代，无论是推进中国石油天燃气集团有限公司稳健发展、高质量发展，还是着力将大庆油田建设成立基业长青、世界一流的现代企业，都必须关注大庆精神、聚焦大庆精神，大力弘扬大庆精神。当前，按照党的二十大描绘的宏伟蓝图，全党全国人民正在朝着全面建设中国式现代化强国的伟大目标奋勇前进。从大庆油田到集团公司正在以党的二十大精神为指导，深入推进全面建成世界一流综合性国际能源公司、培育具有全球竞争力的世界一流企业的新实践。

大力弘扬大庆精神，必须牢固坚持以习近平新时代中国特色社会主义思想为统领。从中国石油到大庆油田，作为党领导下的国有企业，必须坚定听党话、跟党走，用这一重大思想武装头脑、指导实践、推进工作，引领广大石油员工面向新时代、贯彻新理念、树立新形象、展现新作为，进一步增强“四个意识”、坚定“四个自信”、做到“两个维护”。统筹推进“五位一体”总体布局，协调推进“四个全面”战略布局，始终沿着正确轨道投身中国特色社会主义伟大实践。牢固树立和贯彻落实新发展理念，真正把创新、协调、绿色、开放、共享落到实处。坚持党要管党、全面从严治党，不断加强企业党的领导和党的建设，在政治立场、政治方向、政治原则、政治道路上，始终同以习近平同志为核心的党中央保持高度一致。

大力弘扬大庆精神，必须牢牢抓住苦干实干、“三老四严”这一核心要义。苦干实干、“三老四严”，是石油战线优良传统的生动写照，是广大石油员工精神风貌的生动写照，也是石油工业发展历程的生动写照。过去，在各个时期、各个历史阶段，石油战线广大员工都坚持当老实人、说老实话、办老实事，以严格的要求、严密的组织、严肃的态度、严明的纪律，践行苦干实干等优良传统和作风。可以说，我国石油工业就是从苦干实干、“三老四严”中走过来的，就是在从严从实、自我加压中走过来的。石油工业发展的每一个工程、每一项成就、每一座丰碑，都是在苦干实干、“三老四严”中取得的，在严与实的工作作风中取得的。当前，随着中国特色社会主义进入新时代，党和国家事业发展对石油工业对标国际、提档升级提出了新的更高要求。总的看，我们贯彻实施稳健发展方针，大力推进资源、市场、国际化、创新战略，实现“十四五”规划目标，发挥好“标杆旗帜作用”，履行新时代石油人的责任和使命，每一点都必须苦干实干、“三老四严”。离开了优良传统，离开了苦干实干，离开了“三老四严”，我们无异于丢掉了大庆精神。

大力弘扬大庆精神，必须立足行业实际，强化使命担当。弘扬大庆精神，重在从实际出发，从我们当下正在做的事情出发，把理性思考、实践探索和岗位行动紧密结合起来，边实干、边创新、边发展。要联系中国石油作为全国最大石油生产商和供应商的实际，要联系大庆油田作为全国最大的石油生产基地的实际，要联系在新的历史时期当好标杆旗帜、创建百年油田的实际，不忘初心、牢记使命，开拓创新、锐意进取，始终高唱《我为祖国献石油》的主旋律，努力为国家多产油气、多创效益、多作贡献，全面履行好“三大责任”。要联系各系统、各单位的实际，胸怀全局、群策群力，不断开拓进取、奋发有为，充分履行职责、发挥作用。要联系广大员工本职岗位的实际，开展劳动竞赛，全员岗位建功，争作突出贡献，坚持做到政治合格、执行纪律合格、品德合格、发挥作用合格，切实用担当诠释忠诚，用实干诠释尽责，用有为诠释履职，用友善诠释正气。应该说，始终以良好的精神状态面向实际、面向未来、面向新时代，把责任担当好，把工作完成好，把该办的事情办好，就是新时期对大庆精神最好的传承与弘扬。

当今，我们正在进行具有许多新的历史特点的伟大斗争，面临着前所未有的复杂局面。中国石油和大庆油田的发展也进入关键时期，人们思想活动的独立性、选择性、多变性、差异性明显增强，思想道德领域出现一些不容忽视的现象。历史与现实告诉我们，越是应对挑战，越是深化改革、攻坚克难，就越要传承红色基因、传承优良传统，大庆精神为石油行业开展强有力的思想政治工作，找准思想认识的共同点、利益关系的交会点、化解矛盾的切入点，必将发挥不可替代的重要作用。展望未来，传承和弘扬大庆精神必将大有可为、大有作为。

参考文献

[1] 中共中央宣传部. 习近平新时代中国特色社会主义思想三十讲[M]. 北京：学习出版社，2018.

[2] 中共中央宣传部. 习近平新时代中国特色社会主义思想学习纲要[M]. 北京：学习出版社，2019.

[3] 中共中央宣传部. 社会主义核心价值体系学习读本[M]. 北京：学习出版社，2009.

[4] 傅殿戈. 文化之光[M]. 哈尔滨：哈尔滨地图出版社，2005.

[5] 傅殿戈. 文化之势[M]. 哈尔滨：哈尔滨地图出版社，2007.

[6] 大庆油田《铁人传》写作组. 铁人传[M]. 北京：中央文献出版社，2009.

[7] 宋连生. 工业学大庆始末[M]. 武汉：湖北人民出版社，2005.

[8] 大庆石油管理局党委宣传部. 康世恩与大庆油田[M]. 哈尔滨：黑龙江人民出版社，1995.

[9] 中共大庆市委党史研究室. 大庆石油会战史[M]. 北京：中共党史出版社，2008.

[10] 中共大庆市委党史研究室. 大庆油田史[M]. 北京：中共党史出版社，2009.

[11] 中共大庆市委党史研究室. 工业学大庆史[M]. 北京：中共党史出版社，2008.

[12] 中共中央宣传部理论局. 奋力谱写共筑中国梦的新篇章：学习习近平总书记一系列重要讲话文章选[M]. 北京：学习出版社，2013.

[13] 《信仰如铁》编写组. 信仰如铁：大庆精神铁人精神固本强基[M]. 北京：石油工业出版社，2013.

[14] 尚勇. 中国信念：直面八个关注热点[M]. 北京：中共中央党校出版社，2011.

[15] 徐贵相. 信仰改变中国：以思想建党塑造民族精神[M]. 北京：北京联合出版公司，2011.

后　记

本书稿在撰写过程中得到了吉林大学，东北大学，大庆油田党委、油田党委宣传部等部门及领导的高度重视和大力支持，特别是吉林大学党委副书记韩喜平教授、东北大学出版社原社长郭爱民编审给予了悉心指导。同时，我们参考了有关专家学者的相关资料，在此一并致以深深的谢意！

由于时间所限、认识水平所限，书稿中难免有疏漏之处，敬请广大读者批评指正。

傅殿戈

2023年12月